彭林　主編

朱軾全集

第一册　周易傳義合訂

復旦大學出版社

朱軾全集工作委員會

主　任　袁和庚

副主任　康　健

委　員（按姓氏筆劃爲序）

丁杏花　付仁保　李　鵬　况志勇　席聯慶

徐光榮　彭光華　熊會青　駱開提　歐陽新建

本書由江西省高安市委市政府資助出版

出版説明

江西自唐代以來人文興盛，人傑地靈，各個領域時賢俊彦不勝枚舉。江西高安古稱筠州，歷史源遠流長，「地形似高而安，故名」（太平寰宇記）。在高安歷史上的衆多人物中，清代康雍乾盛世時期的理學名臣朱軾，無疑是最爲耀眼的一位。

朱軾（一六六五—一七三六），字若瞻，一字伯蘇，號可亭。康熙三十二年舉鄉試第一，三十三年成進士，改庶吉士，散館授湖北潛江知縣。四十八年出督陝西學政，在陝西修横渠張子之教，以知禮成性、變化氣質訓士。後官職累遷，皆聲譽卓著。清世宗即位，召詣京師，充聖祖實録總裁。雍正元年，命直南書房，加吏部尚書銜，尋復加太子太保。充順天鄉試考官，進太子太傅。二年，兼吏部尚書。乾隆元年，充世宗實録總裁。九月，病篤，高宗皇帝親臨視疾。軾力疾服朝服，令其子扶掖，迎拜户外。翌日，卒。皇帝震悼輟朝，復親臨致奠，發帑治喪。贈太傅，賜祭葬，謚文端。

清史稿評論朱軾：「樸誠事主，純修清德，負一時重望。」作爲清代盛世的理學名臣，朱軾精于經學及理學，對周易、三禮、春秋、孝經、四書等儒學經典多有深入研究，清高宗親自爲其周易傳義合訂作序,稱其「簡而當,博而不支,鈎深探賾而不鑿。蓋玩之熟,故擇言也精;體之深,故析理也密」。四庫全書提要曰:「天藻表揚,昭垂日月,非惟是書仰托以不朽,即天下萬世伏繹聖謨,亦均能得讀易之津梁,窺畫卦之閫奥,曉然知所向方也,又豈獨軾一人之幸哉!」朱軾的著作,可視爲清初主流儒學的一個重要代表。

本次整理出版朱軾全集,收録現存朱軾撰寫、注釋的全部著作,以期弘揚中華傳統優秀文化,發掘地方珍貴文化資源。在中華民族偉大復興的背景下,整理出版朱軾全集,是順應時代潮流、功在當代、利在千秋之事。朱軾全集的編纂得到江西省高安市委市政府的大力支持。清華大學歷史系彭林教授擔任全集主編,數位學有功底的學者承擔各種著作的點校整理工作,爲全集的順利出版提供了保障,在此深致謝忱!

由於受到種種條件的限制,在編纂過程中定有不少不當之處,尚祈方家不吝指正!

復旦大學出版社

二〇二一年五月

總目

本册總目

周易傳義合訂

張旭輝　整理

整理説明

衆所周知，易爲群經之首，繫辭所謂「開物成務，冒天下之道」也。而易經與周易在内涵和外延上均有所不同，而今所傳之定本周易爲千百年來研習易學之完整經典，學者必由此以入，上探周易以前之易學，方能於易學有全面的了解。歷代研習易學的著述很多，大致分爲義理派、象數派和圖書派，各有異同，且有紛争。而歷來力圖綜合各派的學者不爲少數，亦有固守門徑者。蓋「生生之謂易」，易學不僅僅是字句學問，乃是於天地運轉及與各人生命有關之大學問，因此學者於易學大體所得有異同、偏頗，後學不可遽斷其是非也。

在歷來研習易學的著述中，有數部核心經典，乃學者不能不讀之津梁。其中，北宋程伊川之伊川易傳及南宋朱子之周易本義爲千年學脈，影響極大，洵爲易學正宗。人常習稱「程朱理學」，蓋程朱學問一脈相承。朱子學問雖宗伊川，然非亦步亦趨，常有逸出，周易本義實爲不同於伊川易傳之另一系統。清雍乾之際的朱文端（軾）作周易傳義合訂十二卷，意圖即在綜合程朱二書，參以諸儒之説，斷以己意，不分軒輊，以成一個圓融的學問系統。這實際上是朱文端孜孜研習易學之所得，深得儒家學問根本宗旨和精神，誠意和敬意所至，見解通透，言簡意賅，實爲一部平和正大的易學著述，可與伊川易傳和周易本義共流傳。

此次整理，以清乾隆二年（一七三七）鄂彌達刻本爲底本，以四庫全書本爲對校本，又參考了伊川易傳和周易本義之通行本，底本錯訛甚少，諸本僅闕數處朱文端在表達己意時所題的「謹按」二字，均予徑補。不當處，謹祈讀者匡正爲幸。

公元二〇二〇年三月伊川張旭輝謹識。

目録

周易傳義合訂卷之四……（一〇二）

周易傳義合訂卷之五……（一三八）

御製周易傳義合訂序

易之爲書，以奇偶明陰陽之象，以陰陽闡健順之德，以卦爻該事物之變，以易簡盡天下之理，潔浄精微而廣大悉備，天德、王道一以貫之，故曰：易者，五經之源也。顧自漢魏以來，考象變者泥於術數而不足以通幽明之故，談義理者淪於空寂而不足以研倫物之幾，至程子易傳、朱子本義出，而義理、象數始歸於一，於是四聖人作易垂教之旨煥然復明於萬世。我皇祖聖祖仁皇帝御纂周易折中，探源河洛，直接心傳，而綜括儒先，首列程、朱傳、義，誠以傳、義者，羲經之樞鑰而易道之通津也。故大學士高安朱文端，清修正學，品重當代，曩在講席，啓沃良多，平生所學，專於儀禮、小戴記，而易、春秋、周官亦及焉。所著傳義合訂一編，探二子所以云之意，發揮而引伸之，簡而當，博而不支，鈎深探賾而不鑿，蓋玩之熟，故擇言也精，體之深，故析理也密，可謂善言易矣。文端以兩粤督臣鄂彌達舊爲曹屬，手授是書，鄂彌達梓而傳之，刻成進覽，披閱之下，當日勤勤懇懇、嘉惠來學之苦心恍乎若接，不禁愴然，爰援筆而爲之序。

乾隆二年閏九月十五日

凡例六條

然矣。

一、本義經傳分釋，而詳於經，略於傳，今合經、傳文於一處，傳以解經，傳義明而經旨了

一、講易以程傳、朱義爲宗，二書互有同異，今止録其一，同者無容重復，異者恐滋岐貳也，其或各有發明，則仍並録焉。傳、義之後，間引諸儒論説而附鄙見於其末；亦有止録諸儒語，不及傳、義者，傳、義或不如諸儒所論之切當也；亦有止陳鄙見者，或舊解太繁，撮其大要而述之，或一知半解於先儒，少有發明也。若穿鑿以示異，剿竊以立名，則吾所不敢。

一、講易遺象言理，自王輔嗣始，至伊川程子，又闡發而歸於正道，而後納甲、飛伏等術數之學息矣。然易者象也，有象斯有理，理從象生也。孔子彖、象二傳，何嘗非言象乎？無論雷風山澤以及説卦所舉乾馬、坤牛、震龍、巽雞之類皆象也，即卦之剛柔上下、爻之應比承乘，何莫非象乎？舍是而言理，吾不知所謂理者安在矣！易道之取類大，精粗、巨細，無所不有，即納甲、飛伏等術數之學，不可謂非易之一端也，矧中爻互卦、倒巽倒兑、厚離厚坎之象，皆卦體之顯而易明者乎！今釋卦爻，一遵程、朱，德、位、時及承乘應比、往來上下之義，間有艱晦難明者，並取互

卦等象釋之。

一、八卦除乾、坤、坎、離外，實止二卦，倒震即艮，倒巽即兑也。六十四卦者，八其八；三十六宫者，六其六也。四十八卦中四正、反，大、小過、中孚、頤，對易也，其屯、蒙等二十八宫，反易也。反易之義，先儒言之已備，來矣鮮謂之卦綜，謬矣。又卦卦以此取義，而矜爲孔子以後獨得之秘，謬之又謬也。今除泰、否、損、益顯有反易相因之義，其餘弗取焉。

一、程子不取卦變之説，謂凡卦皆自乾、坤來，然合之彖、傳，畢竟有未盡協。今一遵朱子一陰一陽自姤、復之説，詳見圖義。

一、宋元以來易圖不下數千，於四聖人之精義全無干涉，今一不録，止以鄙見縷晰朱子篇首各圖之義，而圖仍不載。

周易傳義合訂卷之一

河圖

謹按：陰陽之有數自易始，易以奇象陽，耦象陰，奇、耦者，數之總名也。奇有奇數，耦有耦數，若六九，若七八，蓍者以策之多寡别陰陽之老少，而天地之祕洩矣。此非聖人創爲之也，圖、書早已宣之矣。試以河圖言之：一、二、三、四、五，天地之生數也；六、七、八、九、十，天地之成數也。太極動而生陽，静而生陰，一動一静，互爲其根，以陽成者以陰生，以陰成者以陽生。太陰位乎北，其數六；太陽位乎南，其數九；少陽、少陰位乎東、西，其數七、八，而一、二、三、四則二太、二少之所自生也。此河圖四方之位也。至五者數之主，十者數之歸，五居四、六之間，爲前後之樞紐，十居九、一之際，又爲終始之轉關。五象一圍，四内三貫二，中除中應本數，餘即一、二、三、四之數也。數盡於五，重一爲六，重二爲七，重三、重四、重五爲八、九、十。十象一五在上、一五在下，兩其五，斯一其十矣。十一爲一十，十十爲一百，十百爲一千，以至萬億无算，莫非十也，莫非一也。即十即一，成數之終，生數之始也，故曰十者終而始之轉關也。至五行、八卦之義，自具圖中，然所取乎圖、書，止以七、九、六、八之數別陰陽之老少，餘可意會，无容鑿也。又按：繫辭傳「天一、地二，天三、地四，天五、地六，天七、地八，天九、地十」，謂河圖中央四方之數也。「天數五，地數五」者，一、三、五、七、九奇數，二、四、六、八、十耦數也。此就天地奇耦之數逐一言之，各有是五者之目也。又曰：五位相得而各有合，天數二十有五，地數三十，凡天地之數五十有五，相得者分奇耦言之，北一與西九相得爲十，南七與東三相得爲十，又得中五爲二十有五，此天之積數也；南二與東八相得爲十，北六與西四相得爲十，又得中十爲三十，此地之積數也。有合者總奇耦言之，一、六合于北爲七，九、四合于西爲十三，兩位合而爲二十；二、七合于南爲九，三、八合于東爲十一，兩位合亦爲二十。又合中位十五爲五十有五，此天地之積數也。奇耦之生生不窮，惟其積也，積則對待之體、流行之用、互根互藏之妙具焉矣。此變化之所以成，鬼神之所以行也。○又按：生數所以生成數，成數所以成生數。一、二、三、四即六、七、八、九，所以然者，五十居中，而其用周於外也。凡生數皆五，成數皆十也。試言之：二老一、六也，四、九也，九者十減一，五增四；六者十減四，五增一也。各以其餘相資，而五无縮、十無盈，適得六九之數，而老陽、老陰之分定矣。二少之數亦然，左得十之八，以其二與上，上得二，合中五而爲七矣；上得十之七，以其三與左，左得三，合中五而爲八矣。要之，天地无數，圖、書有數。以圖、書之數爲天地之數，則以爲天地之老者、少者有如是之六、八、七、九之數焉耳。聖人倣此，揲蓍三變，皆奇爲老陽，則圖、書之九也；皆耦爲老陰，則圖、書之六也。一奇二耦爲少陽，一耦二奇爲少陰，則圖、書之七、八也。傳曰：「幽贊於神明而生蓍，參天兩地而倚數。」正謂蓍之策數，一依乎圖、書五五之數也。

洛書

謹按：洛書猶河圖也，而有異焉者，河圖奇耦並陳，洛書則隱寓扶陽抑陰之意焉。如奇耦各位而陽俱居正，陰俱居隅也，九上而七西也，中有五而无十也，是皆尊陽之意也。先儒謂圖用五，書用九；圖相生，書相克。今按：二圖之數，河圖者十之積，洛書者九之積；積十者十一其五，積九者九其五也。謂書不用十則可，謂用九不用五則不可。上合東南、西南爲三五，下合西北、東北爲三五；東合東南、東北，西合西南、西北爲三五，連中五，則中横、中豎、西北、東南、東北、西南莫非三五。若去中五，則八面相對皆二五。二五者一其十，三五者十又五，是又未嘗無十也。若析而爲九，則支離牽强矣，何如五十之自然？五行生克之義，非圖、書所重，況圖右轉相生，對面未嘗不相克；書左轉相克，對面未嘗不相生也。至云「洛出書，禹則之」而衍疇，明儒王氏辨之最晰。又按：圖是對待之體，書是流行之用，一與二對，三與四對，六與七對，八與九對，其體然也。體立而不變則用不行，故洛書易七、九、二、四之位。三其一爲三，三其三爲九，三其九爲二十七，三其七爲二十一；二其二爲四，二其四爲八，兩其八爲十六，兩其六爲十二，此亦「參天兩地」之義也。

參伍錯綜

謹按：自羲畫開天，有奇即有耦，奇一也，耦兩也。凡奇不離一，耦不離兩，兩一爲二，兩二爲四，兩三、兩四、兩五爲六、八、十，而兩二即一、三，兩四即三、五，是凡耦皆奇與奇合，無奇不成耦也；間一於二爲三，間一於四、於六爲五、七，是凡奇皆耦與耦間，無耦不成奇也。然傳曰「參伍以變，錯綜其數」，而不及一與兩者，何也？一者數所自起，一无數而自爲數也，兩者對待之數而非變化之數也。自一歷三，自三歷五，而一之神、兩之化在其中矣。參者三之也，三之者，屬一於二也；伍者五之也，五之者，并兩於三也。三五爲十五，十五者七、八也，少陽、少陰也；六、九也，老陽、老陰也；少陰者老陽之變，少陽者老陰之變也，故曰「錯綜其數」。錯者，一左一右之謂，左三右必一，左一右必三是也；綜者，一低一昂之謂，老陰昂則進而爲少陽，老陽低則退而爲少陰是也。

小横圖圓圖

謹按：横圖，乾一、兑二、離三、震四、巽五、坎六、艮七、坤八。從震、巽中分，如大門兩扇，停峙東西。乾、坤爲人樞之軸，闔則震、巽相際，開則乾、坤相向，此陰陽對待之體也。若用此爲流行之序，勢必屈坤接乾，而一陰一陽與純陰、純陽俱在一處，寒暑之消長无漸，而陰陽之運行失序矣。故先天圓圖將後四卦翻轉倒接於前，巽與乾交，陽極而一陰生；坤與震交，陰極而一陽生。此陰陽流行之序也。

大横圖

謹按：伏聖畫一奇象陽，又畫一耦象陰，奇耦立而天地之祕洩矣，於是三之而爲乾爲坤，錯之而爲六子，兩其三爲重卦，是六十四卦、三百八十四爻莫非此一奇一耦，而耦又生於奇，故曰「一畫開天」。若邵子加一倍法，是初畫之一奇一耦不過乾坤之初爻耳，謂之一畫開天，可乎？大傳「是生兩儀」，「生」字包下兩「生」字，兩儀各有老少爲四，老一而已，少則有長、中、少之别，陰陽各三，合二老爲八，是八卦即四象，四象即兩儀。析言之有八，約言之止四，總之不外奇耦二者耳。如大横圖以第二層四兩畫爲二老、爲二少，兩畫尚未成卦，何由知其爲少、爲老乎？二老之數九、六，二少之數七、八，若止兩畫，无所謂六、七、八、九矣。至八卦摩盪爲六十四卦，何等簡便！乃必倍八爲十六，倍十六爲三十二，倍三十二爲六十四，逐爻畫成，无乃多事乎！蓋乾一兑二以至坤八，乃陰陽、老少以次相生之序也。陰陽非截然爲兩者，陽中有陰，陰中有陽，陽中之陰爲少陰，陰中之陽爲少陽；有老陽中之少陰，老陰中之少陽；有少陽中之少陰，少陰中之少陽，均謂之少陰、少陽。乾、坤，二老也；兑，老陽中之少陰；艮，老陰中之少陽也；坎、離，少陽、少陰也；震，少陰中之少陽；巽，少陽中之少陰也。伏聖既畫八卦，乃推原至理而爲之序如此，自後人看來便作邵子加倍畫法，自會成個六十四卦，以此知聖人作易，因天地自然之理，非有安排布置於其間也。至二畫、四畫、五畫本不成卦，然四、五畫與中爻互卦之説，有恰相合者。四畫從三畫分，倍八而爲十六，互乾、坤、既、未濟、剥、復、夬、姤、漸、歸妹、大過、頤、蹇、解、睽、家人十六卦；五畫從四畫分，倍十六爲三十二，互恒、鼎、大過、姤、乾、夬、大有、大壯、益、屯、頤、復、坤、剥、比、觀、中孚、節、損、臨、同人、革、離、豐、小過、旅、咸、遯、師、蒙、坎、涣三十二卦。按圓圖，乾、夬等十六卦各相隔八卦，恒、鼎等三十二卦，每八卦相隔四卦，皆天然位置也。其兩畫者四，二二一半乾半坤也，二二一半離半坎半震半巽也，此可見卦畫之妙。二畫已具三畫之體，四畫、五畫已備重卦之象，而總皆胚胎於一奇一耦中也。

方圖

謹按：方圖即大横圖，照小横圖例，泰應接臨，履應接同人。今層列爲八行，每行八卦，上悔下貞，貞自下而上，照乾一兑二之序，每卦行行首乾、次兑。故豎看西第一行上卦皆乾，接北横第一行下卦皆乾，西北角一卦爲重乾；豎自北而南止於否，横自西而東止於泰，此西北最外第一曲也。第二曲横豎皆兑，三曲皆離，四曲皆震。東第一行上卦皆坤，接南横第一行下卦皆坤，東南角一卦爲重坤，豎自東而西，横自南而北，亦止於否與泰，此東南最外一曲也，第二曲横豎皆艮，三曲坎，四曲巽。曲形如矩，矩所以爲方也，故圖積横而爲方。西北斜迄東南爲乾、兑、離、震、巽、坎、艮、坤八純卦；西南斜迄東北爲否，爲澤山咸、火水未濟、雷風恒、風雷益、水火既濟、山澤損，以至於泰八雜卦。四方看來則乾、坤爲一層，兑、艮一層，離、坎一層，震、巽一層。又乾與坤對，履與謙對，否與泰對，遯與臨對，萃與大畜對，層層逐卦皆然。又自復一陽爲十一月，至乾純陽爲四月，姤一陰爲五月，至坤純陰爲十月，是爲十二月辟卦，妙義如環，皆天然位置，不由人力安排。世儒有詆先天諸圖爲陳氏僞作者，謬哉！

後天圓圖

謹按：先天圓圖，乾南坤北，離東坎西，其體然也。後天人用水火，天地之用也，故乾、坤退而離、坎居正位用事，震、兑居離、坎之位以佐之。乾以其位位離，乾必退一位而居西南；坤以其位位坎，坤必進一位而居西北。然乾金離火，坤土坎水，有相克之患，故乾易而下，坤易而上。坤爲離生，乾又生坎，一轉移間四卦各得其所矣。西北艮位也，而乾居之；西南巽位也，而坤居之，艮、巽何位乎？艮越坎而居東北，東北震位也；巽越離而居東南，東南兑位也。于是震、巽木生離火，火生坤土，土生兑、乾金，金生坎水，水生木而間以艮土，水非土不能生木也。

大圓圖

謹按：每一卦冒八卦於其上，爲六十四卦，傳所謂「八卦相盪」是也。一卦爲貞，八卦爲悔，如乾爲貞卦不動，盪乾于其上爲重乾，盪兑爲夬，盪離爲大有，盪震爲大壯，盪巽爲小畜，盪坎爲需，盪艮爲大畜，盪坤爲否。逐卦相盪，每一卦爲貞、悔者各八，八貞聚於一處，八震至八乾，接八巽而迄八坤，如小圓圖次序，八悔亦以次列八貞之上，此六十四重卦之大略也。乾、夬、睽、歸妹、家人、既濟、頤、復、坤、剥、蹇、漸、解、未濟、大過、姤十六卦爲六十四卦之中爻互卦，每一卦互一卦；乾、夬互重，乾、大有、大壯互澤天夬，小畜、需互火澤睽，十六卦互六十四卦，恰好間八卦得兩卦，而乾、坤、既、未濟四卦又爲十六卦之中爻。

卦變圖

謹按：程子謂，凡卦皆自乾、坤來，其説信然。然變自乾、坤者，又變而爲他卦，其根柢未嘗不自乾、坤來也。或曰：如是則无卦不可變，又何必訟自遯而晉自觀邪？曰：論易道之變，凡陰陽相等之卦，爻爻俱可互易，學者以傳釋經，求其顯而易明者，則本義卦變圖盡之矣。朱子曰：凡一陰一陽之卦各六，皆自復、姤而來；五陰五陽卦同圖異；二陰二陽之卦各十有五，皆自臨、遯而來；四陰四陽卦同圖陰；三陽之卦各二十，皆自泰、否而來。此卦變一定之論也。然三陰三陽之卦又有自咸、恒、損、益來者，二陰之卦有自无妄、中孚、大畜、大過者，二陽之卦有自升、小過、萃、頤者。蓋卦變皆自合而分，故噬嗑傳曰「剛柔分」，賁傳曰「分剛上而文柔」。咸、恒、損、益三陰三陽聚於中，猶之泰、否也；无妄、中孚、大畜、升、小過、萃二陰二陽聚於中，猶之臨、遯、觀、大壯也。頤、大過四陰四陽聚於中，剥、復、夬、姤五陰五陽聚於上下也。本義卦變圖豎看、横看、斜看俱有精義，細玩當自得之。

蓍策之數

謹按：衍，推也，以蓍策推衍天地奇耦之數，以定卦畫之陰陽老少也；大，猶大筮之太，尊之之辭也。朱子云：「河圖積數五十五，其五十者皆因五而後得，獨五爲五十所因而自无所因，故虚之，則但爲五十。又，五十五之中，其四十者分爲陰陽老少之數，而其五與十者无所爲，則又以五乘十、以十乘五而亦皆爲五十矣。」又謂：「五爲衍母，十爲衍子，蓋衍五爲十，十乘五爲五十也。止用四十有九者，蓍圓卦方，卦數八八，其八爲六十四；蓍數七七，其七爲四十九。」關子明曰：「夫一，數之兆也，雖明其兆，未可以用也。」邵子曰：「一者數之始而非數也，去其一而極于九，皆用其變者也。」過揲之數以四，一、四奇也，二、四耦也，除掛一外左右手蓍策共四十八。四十八者，四其十二、兩其二十四也，十二者，三其四也，除餘數三四于四十八，過揲之數三十六是爲九，其四、九老陽也；二十四者，六其四也，除餘數六四於四十八，過揲之數二十四亦爲六，其四、六者，陰也。若三變之中一變餘四，兩變餘八，共餘數二十，除二十於四十八是爲七，其四、七，少陽也；三變之中一變餘八，兩變餘四，共餘數十六，除十六於四十八是爲八，其四、八者，少陰也。老變少不變占者，占其變也。「爻辭以斷吉凶」，二篇六十四卦三百八十四爻，陽俱稱九，陰俱稱六，故曰乾之策二百一十有六，坤之策一百四十有四。又十有八變而成重卦，九變而一卦以成，至每爻三變已各具一卦之象。過揲，九其四乾也，六其四坤也，八其四巽、離、兑也，七其四震、坎、艮也。初變奇，二、三變耦爲震；二變奇爲坎，三變奇爲艮。三陰之卦亦然。筮法之妙，變通周流，无窮无盡，得其要即少可以見多，舉偏可以類全，此大衍之所以神妙莫測也。

周易傳義合訂卷之一

乾䷀ 乾下乾上

乾，元亨利貞。

本義：「六畫者，伏義所畫之卦也。一者，奇也，陽之數也；乾者，健也，陽之性也。本注『乾』字，三畫卦之名也。下者，内卦也；上者，外卦也。經文『乾』字，六畫卦之名也。伏義仰觀俯察，見陰陽有奇耦之數，故畫一奇以象陽，畫一耦以象陰，見一陰一陽有各生一陰一陽之象，故自下而上，再倍而三，以成八卦。見陽之性健而其成形之大者爲天，故三奇之卦名之曰乾，而擬之於天也。三畫已具，八卦已成，則又三倍其畫以成六畫，而於八卦之上各加八卦以成六十四卦也。此卦六畫皆奇，上下皆乾，則陽之純而健之至也，故乾之名，天之象，皆不易焉。『元亨利貞』，文王所繫之辭，以斷一卦之吉凶，所謂彖辭者也。元，大也；亨，通也；利，宜也；貞，正而固也。文王以爲乾道大通而至正，故於筮得此卦而六爻皆不變者，言其占當得大通，而必利在正固，然後可以保其終也。此聖人所以作易教人卜筮，而可以開物成務之精意。餘卦放此。」

程傳：「以形體謂之天，以主宰謂之帝，以功用謂之鬼神，以性情謂之乾。」

朱子語類：「『元亨利貞』四字，文王本意在乾坤者，只與諸卦一般，至孔子作彖傳、文言，始以乾坤爲四德，而諸卦自如其舊。二聖人之意非有不同，各是發明一理耳。」

謹按：「元亨利貞」自是占辭，但卦有此才乃有此占。夫子以卦德釋卦辭，如屯之「動乎險中」、隨之「動而説」，各卦皆然，何獨疑於乾、坤？乾之德健，坤之德順。六子三陽得乾之健，爲動，爲險，爲止；三陰得坤之順，爲人，爲明，爲説，此八卦之德也。重乾則六畫皆陽，純一不雜，健之又健矣。元、亨、利、貞四者，健之目也，乾有四者之健德，故其占大通而宜於正。四德之序，元始而亨隨之，貞終而利先之。元而亨者，乾之通；利而貞者，乾之復也。纔有此生意，即便發生原无停待，文言所謂「始而亨」也，故以德言爲元亨，以占言則爲大亨。傳云：「大哉乾元！」元之大不可見，於亨見之，大亨者，元之亨也。利者，遂也；貞者，成也。不成不可謂遂，遂者，成之遂也，故以德言爲利貞，以占言爲利於貞。是故有亨而不大者，如亨小、小亨之類。亨而非元也，有不宜貞而貞者，如貞凶、貞吝之類，貞而非利也。四德在人爲仁、義、禮、知。亨，禮德也。學者隨事檢束而非本於元善之仁，安能見典禮之會通乎？貞，知德也，學者硜硜自守而不達於裁制之宜，安能幹物而成始成終乎？又利貞者，元亨之成也，事失其幹，則枝葉无所附，根本无由固，不貞而凶咎隨之，遑言亨乎？

故曰大亨而宜于正。〇又按：程傳謂「乾者，天之性情」，郭氏曰「乾，先天而天不違」，天在乾元統括中，豈得以爲天之性情？愚謂未有天，先有乾，乾生天者也，既有天，乾即爲天之德矣，豈惟天人物之性情，莫非乾也！

初九，潛龍勿用。

沈氏驎士曰：「稱『龍』者，假象也，天地之氣有升降，君子之道有行藏，龍之爲物能飛能潛，故借龍比君子之德也。初九既尚潛伏，故言勿用。」

謹按：九，龍象；初，潛象；勿用，占辭。

九二，見龍在田，利見大人。

謹按：初、二地位，二在初上，田象九二，以陽剛中正之德，當出潛離隱之時，文明著而德施普，天下之福利也，故曰「利見大人」。

九三，君子終日乾乾，夕惕若厲，无咎。

謹按：重乾，故云「乾乾」。惕若，「若」字形容不盡之辭，猶言惕而又惕也。「乾乾」、

「惕若」即虞書「危」、「微」意，乃聖賢相傳心法。獨於三爻發之者，三、四于三才爲人位，三居下卦之上，尤爲危地也。其實潛、見、躍、飛无往而非乾惕象。曰「反復道」者，乾而又乾，无有已時，總在道之中也。此爻皆占辭，而象即在其中矣，

九四，或躍在淵，无咎。

謹按：「躍」者，竦身而上之象，文言曰「自試」，謂以躍試。飛躍而不上則墜，上則竟飛矣，故曰「或」。「或」者，疑辭也，先儒謂疑在躍前，至于躍則量可而進矣，故「傳」曰「進无咎也」。

九五，飛龍在天，利見大人。

謹按：乾六爻皆龍，九五有剛健中正之德，得時得位，是惟聖人在天子之位者足以當之。

上九，亢龍有悔。

程傳：「九五者，位之極中正者，得時之極，過此則亢矣。上九至於亢極，故有悔也。有過則有悔。惟聖人知進退存亡而无過，則不至於悔也。」

用九，見群龍无首，吉。

謹按：老變少不變，故筮者陽爻用九不用七，陰爻用六不用八。今六爻俱變，是六爻俱所用之九也，故曰用九。龍之剛在首，「无首」謂乾變爲坤，剛而能柔也。象傳「天德不可爲首」，天德即乾道，言乾道剛健，若爲首則過剛，故當濟之以柔也。

林次厓曰：「乾變之坤，與本是坤者不同；坤變之乾，與本是乾者不同。故乾无首之吉，終不可同于坤牝馬之貞；坤永貞之利，終不可同于乾之元亨，故聖人别著自此至彼之象占。愚謂群龍乾也，无首則幾于牝馬之順矣，然終不得謂之非龍也，蓋由乾之坤也。安貞者，坤也，貞而永幾于乾元之健矣，然終不得謂之非安也，蓋由坤之乾也。知二用自此至彼之義，可見他卦占法，皆當參以之卦而以本卦爲主。聖人獨繫乾、坤二用示人，即此以例其餘也。」

彖曰：大哉乾元！萬物資始，乃統天。雲行雨施，品物流形。大明終始，六位時成，時乘六龍以御天。此節應在下節後。**乾道變化，各正性命，保合太和，乃利貞。首出庶物，萬國咸寧。**

謹按：六爻純陽，真實无僞，一理渾然太和充積之象，故曰「乾元」，謂乾有四德，元爲之首，乾之所以爲乾者，元也。「萬物資始」，釋乾元之義。「元」者，真精妙合，藴而欲發而勃然不可遏之機，此天地之生意，萬物之端倪也，萬物資以爲始，故稱元，而統括乎三德。由是而雲行，行此元；雨施，施此元；品物流形，流此元，故曰始而亨也。化者，變之成也，「乾道變化」，萬物由亨而利而貞，无非一元之所充周也。物所受爲性，天所賦爲命，「各正」者，恰好停當，各如其所應得也。有性命而後有形氣，大以成大，小以成小，各肖其分量而不可易，亦各安其類族而不相妨，一若按排裁制，物物而酌之，物物而授之者正也，文言所謂「利者，義之和也」。太和，元氣也，自理言爲性命，自氣言爲太和，總謂之乾道。實有之爲保，全受之爲合。形形色色，各具一太極之全體而无一毫虛假、一毫欠缺，萬物之利而貞也。「各正」「保合」者，小德川流也；元氣氤氳生生不息者，大德敦化也。此理在有生之初本无不足，然必成形成質而後見其各正，又必形質完固而後見其保合。朱子語類云：「保合太和即是保合此生理，天地氤氳乃天地保合此生物之理，造化不息及萬物化生之後，則萬物各自保合其生理，不保合則无物矣。」蓋自「各正」而後，人事日起而有功，苟不能自全其性命，則造化亦無如之何。然彖傳釋卦辭，止就天地之保合萬物而言，謂乾元之妙合貫徹乎萬物之始終，使各得其性命之正以自遂其生成，是乃所謂利貞也。總此一元之運，始而亨，亨而利而貞，至於保合太和，則貞下又起元矣，故曰：仁智交際之間，萬化之機軸也。四德之運行，元始貞終，循環而不窮者時也，時之義具於卦而著於爻。大能發明乾道之終始者，六爻之位也，位之所在即時之所在，時進而進，時退而退，素位而行，而六爻之龍德成矣。九五一爻又以剛健中正之德統衆陽而居尊，有時乘六龍御天之象。蓋以六位言則自初至上四，德以時出而各當；就九五言，則爲天德之乾元，而亨、利、貞三者皆統焉。此論卦才有元、亨、利、貞四德也。末節承上文而言聖人之元、亨、利、貞，蓋九五一爻惟聖人足以當之。「首」者先知先覺，聖人之元也。「首出庶物」者，聖作物覩亨也。「萬國咸寧」，則太和保合，利貞之謂也，此言聖人與天合德，而大亨利正之義於此可知矣。先儒解乾卦彖傳其論不一，愚意以文言證之，其義自明。首二節即文言「始而亨」也，「乾道變化」所謂「利貞者，性情也」，「大明終始」即「六爻發揮」也，「雲行雨施，天下平」即「首出庶物，萬國咸寧」也。

象曰：天行健，君子以自彊不息。

本義：「象者，卦之上下兩象及兩象之六爻，周公所繫之辭也。」○「天，乾卦之象也。凡重卦皆取重義，此獨不然者，天一而已。但言『天行』，則見其一日一周，而明日又一周，若重複之象，非至健不能也。君子法之，不以人欲害其天德之剛，則自彊而不息矣。」

謹按：孔子大象有發明卦爻義者，有別立一義者。此「自彊不息」即九三「乾乾、惕若」

意，聖人欲人常存戒慎以存天理而遏人欲。卦爻无非此義，特於乾卦著之。乾象曰「行」，坤象曰「勢」，明其爲重卦也。君子之不息，法天行也；厚德，法地勢也。本義「天行」爲句讀者，連下「健」字未當。不言「乾」而言「健」，健猶乾也。

潛龍勿用，陽在下也。○見龍在田，德施普也。○終日乾乾，反復道也。○或躍在淵，進无咎也。 本義：「可以進而不必進也。」**○飛龍在天，大人造也。** 本義：「造猶作也。」**亢龍有悔，盈不可久也。○用九，天德不可爲首也。**

文言曰：元者，善之長也；亨者，嘉之會也；利者，義之和也；貞者，事之幹也。

謹按：元之爲長、亨之爲會、利之爲和、貞之爲幹，所不待言，明其爲善之長、嘉之會、義之和、事之幹，纔見是仁義禮知。惻怛慈祥之謂善，元者天地生物之心也，故長善而爲仁；嘉，美也，會而嘉，則有自然之節文而無過不及之差，論語所謂「先王之道，斯爲美」也；「義之和」，「義」字只泛説道理，「義」與「事」對，形上、形下之分也；「和義」，「義」字乃説裁制之宜。此節「和」字、「幹」字是現成字，下節「和義」「幹事」是用力和之、幹之，惟和義故義和也。「體仁」與「嘉會」一例，體仁猶云體元，嘉會謂嘉其所會；「合禮」與「長人」一例，非仁不足以長人，長人即仁也；「體仁」「嘉會」與「和義」「幹事」一例，體之、嘉之、和之、幹之而仁義禮知之德在是矣。貞固不言知，能幹事則知可知矣。二節文法參差，蓋古嘗有此語也。

君子體仁足以長人，嘉會足以合禮，利物足以和義，貞固足以幹事。○君子行此四德者，故曰：乾，元亨利貞。

董氏真卿曰：「朱子謂屬北方者，便著用兩字方能盡之。幼時聞先君子之言曰：北方天氣之終始有分別之義，故北字篆文兩人相背。至於四端、五臟、四獸屬北方者皆兩，東西南三方者各一。四時爲冬，亦與春爲交接；四德爲貞，亦貞下起元；十二辰爲亥子；六十四卦爲坤、復。」

謹按：體仁，謂一身所存所發渾然皆仁。仁長，善故體仁足以長人。人之所以爲人者仁也，體仁者先得我心而人皆歸之，此聖人所以首出萬物也。禮儀三百，威儀三千，非必一一擬而合之也。觀會通以行其典禮，斯動容周旋无不中節矣。蓋亨者，元之亨也，品物之流形无非一元之所通也；義者，事物之宜，有物必有則，物各歸其則而義得矣；利，順也，順乎物即和乎義；和者，萬物共此一理而无此疆爾界之分，物物各具一理而无相侵相害之嫌。和故宜，不和不可謂義也。貞固信也，然必知明而後守固五常。以知始以信終，終以終其始也。四德不言信，統於知而貫乎仁與義也。君子行此四德，君子即乾也，故曰：乾，元亨利貞。蓋有是德，乃有是占也。○本義：「此第一節，申象傳之意。」

初九曰「潛龍勿用」，何謂也？子曰：龍德而隱者也，不易乎世，不成乎名，遯世无悶。不見是而无悶，樂則行之，憂則違之，確乎其不可拔，潛龍也。

謹按：「龍德而隱」，謂隱其龍德也。「不易」七句，總詮一「隱」字。不易所守以徇世，故遯世无悶；不求成乎名，故不見是而无悶。无悶者，樂也，樂如伊尹，樂堯舜之道，爲之孜孜不厭也。憂則違之，舍而不憂也。悲天憫人，終不以易其樂天知命之素也。

九二曰「見龍在田，利見大人」何謂也？子曰：龍德而正中者也。庸言之信，庸行之謹，閑邪存其誠，善世而不伐，德博而化。易曰「見龍在田，利見大人」，君德也。

謹按：「龍德而正中」，謂德合乎時中。正中者，猶云恰好得中也。「庸言之信」五句，總詮一「中」字。庸言、庸行，子臣弟友之言行也。閑邪存誠，戒懼慎獨也。善世，謂善及一世，即下文「德博」、象傳所謂「德施普」也。不伐者，不自知其善也。化者，人莫知爲之也。德盛化神，篤恭而天下平，一部中庸根柢此數語。

九三曰「君子終日乾乾，夕惕若厲，无咎」，何謂也？子曰：君子進德修業。忠信所以進德也，修辭立其誠，所以居業也。知至至之，可與幾也；知終終之，可與存義也。是故居上位而不驕，在下位而不憂，故乾乾，因其時而惕，雖危无咎矣。

謹按：德言進，業言居，進者不留，居者不遷也；進以進其所居，居以居其所進，日知所亡，月无忘其所能也。德以心言，業以行言，心虛而行實，故以進屬德、居屬業。進德者由一念之仁充之，以至於无一念之不仁，由一念之義積之，以至於无一念之不義，進進不已，而後仁至而義盡也。居業者，實體此仁義之行於身也。變修言居者，去不善以從善，爲修久之而无不善之可去也，居於善而已。居者，守也，據也。忠信是進德下手工夫，盡己之謂忠，以實之謂信。忠之又忠，信之又信，直至至誠无息，與天同德，只滿得忠信之分量。修辭者，言顧行，行顧言，仁義道德之旨一一實體諸身也。誠即是忠信，盡孝以立仁，盡忠以立義，忠孝者，仁義之表也，表立而日用之間確有依據此業之所以居也。至謂所到之處，終謂盡頭之地，大學所謂「至善」也。至之、終之者，求至於所至之處，求終於所終之地，即進德之進，居業之居也。幾者，發動之微，善幾之動，原有不容已之勢，迎而導之，擴而充之，猶射者之機發而即至也。義者，萬事萬物之理存，猶孟子所謂「集義」也，博而求之，依而據之，猶買者之貨積而日富也。至之、終之，是用力求其如此。可與幾、可與存義，則實能至之、終之矣。「可與」云者，謂不待至與終而可信其必然也。如朱子語類：「知至至之者，言此心所知者，心真箇到那所知田地，雖行未到而心已到，故其精微幾密一齊在此，故曰可與幾。知終終之者，既知到極處，便力行到極處，此真實見於行事，故天下義理都无走失，故曰可與存義。」又云：「忠信、修辭，且大綱説，所以進德、修業之道，知至、知終則又詳始終工夫之序如此。」按語類以幾爲精微，然曰「一齊在此」，則亦發動而不可遏之義也。

九四曰「或躍在淵，无咎」，何謂也？子曰：上下无常，非爲邪也；進退无恒，非離群也。君子進德修業，欲及時也，故无咎。

謹按：「上下」「進退」形容「躍」字最切。躍，試飛也，試而飛則上，否則下，上即進，下即退也。无常、无恒，謂上下、進退隨乎時而无期必之意。期於必上是干進也，邪也，期於必退是離群也。群，如論語「不可同群」之「群」。離群，隱遯避世也。進德修業正是躍底工夫，天行健，君子自彊不息，潛見、躍飛，无在而非進德修業也。「欲及時」三字詮「躍」字義最切。

九五曰「飛龍在天，利見大人」，何謂也？子曰：同聲相應，同氣相求。水流濕，火就燥，雲從龍，風從虎，聖人作而萬物覩。本乎天者親上，本乎地者親下，則各從其類也。

謹按：止言「利見大人」，而「飛龍在天」之義自著。

上九曰「亢龍有悔」，何謂也？子曰：貴而无位，高而无民，賢人在下位而无輔，是以動而有悔也。

謹按：亢不在三，无无而動，則亢而悔矣。○本義：「此第二節，申象傳之義。」

潛龍勿用，下也。○見龍在田，時舍也。○終日乾乾，行事也。○或躍在淵，自試也。○飛龍在天，上治也。○亢龍有悔，窮之災也。○乾元用九，天下治也。

本義：「言『乾元用九』見與他卦不同。君道剛而能柔，天下无不治矣。○此第三節，再申前意。」

潛龍勿用，陽氣潛藏。

謹按：象傳已釋爻義，文言「下也」一節專就人事上言，「陽氣潛藏」一節又從而贊歎之也。來氏曰：「陽在下也，以爻言；下也，以位言；潛藏，以氣言。」

見龍在田，天下文明。

本義：「雖不在上位，然天下已被其化。」

終日乾乾，與時偕行。

吴易齋曰：「位者，時也；爻者，人也。位在兩體交接之處，時之行也。『終日乾乾』，人之與時偕行也。」

或躍在淵，乾道乃革。

本義：「離下而上，變革之象〔二〕。」張雨若曰：「六位皆道所在，位革則道亦革。」

〔二〕「象」，周易本義作「時」。

飛龍在天，乃位乎天德。

楊誠齋曰：「以龍德宅天位則德不偸于位，以天位處龍德則位不偸于德。」

亢龍有悔，與時偕極。

李子思曰：「時行則偕行可也，時極偕極是謂不知變。」

乾元用九，乃見天則。

來氏曰：「剛柔胥化，乃見天德自然之則，自不至亢而有悔，所以天下治也。」○本義：「此第四節，又申前意。」

乾元者，始而亨者也。○利貞者，性情也。○乾始能以美利利天下，不言所利，大矣哉！

謹按：乾元統天，「萬物資始」即始即亨，故曰「始而亨」。物之所以爲物，不惟其形質，惟其性情，有是性斯有是情，有是情斯有是物，性情一成而不變，此萬物之所各具也。性情即彖傳「性命」。命在性前，情在性後，自其始生言之曰性命，自其已成言之曰性情。性命必言「各正」，乃見利貞。意由性而發爲情，是即各正也。性不可見而情可見，鳶之飛、魚之躍，情也。此理充積於中而无一毫虚假欠缺，故爲飛、爲躍，活潑而不能自已，是即所謂保合也。自元始而亨之後，物各得其性情而爲利、爲貞，是乾之始。不但始而亨，即利亦乾始之利也。一元之所發生非必有心，利物而利自，普不言所利者，天不自知其爲利物，亦忘乎天之利之也。言利，則貞可知矣。

來氏曰：「出乎震，必齊乎巽，見乎離。春生夏長，百物同一性情，至秋收冬藏，乃見性情之正。實是利貞者萬物之性情，即乾元之性情也。」

大哉乾乎！剛健中正，純粹精也。○六爻發揮，旁通情也。○時乘六龍，以御天也。雲行雨施，天下平也。

謹按：此言卦畫之乾。剛、正，體也；健、中，用也。剛健中正之至，无一毫陰邪之雜爲純，純之至爲粹，粹之至爲精。此全卦之德也。分言六爻，則潛、見、飛、躍，其情各出。情者，性之發，卦爲性，爻則發揮其義者也。蘇氏曰：「『剛健中正，純粹精』者，乾之大全卦也。及其散而有爲，分裂四出，而各有得則爻也。以爻爲情，則卦之爲性明矣。」此解最確。彖傳「時乘六龍以御天」，文言添一「也」字以起下文。惟御之有道，故天下平也。此謂九五一爻。「雲行雨施」者，天之道，聖人位天育物，撫五辰、順四時，其道即天之道。平，即大傳「萬國咸寧」也。○本義：「此第五節，復申首章之意。」

君子以成德爲行，日可見之行也。潛之爲言也，隱而未見，行而未成，是以君子弗用也。

謹按：當隱而未見之時，欲措之於行，豈能有成？蓋德可行而時未可行也。○又按：成德之成，成己也；未成之成，成物也；成己即所以成物，而有未能者，時爲之也。一夫不獲，引爲己恥，自聖人視之，道不大行，終是己德之虧，故曰「未成」。

君子學以聚之，問以辨之，寬以居之，仁以行之。易曰「見龍在田，利見大人」，君德也。

本義：「蓋由四者以成大人之德，再言君德，以深明九二之爲大人也。」

謹按：理具於人心而散於萬物，物有未格即知有未致，故君子進德修業之功莫先於學。多見多聞，日積月累，而天下之理聚矣。聚則雜，雜則是非不可以不辨也，故問尚焉。證於有道，詢於芻蕘，訂義晰疑，而公私邪正之分明矣。學聚問辨所得之理，居之於心，則寬尚焉。張子云：「心大則百物皆通，心小則百物皆病。」「寬以居之」者，大其心之謂也。萬物皆備之體，本高明而廣大，學聚問辨所以復其本明之體也。儻有一毫私意之蔽，則心自心而理自理，縱博學詳說，於心之全體大用何益乎！大其心者明於公私邪正之分，即致其去私存理之力，高明廣大之體復矣。又曰：「仁以行之」者，「行」對「居」言，存之於心者尤必體之於身。中庸言學問思辨，終於篤行，此不言篤而言仁者，仁爲心之全德，始於知而成於行事，事合乎天理而无一毫人欲之私，知之至而行之，盡篤不待言矣。寬居工夫屬内，學問行俱屬外，論進德修業之全功，内外交養而不容相離，然用功之序又必自外而及内，此寬居所以必先學聚問辨也。又按：學聚問辨，即大學格物致知；寬居，則誠意正心也。仁行而修齊治平之道盡於是矣。

九三重剛而不中，上不在天，下不在田，故「乾乾，因其時而惕，雖危无咎矣」。

謹按：三、四在兩卦之間，以剛接剛，故曰重剛。不中謂不在二、五之位，上不在天，遠于君也；下不在田，位已高也。位高則危，遠于君尤危。三之時位然也。乾乾者，因時之當惕而惕也。

九四重剛而不中，上不在天，下不在田，中不在人，故或之。或之者，疑之也，故无咎。

謹按：天地人之外，别无位置，三者不在，則全无著落矣。蓋三爻之不在天、不在田，實象四不在田，亦實象至天人相接之間，上下進退无常。本人也而近于天，謂之在人不可也；近于天而未離乎人，謂之在天不可也。兩在兩不在，此所謂「或之」也。

夫大人者，與天地合其德，與日月合其明，與四時合其序，與鬼神合其吉凶。先天而天弗違，後天而奉天時。天且弗違，而況於人乎，況於鬼神乎！

謹按：天地、日月、四時、鬼神不外一道，道之所在，可言聖人合天地，亦可言天地合聖人。

亢之爲言也，知進而不知退，知存而不知亡，知得而不知喪。〇其唯聖人乎！知進退存亡而不失其正者，其唯聖人乎！

謹按：處亢而不亢，非聖人不能，故兩言「其唯聖人」。〇本義：「此第六節，復申第二、第三、第四節之意。」

坤 ䷁ 坤下坤上

坤，元亨，利牝馬之貞。君子有攸往，先迷後得，主利。西南得朋，東北喪朋，安貞吉。

本義：「⚋者，耦也，陰之數也。坤者，順也，陰之性也，注中者，三畫卦之名也；經中者，六畫卦之名也。陰之成形莫大於地，此卦三畫皆耦，故名坤而象地，重之又得坤焉，則是陰之純、順之至，故其名與象皆不易也。牝馬，順而健行者。陽先陰後，陽主義，陰主利。西南，陰方；東北，陽方。安順之爲也，貞健之守也。遇此卦者，其占爲大亨而利，以順健爲正。如有所往，則先迷後得，而主於利，往西南則得朋，往東北則喪朋，大抵能安於正則吉也。」

謹按：元、亨、利、貞四者，健之目，乾之德也。坤，順也，非健也，然順者順乎健也，所順者健則順之者亦健矣。坤之元即乾之元也。萬物資乾以始，即資坤以生，纔有始即有生，不分兩事，亦不分兩時。亨、利、貞亦然。故占得坤卦者，亦如乾之大亨，而利於牝馬之貞，貞莫如馬之健行。乾馬也，坤亦馬也。何以知坤之爲馬？坤者，乾之配，乾牡而坤牝也，坤爲乾之牝，乾爲馬，坤非馬而何？牝、牡均馬也。牡之所至，牝亦至焉，牡貞牝亦貞也。然惟牡之所至而後牝乃至焉，牝之貞即牡之貞也，牡者牝之主也，主未往而臣先焉，岐路茫茫，欲往何之？失主而迷也。主往而臣後焉，亦步亦趨，利有攸往，得主而利也。主何以得後之？斯得之矣，後之者主之也。身主之，心即主之，念茲在茲，知有主而不知有他也。渙之六四曰「渙其群」，又曰「渙有丘」，散群險而爲大功，君子得主之道也。彼樹黨私門，儼然敵國者，固亂臣賊子之尤，即爲國得人而稍存市恩之私，亦大乖人臣忠順之道，故曰「西南得朋，東北喪朋」。文圖：西南巽、離、坤、兑，陰方也，東北乾、坎、艮、震，陽方也。

賢人隱於草野，羅而致之，使拔茅連茹而征，是得朋於西南也；既已同升於朝，則君之臣也，非我朋也，是喪朋於東北也，所喪之朋即所得之朋。西南喻草野，爲賢人所居；東北喻朝廷，爲人君所在。安貞者，安而貞也。安者順也，以順爲貞者，牝馬之貞也。

彖曰：至哉坤元！萬物資生，乃順承天。

本義：「此以地道明坤之義，而首言元也。至，極也，比『大』義差緩。始者，氣之始；生者，形之始。順承天施，地之道也。」

謹按：「乃順承天」，謂乾既始之，坤即生之，此乃坤之順承乎始以爲生也。朱子曰：「資乾以始便資坤以生，不争得霎時間。萬物資乾以始而有氣，資坤以生而有形，氣至而生，即坤元也。」此釋「元」之義。

坤厚載物，德合无疆。含弘光大，品物咸亨。

謹按：此節釋「亨」。凡天所覆處，皆地所載處。天无疆，地亦无疆，其德合也。「含弘」言其體，「光大」言其用。

牝馬地類，行地无疆。柔順利、貞，君子攸行。

謹按：此節釋「利、貞」。「行地无疆」，只説牝馬，坤道類是，此柔順所以利貞也。「地類」謂地，與「牝馬」類是也。

先迷失道，後順得常。西南得朋，乃與類行。東北喪朋，乃終有慶。○安吉之吉，應地无疆。

謹按：此釋「有攸往」以下卦辭。陽倡陰和，天地不易之經也，但謹守常道，无少游移，則安常處順而无利矣。「類行」謂朋自西南來，東北與之者君子也。「有慶」極言得主之利，「應地无疆」謂君子之安貞，與地同其无疆，是以有慶而吉也。

象曰：地勢坤，君子以厚德載物。

本義：「地，坤之象，亦一而已，故不言重而言其勢之順，則見其高下相因之无窮，至順極厚而无所不載也。」○朱子語類：「高下相因，只是順然，惟其厚，所以高下只管相因去，只見得他順。若是薄底物，高下只管相因則傾陷了，不能如此之无窮矣。君子體之，惟至厚爲能載物。」

謹按：乾自彊不息，成己也；坤厚德載物，成物也。成己即所以成物，此坤道所以順而簡也。

初六，履霜，堅冰至。○象曰：「履霜，堅冰」，陰始凝也，馴致其道，至堅冰也。

朱子曰：「陰陽有以動静言者，有以善惡言者。如乾元資始，坤元資生，則獨陽不生，獨陰不長。造化周流，須是兼用，如『履霜，堅冰至』則一陰之生便如一賊。這道理在人如何看，直看是一般道理，横看是一般道理，所以謂之易。」

胡仲虎曰：「上六曰『其道窮也』，由初六順習其道以至於窮耳。兩其道字，具載始末，經曰『堅冰至』，要其終也；傳曰『至堅冰』，原其始也。」

謹按：象傳「陰始凝也」連下讀，謂始凝之冰，其道馴致堅冰也。

六二，直方大，不習无不利。○象曰：六二之動，直以方也。「不習无不利」，地道光也。

謹按：六二一爻備全坤之德。「直」即文言「至柔而動剛」，「方」即「至静而德方」，「大」即「含萬物而化光」，「不習无不利」即「承天而時行」，卦辭「後得，主利」亦「不習无不利」意。又按：天有風雲雷雨，地則只是静，所以生物周徧者，以其應天而動。天剛而地亦剛也，故傳曰「六二之動，直以方也」。天之所以不息者以其健，健即直也，地順乎天，以天之直爲直也。

六三，含章可貞，或從王事，无成有終。○象曰：「含章可貞」，以時發也。「或從王事」，知光大也。

胡氏曰：「陽主進，陰主退。乾九三陽居陽，故曰『乾乾』，主乎進也；坤六四陰居陰，故曰『括囊』，主乎退也。乾九四陽居陰，坤六三陰居陽，故皆曰『或』，進退未定之際也；特其退也曰『在淵』，曰『含章』，惟進則皆曰『或』。聖人不欲人之急於進也如此。三多凶，故聖人首於乾、坤之爻其辭獨詳焉。」

謹按：「含章」猶六五美在中也，但德不及六五之盛，位不如六五之尊，未能暢於四肢、發於事業耳。「可貞」謂可貞以守也，「或從王事」，含而發也，功則歸於君，故曰「无成」；職必盡之於己，故曰「有終」。象傳光大在含處見，不在發處見；章之含非不發，發以時耳，「從王事」即是發，曰「或」者，惟其時也。「知光大」，故能「无成有終」。

六四，括囊，无咎无譽。○象曰：「括囊，无咎」，慎不害也。

謹按：四位已入重卦。六以陰居陰，重陰閉塞之時也，然在上卦之下，處得其正，爲能晦藏其知，隱括不露，故「无譽无咎」。來氏曰：「四近君多懼，譽則有專美之嫌，咎則有敗事之累。『无咎无譽』，斯不害也。」

六五，黄裳，元吉。○象曰：「黄裳，元吉」，文在中也。

謹按：六五中順之德，積於中，形於外，故「元吉」。五，黄象；六，裳象。象傳「文在中」謂裳之文著於外，由黄之德藴於内也。説卦傳曰〔一〕：「垂衣裳而治，取諸乾、坤。」上衣下裳，尊卑分定，制度文章之大要也。

上六，龍戰于野，其血玄黄。○象曰：「龍戰于野」，其道窮也。

謹按：龍謂陽，「戰于野」者，陽戰陰也，戰則陰傷，陽亦傷，故其血玄黄。玄，陽也；黄，陰也。

用六，利永貞。○象曰：「用六，永貞」，以大終也。

謹按：坤全變而爲乾，直以爲乾不可也；其體固坤也，仍以爲坤不可也，已變乾也。坤以貞爲主，貞而永，斯爲坤中之乾矣。四德首元而終貞，乾知大始，以元爲主，坤作成物，

〔一〕按：「説卦傳」，當作「繫辭傳」。

以貞爲主。用九曰「乾元」，用六亦可言「坤貞」。乾元不息之謂永，曰「永貞」是以乾之始爲坤之終，故曰「以大終也」。

文言曰：坤至柔而動也剛，至静而德方，〇後得主而有常，〇含萬物而化光。〇坤道其順乎！承天而時行。

謹按：物之柔者易屈，坤之柔也，而其動而應乾，與時偕行而不可撓，何其剛也！物之静者无爲，坤至静也，而其生物之德均平齊一，无不周到，何其方也！静不與動對，静固静，動亦静也。惟動剛，故生物之德周徧而方，方謂邊幅整齊，无攲斜缺陷之處，静而有爲，故能如此。若清淨无爲則精神懈弛，安能整齊端方？地之方本以體言，然凡有地處无不生物，體之方即德之方也。此二句釋牝馬之貞。牝馬從牡，至柔至静，行地无疆，剛而方也。後得主含萬物，順承天，承柔静有常，化光時行，承剛方。此三節極贊坤之順乾，以申彖傳釋卦辭之意。不分釋四德者，坤之元亨利貞即乾之元亨利貞也。

積善之家，必有餘慶；積不善之家，必有餘殃。臣弑其君，子弑其父，非一朝一夕之故，其所由來者漸矣，由辨之不早辨也。易曰「履霜，堅冰至」，蓋言順也。

謹按：積，聚也，聚小爲大也。勿以善小而不爲，善斯積矣；勿以惡小而爲之，不善乃不積也。

直其正也，方其義也，君子敬以直内，義以方外。敬義立而德不孤，直方大，不習无不利，則不疑其所行也。

謹按：豎看見爲直，平看見爲方。一線直上无有回邪，直也；四隅端正无有缺陷，方也。敬者，主一无適之謂。若東以西、南以北，則回邪而不直矣。義者，裁制事物之宜，有一不合乎裁制，則缺陷而不方矣。變正言敬，敬即正也。内敬外義，自然充積日盛，論語所謂「主忠信」、「徙義」，德之所以崇也，故曰「敬義立而德不孤」。不孤者，大也。直、方而大，則无所施而不當，又何待於習乎，何所疑於行乎！如朱子語類：「『敬以直内』，是持守功夫；『義以方外』，是講學功夫。直是直上直下，胸中无纖毫委曲；方是割截方正意，是處此事皆合宜，截然不可得而移易之意。」又云：「敬、義夾持，直上達天德，自此最是下得『夾持』兩字。好敬主乎中，義防於外，二者相夾持，要放下霎時也。不得只得直上去，故便達天德。自此表裏夾持，更无東西走作處。上面只更有箇天德。」

陰雖有美含之，以從王事，弗敢成也。地道也，妻道也，臣道也。地道无成而代有終也。

謹按：含美者，待時而發也，從王事則發矣。吴氏易齋曰：「『弗敢』二字著力，弗敢則爲含章，敢則爲龍戰矣。爻辭言『有終』，此增一『代』字，蓋連有終亦不敢自居，不過代天終之耳。」〇陽倡陰和，不有其始，但有其終，此缺上半截之義。陽饒陰乏，但代有終弗敢有成，此又是缺下半截之義。

天地變化，草木蕃；天地閉，賢人隱。易曰「括囊，无咎无譽」，蓋言謹也。

謹按：天地變化，草木且蕃，況於人乎，況於賢乎！閉則不變化，而賢人隱矣。

君子黄中通理，〇正位居體。〇美在其中而暢於四支，發於事業，美之至也。

謹按：爻言「黄裳」者，黄而裳也；黄中，道也；本文「黄中」之中，内也，與象傳「在中」同，謂内含中正之德也。通，達也，中德藴於内而達於外，經緯條貫，時措咸宜，黄而裳也。正位，猶孟子所云「立天下之正位」。體，如人身之四體，元首尊而股肱卑也。以六居五，位尊而居之以卑，猶論語「義以爲質，而行之以體，出之以遜」也。「黄中通理」，以内外言；「正位居體」，以體用言。體剛而用柔，由其内中而外順也。「美在其中」，申上黄中；「暢於四支，發於事業」，申通理，故胡氏云：「蓋直内方外之君子，即黄中通理之君子也。」敬以直内，則胸中洞然，表裏如一，是即所以爲黄中；義以方外，則凡事之來義以處之，无不合理，是即所以爲通理。五之黄中通理，本於直内方外，故其正位也，雖居乎五之尊而其居體也，則不失乎二之常。二之直内方外，是内外夾持，兩致其力；五之黄中通理，則内外貫通，无所容其力矣。

陰疑於陽必戰，爲其嫌於无陽也，故稱龍焉；猶未離其類也，故稱血焉。夫玄黄者，天地之雜也，天玄而地黄。

程傳：「陽大陰小，陰必從陽，陰既盛極，與陽偕矣，是疑於陽也，不相從則必戰。卦雖純陰，恐疑无陽，故稱龍見。其與陽戰也于野，進不已而至于外也，盛極而進不已則戰矣。雖盛極，不離陰類也，而與陽争，其傷可知，故稱血。陰既盛極，至與陽争，雖陽不能无傷，故其血玄黄。玄黄天地之色，謂皆傷也。」○鄭氏維嶽曰：「謂之曰戰，陰與陽交戰也。獨曰龍戰者，是時陰處其盛，嫌于无陽也，故獨稱龍爲戰，若曰陰犯順而龍戰之云耳，以討陰之義，與陽不許陰爲敵也。當其雜也，玄黄似乎莫辨，而不知即雜之中，玄者是天，黄者是地，斷斷不可混淆，定分原自如此。」

謹按：曰「疑」、曰「嫌」，亂賊之形尚未昭著，然其由來有漸，方恨辨之不早，若復姑息而置之，是養癰貽患也。迨乎公然犯順而不顧，雖欲制之而不能矣，此龍戰之所以不容已也。下文稱「龍」、稱「血」之義，亦即必戰之意。坤爲十月之卦，六爻皆陰，至上六則陰盛已極，嫌于无陽矣。嫌于无陽，即自擬于陽，惟自擬于陽，故意中不復有陽。聖人曰：「爾以爲无陽邪？不知陽之迫爾，爲可畏也。」蓋一陰生即一陽伏，至于坤而全乾伏于内矣。乾之象爲龍，觸之而動，其剛健奮厲，有非陰柔所能當者矣。尊其號曰龍，所以壯陽剛之聲靈而折奸邪无君之心者至矣。血者，泛言殺傷也，若以血爲陰，則下文不相聯屬矣。陰盛極而將退，聲罪致討，逐之去可耳，烏用殺傷乎？聖人以爲陰雖將退而其類猶未離也，類即象傳「乃與類行」之類。卦辭「東北喪朋」，止知有君也。上六統五陰而居其上，是知有類而不知有君矣，況群邪朋比，其勢方張，非夬上之「无號」可比，誅戮豈得已乎！嚴其辭曰血，所以示人名義之不可干而國憲不可逃者深矣。夫戰而至于血，勝者亦不能盡免，故又曰玄黄。玄而黄，幾于陰陽混淆矣，然玄者天，黄者地，尊卑上下之分雖雜而不可泯也。「天玄地黄」四字最謹嚴，最直截，從來姑息養奸者每以兩傷爲慮，不知春秋重討賊，凡以正名而定分也。蜀漢、東晉師出輒敗，綱目不加貶，況以一時士馬之傷殘，伸萬世君臣之大義乎！一部周易，總是扶陽抑陰，明于天玄地黄之義，全易之綱領在是矣。

屯 震下坎上

屯，元亨利貞，勿用有攸往，利建侯。○彖曰：屯，剛柔始交而難生。○動乎險中，大亨貞。○雷雨之動滿盈，天造草昧，宜建侯而不寧。

本義：「震、坎皆三畫卦之名，震一陽動於二陰之下，故其德爲動，其象爲雷；坎一陽陷於二陰之閒，故其德爲陷、爲險，其象爲雲、爲雨、爲水。屯，六畫卦之名也，難也，物始生而未通之意，故其爲字，象中穿地始出而未申也。其卦以震遇坎，乾、坤始交而遇險陷，故其名爲屯。震動在下，坎險在上，是能動乎險中，能動雖可以亨，而在險則且守正而未可遽進，故筮得之者，其占爲大亨而利於正，但未可遽有所往耳。又初九陽居陰下而爲成卦之主，是能以賢下人得民而可君之象，故筮立君者遇之則吉也。」

胡氏雲峰曰：「屯、蒙繼乾、坤之後，上下體有震、坎、艮，乾坤交而成也。震則乾坤之始交，故先焉初以一陽居陰下而爲成卦之主。元亨，震之動；利貞，爲震遇坎而言也。非不利有攸往，不可輕用以往也。易言『利建侯』者二：豫建侯，上震也；屯建侯，下震也。震，長子。『震驚百里』，皆有侯象。」

謹按：坤得乾之初畫爲震，剛柔始交也；坎一陽陷于二陰之中，險難也。始交而遇險難，故屯。何以元亨險而能動也，何以利貞動而遇險也？惟利貞故勿用攸往，若冒險而進，便非正道。「利建侯」即勿用攸往意。建侯親民，居中治外，民自歸之，何庸往爲？象傳「雷雨之動滿盈」，雷聲雨氣，逼塞蒙晦，欲往何之？但存此不寧之心建侯以定之可耳。震之爲德動，動故亨，而卦辭、爻辭俱以躁動爲戒者，惟能静乃能動也。〇震爲長子，侯象。初九一陽在二陰之下，下賢得民利建侯象。

象曰：雲雷屯，君子以經綸。

程傳：「坎不云雨而云雲者，雲爲雨而未成者也，未能成雨所以爲屯。君子觀屯之象，經綸天下之事，以濟于屯難。經緯綸緝，謂營爲也。」

謹按：「天造草昧」，籍籍紛紛，大綱不振，小紀不張，建侯樹屏，所以定名分、肅人心，經綸草昧之道，此其大端也。

初九，磐桓，利居貞，利建侯。〇象曰：雖磐桓，志行正也。以貴下賤，大得民也。

謹按：磐，石也；桓，柱也，柱石著地而不可動。初九當屯難之時，處下卦之下，安重寧静，其象如此。然知深勇沉爲扶危定傾之主，亦即于此見之。「居」與「行」對，居貞非不行也，行不于往而于居也。建侯者，任賢使能，親附百姓，居中而治，險難自平，是即居貞也。兩「利」字，謂初九之才能如是也。初爲成卦之主，故辭與卦同。互艮，磐象；震木，桓象。

六二，屯如邅如，乘馬班如。匪寇婚媾。女子貞不字，十年乃字。○象曰：「六二之難」，乘剛也。「十年乃字」，反常也。

謹按：六二陰柔，與五正應，宜其速往矣。所以邅如不進者，以下乘初九，資陽剛之助，柔而能貞也。象曰「六二之難」，難者難也，六二守貞而難於進，一似有寇而難之者，蓋疑五也，迨乎乘馬班如而來，乃知匪寇也，婚媾也。班如，馬行也，五乘馬下求二也。二初疑五而不往，女子之貞也，既知爲婚媾而往應，理之正也。女子以字爲常，始疑而終應，反歸於理之常也。舊注以初求二爲二之難，則是十年不字非二之貞，二之難也。凡云「十年」者，由本爻再變至所應爻爲十也。

六三，即鹿无虞，惟入于林中。君子幾，不如舍，往吝。○象曰：「即鹿无虞」，以從禽也。君子舍之，「往吝」，窮也。

本義：「陰柔居下，不中不正，上无正應，妄行取困，爲逐鹿无虞、陷入林中之象。君子見幾，不如舍去，若往逐而不舍，必致羞吝。戒占者宜如是也。」

謹按：六三不中不正，陰柔不安而妄動，其象爲即鹿。才弱不足以濟，又无應援爲无虞、入于林中象。象傳「從禽」，「從」字與四象「明」字對，貪得之心，止知有禽，利令智昏也。楊氏簡曰：「心在乎禽，爲禽所蔽，雖无虞，猶漫往，不省其不可也。」

六四，乘馬班如，求婚媾，往吉，无不利。○象曰：求而往，明也。

本義：「陰柔居屯，不能上進，故爲乘馬班如之象。然初九守正居下，以應於己，故其占爲下求婚媾則吉也。」

謹按：馬行謂之班。「乘馬班如」，下求初也。四與初、二與五，同一婚媾也。二以下應上，故進不宜輕；四以上求下，故往无不利。

九五，屯其膏，小貞吉，大貞凶。○象曰：「屯其膏」，施未光也。

本義：「九五雖以陽剛中正居尊位，然當屯之時，陷於險中，雖有六二正應，而陰柔才弱，不足以濟。初九得民於下，衆皆歸之，九五坎體，有膏潤而不得施，爲屯其膏之象。占者以處小事，則守正猶可獲吉，以處大事，則雖正而不免於凶。」

謹按：九五之屯膏，時爲之，非有屯之者。初九利建侯，建初者五也。初得民輔國，故利建以爲侯，乃比之季氏、司馬，冤矣。「小貞吉」，謂有所革去其太甚，有所興擇其易行，從容婉轉，以圖有濟。若求治太急，不惟欲速不達，且恐人情驚駭，禍生不測，凶孰甚焉！

上六，乘馬班如，泣血漣如。○象曰：「泣血漣如」，何可長也！

本義：「陰柔无應，處屯之終，進无所之，憂懼而已，故其象如此。」

謹按：上六以陰柔居屯之極，无所往也，憂懼涕泣而已。同一「乘馬班如」，上六有皇皇何之之狀。

蒙䷃ 坎下艮上

蒙，亨，匪我求童蒙，童蒙求我。初筮告，再三瀆，瀆則不告，利貞。○象曰：蒙，山下有險，險而止，蒙。○蒙亨以亨，行時中也。「匪我求童蒙，童蒙求我」，志應也。「初筮告」，以剛中也。「再三瀆」，瀆則不告，瀆蒙也。蒙以養正，聖功也。

本義：「艮亦三畫卦之名，一陽止於二陰之上，故其德爲止，其象爲山。蒙，昧也，物生之初蒙昧未明也。其卦以坎遇艮，山下有險，蒙之地也；内險外止，蒙之意也，故其名爲蒙。『亨』以下，占辭也。九二内卦之主，以剛居中，能發人之蒙者，而與六五陰陽相應，故遇此卦者有亨道也。我，二也，童蒙幼稚而蒙昧，謂五也。筮者明則人當求我而其亨在人，筮者暗則我當求人而亨在我。人求我者，當視其可否而應之；我求人者，當致其精一而叩之。而明者之養蒙，與蒙者之自養，又皆利于以正也。」

程傳：「二雖剛中，然居陰，故宜有戒。」

項氏曰：「待其求而後教之，則其心相應而不違，致一以導之，則其受命也如響。」

胡氏雲峰曰：「有天地即有君師，乾、坤之後繼以屯，主震之一陽而曰『利建侯』，君道也。又繼以蒙，主坎之一陽而曰『童蒙求我』，師道也。君、師之道皆利于貞。」

謹按：以巾覆物爲蒙，山下有險，莫知所之，如被物障蔽者，故卦名蒙。彖傳「蒙以養正」，「養」字該全卦六爻之義。卦自頤來，頤，養也。初往居二，陽剛得中，以養爲教者也。養之道漸而漬之，以俟其自化，因而導之，不强其所未至，時中之謂也。「時」與「中」无二義，當乎時即中也。天地之養物，慈母之養子，農夫之養苗，聖賢之養學，皆此道也。傳曰「以亨，行時中」，亨，亨蒙也，教者自行其時中而蒙以亨也；時中維何？六五童蒙也，九二亨蒙者也，二不求五而五來求二，蓋其心迫，欲求通而竭誠來學，此時迎機而導，自必豁然解悟，教者不失乎中，蒙者自歸于正。童蒙天真未離，本无不正，作聖亦不過不失其赤子之心耳，故不曰「以正養蒙」，而曰「蒙以養正」。「初筮」謂求教者如初筮之誠，「再三」謂如再筮、三筮之不誠，求神、求師其理一也。筮之宜誠，人所共曉，故以爲言。初筮告申上童蒙求我，瀆則不告申上，「匪我求童蒙」。五之應二，應以志也，其求教之切如初筮之誠，是以告也。若再三瀆而告，是童蒙不求我而我求童蒙矣。本義「筮者明」云云，發設筮之大凡，然在此卦辭原分兩事：爲教者言，不求蒙也，誠則告，瀆則不告也；爲學者言，求我也，初筮也，不再三瀆也。養蒙者視乎蒙之自養，不誠而瀆，是正忘助長也，教者如之何哉！○聖人釋卦爻，有指明卦爻有此才者，有釋其義者，如以剛中謂九二，剛而得中，故教人有節。此言卦有此才也，瀆蒙則釋其義也。

象曰：山下出泉，蒙，君子以果行育德。

謹按：泉出于山，沛然莫禦，果也；山蘊源泉流而不竭，育也。德者行之本，行者德之用。勇往力行，君子之果；資深逢源，君子之育也。

初六，發蒙，利用刑人，用説桎梏，以往吝。○象曰：「利用刑人」，以正法也。

謹按：懲惡於初，故曰發。發蒙之道，不得以其過小而寬之，小懲大戒，終身可脱于桎梏，所謂刑期于无刑也。若姑息于初，則惡漸長而難治也。「往」對初言，謂過此以往其惡日滋，然後加之以刑，則教民者之吝也。用刑不必加刑于人。懸象讀法即是。○艮，手震木撲，作教刑，用刑象；坎，桎梏象。

九二，包蒙，吉。納婦吉，子克家。○象曰：「子克家」，剛柔接也。

謹按：包，容也，保也，即象傳所謂養也，婦人養子者也。慈愛者或流于姑息，如九二之包，則可謂能養子者矣，故占者娶婦吉。母能養子，則子之克家可知，故又曰「子克家」。九二以剛中爲六五所應，五猶子，二猶母也。象傳「剛柔接」，剛謂二，柔謂五。易齋云：克家之子，惟有剛德者足以當之。五不足于剛，而聖人以克家許之者，二、五合而剛柔接，子肖其母，則德在五也。化柔中爲剛中，引童蒙入聖域，觀「剛柔接」之辭，愈知養正之義矣。

六三，勿用取女，見金夫，不有躬，无攸利。○象曰：「勿用取女」，行不順也。

謹按：九二納婦吉，謂能養子也，六三失其身而不能自養焉。能養子乎取女，如此何利之有？或以舍二從上爲「見金夫」，上爲三之正應，謂之非匹不可也。王弼謂「上不求三，而三求上，爲女先于男」，然卦重童蒙能求，豈得又以三求上爲婦之不順乎？愚意卦自升來，升之上六奔而下于三，三陽金夫象，六居之爲不正，是「不有躬」也。又六五爲童，六三爲女，女不有躬己長而瀉其天真者，非徒蒙而已。「勿用」，取聖人不屑之教也。

六四，困蒙，吝。○象曰：困蒙之吝，獨遠實也。

本義：「既遠于陽，又无正應，爲困于蒙之象，占者如是，可羞吝也。能求剛明之德而親近之，則可免矣。」

謹按：六四「獨遠實」，謂應承乘皆陰也，然所以爲困者，亦由昏怠自棄，不自求師耳。

六五，童蒙，吉。○象曰：童蒙之吉，順以巽也。

本義：「柔中居尊，下應九二，純一未發，以聽於人，故其象爲童蒙，而其占爲如是則吉也。」

蔡虛齋曰：「柔中居尊，純一未發，此『童蒙』字與卦辭『童蒙』字小異。卦辭只是説蒙昧，此之童蒙言其有之善純一之心，純則不雜，一則不二，蓋有安己之心而无自用之失，有初筮之誠而无再三之瀆，信乎其吉矣。程傳『童取未發而資于人者也』，此語最切。」

謹按：六五，彖辭所謂「童蒙求我」，初筮而非再三者也，爻以二字該括卦辭，原无兩樣，但「童」字重讀，謂六五蒙而童者也。

上九，擊蒙，不利爲寇，利禦寇。○象曰：利用禦寇，上下順也。

本義：「以剛居上，治蒙過剛，故爲擊蒙之象。然取必太過，攻治太深，則必反爲之害。惟扞其外誘以全其真純，則雖過于嚴密乃爲得宜，故戒占者如此。凡事皆然，不止爲誨人也。」

謹按：二剛皆治蒙者，二包而上擊，擊則非養矣。治蒙而不能養，治之適以害之也，故曰「爲寇，利禦寇」。爲受治者言，謂擊固无利于蒙，然爲蒙者能資其剛嚴以禦邪妄，則上之擊蒙又何嘗不利乎？象傳「上下順」，下謂九二，上謂上九，五能順下而受其包，亦順上而資其擊，則二剛皆我師矣。○震，木擊象；坎，寇象。三、四、五互坤，二承坤上下順象。

周易傳義合訂卷之三

需䷄ 乾下坎上

需，有孚，光亨，貞吉，利涉大川。○彖曰：需，須也，險在前也。剛健而不陷，其義不困窮矣。○「需，有孚，光亨，貞吉」，位乎天位以正中也。「利涉大川」，往有功也。

程傳：「需，待也。以二體言之，乾之剛健上進，而遇險未能進也，故爲需待之義；以卦才言之，五居君位，爲需之主，有剛健中正之德，而誠信充實于中。中實有孚也，有孚則光明而能亨通，得貞正而吉也。以此而需，何所不濟？雖險无難矣，故『利涉大川』也。凡言貞吉，有既正且吉者，有得正則吉者，不可不辨也。」

朱子語類：「需者，寧耐之意，以剛遇險時節如此，只得寧耐以待之。且如涉川者，多以不能寧耐致覆溺之禍，故需卦首言『利涉大川』。」

謹按：九五一陽居尊得正，下臨乾剛，有不動聲色、嚴肅整齊、正位凝命之象，傳曰「位乎天位以正中」，釋卦辭而卦之名義益顯矣。蓋坎再索而得乾之二畫，中實而孚，凡坎皆然。而需之下卦爲乾，蓋全乾而上、四兩爻變者也，九五乾之飛龍也。乾六爻俱陽爲群龍，今上、四兩爻變，則龍德獨歸九五矣。九五，龍德而正中者也。龍德者，天位之德也，以天德履天位，當其遇坎則積而爲孚，及乎坎出，則發而爲光。坎水内明外暗，實有是光於中，故曰有孚，有孚故需。若本无是事，又何需之有乎？以政治言之，一人端拱穆清于上，萬姓休養生息于下，聖主、賢臣一德相孚，酒醴笙簧，燕笑譽處，一若太平无事者。然久之乘會際可爲所得，爲大難平而險阻消，聖作物睹，萬國咸寧，此需之道即乾之道也。卦辭「有孚光」三字爲句，光者，孚之光也，孚而光，則需者不需矣，故其占亨通得正而吉也。貞即有孚，孚而光，斯貞而吉矣。又曰「利涉大川」者，大川謂坎，需則不涉，亨則涉而利矣。

象曰：雲上於天，需，君子以飲食宴樂。

謹按：不曰「水」而曰「雲」，不曰「雲在天」而曰「雲上于天」，需待之義可想而見。樂天知命，居易俟時，飲食宴樂之謂也。

初九，需于郊，利用恒，无咎。○象曰：「需于郊」，不犯難行也。「利用恒，无咎」，未失常也。

謹按：曰郊、曰沙、曰泥，以去險之遠近取象。初最遠險，「需于郊」象。恒，常也，素位而行，安常之道也。程子云：「安静自守，志雖有需，而恬然若將終身，乃能用常也。」

九二，需于沙，小有言，終吉。○象曰：「需于沙」，衍在中也，雖小有言，以吉終也。

程傳：「衍，寬綽也。二雖近險，而以寬裕居中，故雖小有言語，及之終得其吉，善處者也。」

胡氏炳文曰：「初最遠坎，利用恒乃无咎。九二漸近坎，小有言矣，而曰終吉者，初九以剛居剛，恐其躁急，故雖遠險，猶有戒辭；九二以剛居柔，寬而得中，故雖近險而不害其爲吉。」

謹按：象傳「衍在中」，衍，寬裕也。内省不疚，從容自得，以待時會，雖小有言，終獲吉也。二與五應，需而不往，故有言。言者或譏其不速往，或以爲宜且退也。○互兑，言象；兑少，小象。

九三，需于泥，致寇至。○象曰：「需于泥」，災在外也。自我致寇，敬慎不敗也。

謹按：「需于泥」，近坎矣，需而不需矣。雖害由自取，然當兩卦之交，勢不得不進，故象傳曰「敬慎不敗」，但教以慎進，不戒其進也。九三過剛不中，必敬慎乃能不敗。

六四，需于血，出自穴。○象曰：「需于血」，順以聽也。

本義：「血者，殺傷之地；穴者，險陷之所。四交坎體，入乎險矣，故爲『需于血』之象。然柔得其正，需而不進，故又爲『出自穴』之象。占者如是，則雖在傷地而終得出也。」

謹按：卦之爲需，乾爲坎需也，坎之險由二陰陷陽，此衆陽所欲決而有待者也。至上下之間陰陽逼近，陽不能復需，必争之勢也。三之寇，四寇之；四之血，三傷之也，猶坤之「龍戰于野，其血玄黄」也。四爲三傷，則陰不敵陽矣，故聖人教之以需。需有將就順從意，謂當血之時，惟有順從乎陽，庶幾陽免于險而陰亦得出于穴，兩得之道也。象傳「順以聽」，謂順而聽命于陽也。

九五，需于酒食，貞吉。○象曰：「酒食，貞吉」，以中正也。

本義：「酒食，宴樂之具，言安以待之。九五陽剛中正，需于尊位，故有此象。占者如是，而貞固則得吉也。」

謹按：九五陽剛中正，卦辭所謂「有孚光，亨」也，故聖人以爻辭爲全卦象傳。

上六，入于穴，有不速之客三人來，敬之終吉。○象曰：「不速之客來，敬之終吉」，雖不當位，未

大失也。

謹按：以外卦言，上爲坎險之極；以全卦言，上爲需之極。險極則變，需極則進，此必然之理也。卦之爲需，乾遇坎而不遽進也，不遽進者，非不進，進而不速也，至于需極則進矣。「不速之客三人來」，三人謂乾卦三爻，「不速」者需也，來，進也。以險極而變之陰，當需極而進之陽，不能與抗，敬之而已。敬之者，謂陰變而順乎陽也。上爻本當位，變爲陽則不當矣。雖爲陽所逼，而失其正位，然變險爲平，未爲大失也。○四、上二耦，穴象，四在下，冀其出上，在上戒其入，聖人未嘗不爲小人計也。

訟䷅ 坎下乾上

訟，有孚，窒惕，中吉，終凶。利見大人，不利涉大川。○彖曰：訟，上剛下險，險而健訟。○「訟，有孚，窒惕，中吉」，剛來而得中也。「終凶」，訟不可成也。「利見大人」，尚中正也。「不利涉大川」，入于淵也。

謹按：彖傳甚明，卦自遯來，遯之三剛來居二而得中，剛而得中，有孚也。居下而在坎難之中，有孚而窒也，窒故訟。非好訟也，不得已也。不得已而訟，故訟而惕，惕而中止，訟中止則吉。上九過剛，居訟之極，其象爲終訟，終訟則凶。九五中正居尊，人所敬服者也。訟者求判曲直，故「利見大人」。訟以求平，不可履危蹈險，故「不利涉大川」。

象曰：天與水違行，訟，君子以作事謀始。

程傳：「天上水下，相違而行，二體違戾，訟之由也。若上下相順，訟何由興？君子觀象，知人情有争訟之道，故凡所作事，必謀其始，絶訟端於事之始，則訟无由生矣。謀始之義廣矣，若慎交結、明契券之類是也。」

胡氏曰：「凡事有始、有中、有終，訟『中吉，終凶』。然能謀于其始，則訟端絶，中與終不必言矣。」

謹按：戒慎于一念初動之時，自无理欲交戰之患。

初六，不永所事，小有言，終吉。○象曰：「不永所事」，訟不可長也。雖小有言，其辯明也。

謹按：初之訟，非訟也，事也。初有事，事止于初也，故曰「小有言」，謂不待終辯而已明也。

九二，不克訟，歸而逋。其邑人三百户，无眚。○象曰：「不克訟」，歸逋竄也，自下訟上，患至掇也。

謹按：九二與上訟争，三也，以下訟上，于理不順，故不克。知其不克而逋，是不終也，故雖有患而不爲害。邑三百户，大邑也，「无眚」謂不致削奪。九二「三百，无眚」，上九「終朝三褫」，得失霄壤矣。

六三，食舊德，貞厲，終吉。或從王事，无成。○象曰：「食舊德」，從上吉也。

謹按：六三，訟所自起也。六三一陰處二、四兩陽之間，始而二與上争三而訟，繼而四又與上争三而亦訟。一、三也，二争之，四又争之，而三不爲所動，三應上者也。陰陽相應，陽施陰受，是三享上之德也，由來久矣。三惟安舊守貞，雖屢訟于官，不免危厲，究无不吉。「或從王事」，厲也；「无成」，吉也。王事即訟事，无成與坤卦同，謂非自爲主也。

九四，不克訟，復即命，渝，安貞吉。○象曰：「復即命，渝，安貞」，不失也。

本義：「即，就也；命，正理也；渝，變也。九四剛而不中，故有訟象。以其居柔，故又爲不克而復就正理，渝變其心，安處于正之象。占者如是則吉也。」

謹按：九四之不克，猶夫二也。復猶歸也，即命就理也。訟則失理，復則得理矣。復不徒在事而在心，故曰「渝」、曰「安」。蓋四與上訟爭三也，三應上者，四之爭非也。

九五，訟，元吉。○象曰：「訟，元吉」，以中正也。

本義：「陽剛中正以居尊位，聽訟而得其平者也。占者遇之，訟而有理，必獲伸矣。中則聽不偏，正則斷合理。」

謹按：九五，大人也，用其中正以斷曲直，故初小有言，而辨明二、四妄爭而不克，上雖直，以終訟而被褫。

上九，或錫之鞶帶，終朝三褫之。○象曰：以訟受服，亦不足敬也。

本義：「鞶帶，命服之飾；褫，奪也。以剛居訟極，終訟而能勝之，故有錫命受服之象。然以訟得之，豈能安久？故又有「終朝三褫」之象。其占爲終訟无理，而或取勝，然其所得終必失之。聖人爲戒之意深矣。」

謹按：上與二、四訟，始勝，二繼又勝四，其理雖直，終不免褫。可知理曲固不可訟，即直亦當安守，聽其自屈。若爭執不已，至於終訟，雖勝猶負也。

師䷆ 坎下坤上

師，貞，丈人吉，无咎。○彖曰：師，衆也；貞，正也。能以衆正，可以王矣。剛中而應，行險而順，以此毒天下，而民從之吉，又何咎矣！

本義：「師，兵衆也。下坎上坤，坎險坤順，坎水坤地。古者寓兵于農，伏至險于大順，藏不測于至静之中。又卦惟九二一陽居下卦之中，爲將之象，上下五陰順而從之，爲衆之象。九二以剛居下而用事，六五以柔居上而任之，爲人君命將出師之象，故其卦之名曰師。丈人，長老之稱。用師之道，利于得正而任老成之人，乃得吉而无咎。戒占者亦必如是也。此以卦體釋『師貞』之義，以謂能左右之也。一陽在下之中，而五陰皆爲所以也，能以衆正則王者之師矣。又以卦體卦德釋『丈人吉，无咎』之義。『剛中』，謂九二；『應』，謂六五應之；『行險』，謂行危道；『順』，謂順人心，此非有老成之德者不能也。毒，害也，師旅之興不无害于天下，然以其有是才德，是以民悦而從之也。」

謹按：彖傳「以衆正」，以衆者二也，二以衆，五以二，此五之所以王也。興師伐罪而曰毒，見師之不可不愼也。坤爲土、爲國邑，坎爲弓、爲輸田賦出兵象。二、四互震，震爲長男，二震主丈人象。

象曰：地中有水，師，君子以容民畜衆。

本義：「水不外于地，兵不外于民，故能養民則可以得衆矣。」

謹按：民得其所則无事爲農，有事爲兵伍，兩卒旅軍師之衆即比閭族黨州鄉之民也。

初六，師出以律，否臧，凶。○象曰：「師出以律」，失律凶也。

本義：「律，法也；否臧，謂不善也。晁氏曰：『否』字，先儒多作『不』，是也。在卦之初，爲師之始，出師之道，當謹其始，以律則吉，不臧則凶。戒占者當謹始而守法也。」

胡氏曰：「以律不言吉，否臧則言凶者，謹嚴乃出師之常，勝負猶未可知，故不言吉。出而失律，凶立見矣。」

謹按：程子謂「律有二義」，出師不以義，行師无節制，皆失律也。九二在中，中即律也。六三「輿尸」，不以律也，四進不以律，猶能按部而退也。五命將出師之君，「有禽，利執」，師出以義也。用長子而舍弟子，命將以律也。

九二，在師中，吉无咎，王三錫命。○象曰：「在師中，吉」，承天寵也。「王三錫命」，懷萬邦也。

謹按：九二以剛居柔，恩威並濟，師之中道也。在師而中，故吉而无咎。師易得咎，惟吉乃无咎也。元老之猷，天子之功也。大將專征，傾國聽命，勝負何常？安危莫測。儻謗書盈廷，禍且不免。即事權稍分，功亦无成。靈寵屢頒，而軍聲益振，以是而奏膚功、安萬邦。師之吉由錫命之寵，命之錫，由萬邦之懷也。曰天、曰王，昭聲靈之赫濯也。

六三，師或輿尸，凶。○象曰：「師或輿尸」，大无功也。

程傳：「倚付二、三，安能成功？豈惟无功，所以致凶也。」

謹按：傳、義釋「輿尸」不同，參看五爻。則傳解爲當輿，兼三、四二爻言。三之凶由于尸，師不尸則不凶，故曰「或」。

六四，師左次，无咎。○象曰：「左次，无咎」，未失常也。

本義：「左次，謂退舍也。陰柔不中，而居陰得正，故其象如此。全師以退，賢于六三遠矣，故其占如此。」

謹按：此蒙三爻「輿尸」而言，三不正而志剛，故尸師而凶。四才弱而正，猶能退而无咎。

六五，田有禽，利執言，无咎。長子帥師，弟子輿尸，貞凶。○象曰：「長子帥師」，以中行也。「弟子輿尸」，使不當也。

程傳：「長子謂二，以中正之德合于上而受任以行。若復使其餘者衆尸其事，是任使之不當也，其凶宜矣。」

本義：「六五，用師之主，柔順而中，不爲兵端者也。敵加于己，不得已而應之，故爲『田有禽』之象，而其占利以搏執而无咎也。」

謹按：「田有禽」而執，師之貞也。長子，丈人也。五爲用師之主，故爻辭與卦辭同。不言「吉」者，不得已而用師，臣可言吉，君不可言吉也。坤爲母，五以柔順居尊，君道而兼母道。二、三、四皆子也。

上六，大君有命，開國承家，小人勿用。○象曰：「大君有命」，以正功也。「小人勿用」，必亂邦也。

本義：「師之終順之極，論功行賞時也。」

謹按：「開國承家」二句，乃策命之辭。功臣分茅列土，與國休戚，戒以勿用小人，所以嘉尚有功者至矣。韓、彭得君子之輔，豈不世受漢恩，與望、散争烈哉！

比 ䷇ 坤下坎上

比，吉，原筮，元永貞，无咎。不寧方來，後夫凶。○彖曰：比，吉也。○比，輔也，下順從也。○「原筮，元永貞，无咎」，以剛中也。「不寧方來」，上下應也。「後夫凶」，其道窮也。

謹按：比，親附也。一陽居尊得中，而五陰附之，吉道也。占者必再筮，有「元永貞」之德，乃爲无咎。乾之德首元，坤之德終貞，永貞者，坤之用六也。比上坎下坤，全坤而五爻變也。五爲卦主，五變爲陽則全乾之元，變坤之永貞，一爻兼之矣。傳曰「以剛中」，謂衆爻皆陰，九五獨以剛居陽位而得中也。原，再也，漢書「原廟」、「原蠶」俱訓「再」。原筮，謂再審。卦義以比度己德，非再設筮也。「不寧方來」，謂初、二、三、四，「後夫凶」謂上六，彖傳甚明。

象曰：地上有水，比，先王以建萬國，親諸侯。

本義：「地上有水，水比于地，不容有間。建國親侯，亦先王所以比于天下而无間者也。彖意人來比我，此取我往比人。」

謹按：建立萬國之侯以親附之，諸侯親則諸侯所統之民无不親矣。馮氏當可曰：「地上之水，異源同流，畎澮相比，以比于川，九川相比，以比于海。如萬國諸侯大小相比，而方伯連帥率之以比于天子也。」

初六，有孚比之，无咎。有孚盈缶，終來有他，吉。○象曰：比之初六，有他吉也。

本義：「比之初貴乎有信，則可以无咎矣。若其充實，則又有他吉也。」

謹按：卦名「比」是現成字，爻言「比之」是用力字。初能孚信以比于二，可以无咎矣，而猶不止此也。二與五爲正應，初能孚信充實，終得同升諸公，故曰「有他吉」。象曰「比之初六，有他吉也」，終來之吉于初決之，初未有不孚者也。能長保此初心而不失，久之自然孚信充實。有初即有終矣，上爲後夫，後則无初，无初故无終。

六二，比之自内，貞吉。○象曰：「比之自内」，不自失也。

謹按：六二與五應，而二不求五，五來求二，故曰「自内」。莘野、南陽三聘、三顧而後出，「自内」之謂也。

六三，比之匪人。○象曰：「比之匪人」，不亦傷乎！

謹按：「匪人」謂六三，與上應也。六三非後夫，而與後夫比，象曰「不亦傷乎」，惜之也。田横之徒五百，以執義捐軀，爲可哀也。

六四，外比之，貞吉。○象曰：外比於賢，以從上也。

謹按：言「外」者，明不比于内也。四本應初比三，今絶初與三，專比于五，坤卦所謂「西北喪朋」也。

九五，顯比。王用三驅，失前禽。邑人不誡，吉。○象曰：顯比之吉，位正中也。舍逆取順，「失前禽」也。「邑人不誡」，上使中也。

謹按：九五剛健中正，爲比之主。王者大公无私，其道顯然，故曰「顯比」。「前禽」謂遠人，對「邑人」言也。遠人任其去來，邑人安于耕鑿，論治者曰近説、曰遠來。顯比之世，説來不足言也，熙熙耳，皞皞耳，斯大化之，成唐虞之盛也。爻辭曰「失前禽」，卦辭曰「後夫凶」，前者往耳，後則抗也，且後之凶，自凶也。象曰「上使中」，謂以中道使民。三驅非不用民，以中故不誡。

上六，比之无首，凶。○象曰：「比之无首」，无所終也。

謹按：臣以君爲元首。上六孤立于外，是无首也，无首則无可比。坤象所謂先迷是也。迷而後返焉，後矣，象曰「无所終」，哀其窮也。

小畜 ☴☰ 乾下巽上

小畜，亨，密雲不雨，自我西郊。○象曰：小畜柔得位而上下應之，曰小畜。○健而巽，剛中而志行，乃亨。○「密雲不雨」，尚往也。「自我西郊」，施未行也。

謹按：畜者，止而聚也，傳曰「尚往」，往則散而不聚；上爻曰「既處」，處則畜成而聚。小謂六四，六居四，在兩卦之間，一柔得位而五陽應之，以小畜大，故曰小畜。傳曰「乃亨」，謂畜者柔，亨者乃剛也。卦德健而巽，二、五剛中而志行，是以亨。亨之道既在剛，而畜之權又歸柔，畜未易成也，亨其可幾乎？陽倡陰和者理之正，小畜以陰聚陽，宜乎陽不和而密雲不雨也。傳曰「尚往」、曰「施未行」，謂陽往不聚，未能行其施雨之功也。剛志行，故能亨，志行而未行亨者，不亨矣。西郊陰方，「自我西郊」謂倡自陰也。士君子尊德樂義，窮居不損，若依附小人以成功名，獲禽若丘陵，不爲也。上九「既雨既處」〔一〕，毋乃陽德之虧與！

象曰：風行天上，小畜，君子以懿文德。

程傳：「乾之剛健而爲巽所畜，夫剛健之性，惟柔順爲能畜止之。雖可以畜止之，然非能固制其剛健也，但柔順以擾係之耳，故爲小畜也。君子觀小畜之義，以懿美其文德。畜聚爲蘊畜之義，君子所蘊畜者，大則道德經綸之業，小則文章才藝。君子觀小畜之象以懿美其文德，文德方之道義爲小也。」

謹按：「文德」謂潤色文章，賁卦所謂「小利攸往」也。

〔一〕「上九」，原作「上六」，據小畜卦象改。

初九，復自道，何其咎，吉。○象曰：「復自道」，其義吉也。

謹按：傳、義俱以「復」爲復進于上。然陰之畜陽，无分上下。復者，復其本位而不與陰相親就也。又卦自姤來，當其爲姤初，乃陰之初也，自六往居四，而初爲九有矣。復者姤之反，姤陰之位即復陽之位。今六往而九來，猶復卦之「來復」也。「復自道」者，謂復其自有之道也。初陽位，九之所自有也。凡人失其所有則往而依人，初九有道可守，肯爲陰屈邪？故寧復其所有而不進也。

九二，牽復，吉。○象曰：「牽復」在中，亦不自失也。

本義：「三陽志同，而九二漸近於陰，以其剛中，故能與初九牽連而復，亦吉道也。占者如是則吉矣。『亦』者，承上爻義。」

王仲虎曰：「復卦惟初與二言『復』、言『吉』，小畜亦然。『復自道』似不遠復，牽復似休復；休復以其下于初，牽復以其連于初也。」

謹按：初之復，復自道也。九二以陽居陰，非自道而亦云「復」者，剛而得中，故能與初牽連而復。初復而不失，二牽復亦不失也。陶侃之于温嶠，許遠之于張巡，皆牽復而不失者也。

九三，輿説輻，夫妻反目。○象曰：「夫妻反目」，不能正室也。

謹按：九三切近六四，徒以陰陽相悦，遂爲所係。輿輻之説，四説之也。然三志剛，又與初、二同體，終不受四之畜，故有夫妻反目之象。傳曰「不能正室」，謂三、四非正應，徒以比近相悦，爲所係畜，是不能正身以正家。説輻、反目，皆自取也。○又按：畜道之成，由四、五之孚，四不孚五則陽終不可得而畜，是以九三説輻而終于反目而往也。三、四半坎象，坎爲輿，有下无上，説輻象。

六四，有孚，血去惕出，无咎。○象曰：「有孚」「惕出」，上合志也。

謹按：四以一陰畜衆陽，危矣哉！血惕之象也。惟能以誠信孚于陽，斯傷可去而惕可出，无咎之道也。六四在一卦之中爲中虚，故有孚。四孚五，五亦孚四，故曰「上合志」。

九五，有孚，攣如，富以其鄰。○象曰：「有孚，攣如」，不獨富也。

本義：「巽體三爻，同力畜乾，鄰之象也。而九五居中處尊，勢能有爲以兼乎上下，故爲有孚攣固，用富厚之力而以其鄰之象。以，猶春秋『以某師』之『以』，言能左右之也。占者有孚，則能如是也。」

謹按：孚而攣如，則无不孚之人矣，故不獨孚四陰也，不獨孚衆陽也，並使衆陽與四陰孚，共成一大孚，此之謂「攣如」，故曰「富以其鄰」。「以」者，驅而用之也。鄰兼陰陽五爻言，一爻而兼上下五爻，非富而有力者能之乎？夫欲聚陽者陰也，陰不富故畜不成。孚五而五孚衆陽，而後得遂其畜陽之志。象曰「不獨富」，謂五以其富爲四之富也。畜者陰畜，而亨者陽也，陽自謂以陰而不知陰已以陽也。亨者陽，畜者陰也。

上九，既雨既處，尚德載。婦貞厲，月幾望。君子征凶。○象曰：「既雨既處」，德積載也。「君子征凶」，有所疑也。

謹按：上九承四、五二爻而言，五、四相孚，故畜成而「既雨既處」。處即畜，惟處故雨也。「尚德」以下戒辭。

履䷉ 兌下乾上

履虎尾，不咥人，亨。○象曰：履柔履剛也。○説而應乎乾，是以「履虎尾，不咥人，亨」。○剛中正，履帝位而不疚，光明也。

本義：「兑亦三畫卦之名，一陰見于二陽之上，故其德爲説，其象爲澤。履，有所躡而進之義也。以兑遇乾，和説以躡剛强之後，有履虎尾而不見傷之象，故其卦爲履，而占如是也。人能如是，則處危而不傷矣。」〇語類云：「以陰躡陽，是隨後躡他，如踏他脚跡相似，所以云『履虎尾』。三、四爻發虎尾義，便是陰去躡他陽後處。」

謹按：履，踐也，有所循緣而行也。「柔履剛」者，以剛爲體，柔爲用也。惟剛能有爲，然不濟之以柔，則爲剛愎、爲剛暴，爻所謂「眇能視，跛能履」是也。人之剛强，任道如履虎尾，然虎咥人者也，畏而去之者，无勇者也。然過剛則折，其傷實多，又如履虎尾而受咥。惟禮行遜出，和順而合於道，斯吉而亨矣。象傳「應乎乾」釋「履虎尾」，「説而應」釋「不咥人」。此以卦德解卦辭「剛中正」一節，又九五一爻言之，以剛德履帝位，履虎尾也；中正則不疚而光明，不咥人，亨也。有德有位，可以有爲矣。然必事事合乎中正，内省不疚，如五爻之「貞厲」，乃光明而當位。宋太祖云：「早間乘興決一事，終日不樂。」不樂即疚矣。張氏曰：「臨天下者其可危爲大，蓋人君以一身撫馭四海，使所履一不正而蹈于非禮，則政令紀綱弛於上，讒賊寇攘起于下，穆王命君牙曰『心之憂危，若蹈虎尾，涉于春冰』是也。」

象曰：上天下澤，履，君子以辨上下，定民志。

程傳：「天在上，澤居下，上下之正理也，人之所履當如是，故取其象而爲履。君子觀履之象，以辨别上下之分，以定其民志。夫上下之分明然後民志有定，民志定然後可以言治，民志不定天下不可得而治也。古之時公卿大夫而下，位各稱其德，終身居之得其分也；位未稱德，則君舉而進之，士修其學，學至而君求之，皆非有預于己也。農工商賈勤其事而所享有限，故皆有定志，而天下之心可一。後世自庶士至于公卿日志于尊榮，農工商賈日志于富侈，億兆之心交鶩於利，天下紛然，如之何其可一也？欲其不亂難矣！此由上下无定志也。君子觀履之象而分辨上下，使各當其分，以定民之心志也。」

謹按：上下尊卑之分秩然，而不可喻者，禮體之嚴也。而民志以此而定，可知禮本人情，其體嚴，而其用和亦說而應乾之義也。

初九，素履，往无咎。○象曰：素履之往，獨行願也。

本義：「以陽在下，居履之初，未爲物遷，率其素履者也。占者如是，則往而无咎也。」

謹按：「素履之往」，素位而行也；象曰「獨行願」，不願乎外也。行乎貧賤，剛也；自得而不願乎外，柔也。初九陽居陽爲得正，故曰「素履」，九二得中，故曰「坦坦」。

九二，履道坦坦，幽人貞吉。○象曰：「幽人，貞吉」，中不自亂也。

本義：「剛中在下，无應于上，故爲履道平坦。幽獨，守貞之象。幽人履道而遇其占，則貞而吉矣。」

梁氏曰：「行于道路者，由中則平坦，從旁則崎險。九二以剛居中，是履道而得其平坦者也。持身如是，不輕自售，故爲『幽人，貞吉』。」

謹按：履道，履剛也；坦坦，柔也。

六三，眇能視，跛能履。履虎尾，咥人，凶。武人爲于大君。○象曰：「眇能視」，不足以有明也。「跛能履」，不足以與行也。咥人之凶，位不當也。「武人爲于大君」，志剛也。

本義：「六三不中不正，柔而志剛，以此履乾，必見傷害，故其象如此，而占者凶。又爲剛武之人得志而肆暴之象，如秦政、項籍，豈能久也？」

謹按：「眇能視」二句，不平不能視者，即不能履，況復跛乎？眇非不可視，跛非不可履，病在自以爲能。當視而視，當履而履，履虎尾也。能審見慎行可至，至人之凶乎？六三陰柔無能，眇跛象；六居三不中不正，處五陽之閒，躡乾剛之後，能視能履象。不能而自以爲能，敢作敢爲，所爲必敗，故直斷之曰「履虎尾，咥人，凶」。又曰「武人爲于大君」者，隨舉其人以實之也，「爲于大君」謂事君而爲其事也。九五大君，三、四爲于大君者，「爲君難，爲臣不易」，故九五「貞厲」，九四「愬愬」。以四校三，吉凶判然矣。于大君言其事之大，爲于大君言其任之重，以至大之事、至重之任，而爲之以鹵莽滅裂之武人，无論所爲之必无濟也。即使功建名立，終不免禍患之及。韓、彭之死无論矣，霍光不學无術，致不能保其妻子，亦武人之流亞也。傳曰「位不當」，謂六三居五陽之間，非徒陰居陽已也，以位言爲不當，以情言爲志剛也。六三爲兑主，在全卦爲説而應「乾」，就爻言爻，則爲不當位而志剛。

九四，履虎尾，愬愬，終吉。○象曰：「愬愬，終吉」，志行也。

本義：「九四亦以不中不正履九五之剛，然以剛居柔，故能戒懼而得終吉。」

謹按：九四履剛，志在于行，愬愬，則慎之又慎矣。蓋以柔履剛，終得行而伸其志也。

象傳曰「志行」，與三之志剛異矣。四近君而多懼，處多懼之地，不懼則凶，懼則吉也。

九五，夬履，貞厲。○象曰：「夬履，貞厲」，位正當也。

謹按：九五陽剛中正而居尊位，傳所謂「履帝位而不疚」者也。「貞厲」者，剛健貞固，常懷危厲，猶乾三爻「乾乾惕若」也。「夬履」，履剛也；貞而厲，柔也。唐虞君臣動色相戒，九五之謂歟？○又按：一陰之卦，自夬、姤來，而履又夬之反。夬，決也，剛決柔也。夬變爲履，則柔爲剛用矣。然上來居三，三往居上，而五如故。夬者自夬也，乾剛獨斷者，君道之正。然才或傷于所恃，禍多生于所忽，危矣哉！九五知其危而艱貞惕厲以處之，故當決而後決，欲決而不輕決，此其所以終能決也。傳曰「位正當」，言正而中可知矣，惟中正故貞厲。夬五象傳曰「中未光」，履則不疚而光明矣。

上九，視履考祥，其旋元吉。○象曰：元吉在上，大有慶也。

謹按：九三自謂能視、能履，上九惟恐不能，而用視于履。視不以目而以心，內自省察也。「考祥」，考即視；祥，善也，所謂內省不疚也，如是則動容周旋无不吉矣。君子自修之道，无時不用其省察。然終身之惕不能保无一朝之懈弛，必履之終如是，乃爲元吉，故曰「元吉在上，大有慶也」。○又按：上九一爻，終全卦之義，必其「旋元吉」而後履道成也。

泰䷊ 乾下坤上

泰，小往大來，吉，亨。○彖曰：「泰，小往大來，吉，亨」，則是天地交而萬物通也，上下交而其志同也。内陽而外陰，内健而外順，内君子而外小人。君子道長，小人道消也。

程傳：「小謂陰，大謂陽，往往之于外也。來，來居於内也，陽氣下降，陰氣上交也。陰陽和暢則萬物生，遂天地之泰也。以人事言之，大則君上，小則臣下，君推誠以任下，臣盡誠以事君，上下之志通，朝廷之泰也。陽爲君子，陰爲小人，君子來處于内，小人往處于外，是君子得位，小人在下，天下之泰也。泰之道，吉而且亨也。不云元吉、元亨者，時有污隆，治有小大，雖泰豈一哉！言吉亨，則可包矣。」

蔡虚齋曰：「内君子而外小人，不是君子在朝廷，小人在邦國，只是内者爲主而用事，外者退聽而已。」

謹按：「内陽而外陰」釋「小往大來」之義。陽爲君子，陰爲小人，陽内陰外，是君子用事而小人退聽也。卦有此象而彖辭不言。然否卦曰「不利君子，貞」，則泰之利君子貞可知矣，故孔子推言之，以足「吉亨」之義。惟小人道消，故君子道長，長即亨也。陰陽之道配而合之，則陰陽相爲用，陽生而陰長也。陽，君道；陰，臣道也。離而二之，則陰陽相爲敵，陽正而陰邪也，陽君子陰小人也。易言陰陽，兼此二義，而扶陽抑陰之意爲多。或問：邪正之消長，與陰陽之往復，有不同乎？曰：天道不可无陰，國家不可有小人，但就一時言之，陰退陽進，猶之君子道長，小人道消也。六爻多戒辭，蓋專取君子小人消長之義。初爻「拔茅茹」，勉用賢也。二爻「包荒」，休休有容之大臣也。正當泰時而曰「馮河」云云，憂盛危明之意深矣。三、四爲泰否轉關，四之「翩翩」即三爻所謂「復」也，「其孚」與「不戒以孚」相應，君子能孚則不畏小人之孚矣。戒之以「艱貞」，爲小人將孚故也。五爻以「祉元吉」戒，以用賢保泰也，至上則否至矣。「自邑告命」，猶望進賢退不肖，挽回于无可挽回時也。

象曰：天地交泰，后以財成天地之道，輔相天地之宜，以左右民。

程傳：「天地交而陰陽和，則萬物茂遂，所以泰也。人君當體天地通泰之象，而以財成天地之道，輔相天地之宜，以左右生民也。『財成』，謂體天地交泰之道，而財制成其施爲之方也。輔相天地之宜，天地通泰，則萬物茂遂，人君體之而爲法制，使民用天時、因地利，輔助化育之功，成其豐美之利也。如春氣發生萬物，則爲播植之法；秋氣成實萬物，則爲收斂之法，乃輔相天地之宜，以左右輔助于民也。民之生，必賴君上爲之法制，以教率輔翼之，乃得遂其生養，是左右之也。」

謹按：生物者天地，經晝教養以成全天地生物之功者后也，扶助生民，正所以輔相天地。輔相，即財成也。

初九，拔茅茹，以其彙，征吉。○象曰：「拔茅，征吉」，志在外也。

謹按：初在下卦之下，上比于二，二進而應五，初亦與之俱進，其象爲拔茅連茹。茹，茅之根也，根起則同根之别茅亦牽連而起。拔者，二也，初在二下，同根之别茅也。彙，類也，初與二同德也。「以」者，二以初也，謂賢人之進如拔茅連茹，以其類升也。「征吉」，占辭。象曰「志在外」，外謂六五，二志在五，初亦與俱，傳所謂「上下交而志同」也。○又按：曰「征吉」，慶賢人之見用，正以勉君相之用賢也。

九二，包荒，用馮河，不遐遺。朋亡，得尚于中行。○象曰：「包荒，得尚于中行」，以光大也。

本義：「九二以剛居柔，在下之中，上有六五之應，主乎泰而得中道者也。占者能包容荒穢而果斷剛決，不遺遐遠而不昵朋比，則合乎此爻中行之道矣。」

謹按：九二以陽居陰而得中，剛柔交濟，无偏无黨，休休有容之大臣也。荒，大也，廣也，謂其度量之弘，包容廣大也，有此包容之量，用之以處事勇而斷。馮河也，周而徧，不遺遐也。和而不同，周而非比，朋亡也。如此則光明正大，合乎中行之道矣。

九三，无平不陂，无往不復，艱貞，无咎。勿恤其孚，于食有福。○象曰：「无往不復」，天地際也。

本義：「將過乎中，泰將極而否欲來之時也。恤，憂也；孚，所期之信也。戒占者艱難守貞，則无咎而有福。」

謹按：平，泰也；陂，否也。泰不可常，无有泰而不否者。所以泰者陰往居外之故，陰非長往，无有往而不復者。艱謂憂勤惕厲，貞謂誠慤敦固；艱則知危，不危可勿恤矣；貞則誠信感格而有孚矣。豈但无咎，且將食福，此保泰之道也。「勿恤其孚」，作兩可讀，謂勿恤也，其將孚乎？孚則格人，亦格神，故曰食福。象曰「天地際」，謂陰長陽消之關際也。

六四，翩翩不富，以其鄰，不戒以孚。○象曰：「翩翩不富」，皆失實也。「不戒以孚」，中心願也。

本義：「已過乎中，泰已極矣，故三陰翩然而下復，不待富而其類從之，不待戒令而信也。其占爲有小人合交以害正道，君子所當戒也。陰虚陽實，故凡言『不富』者，皆陰爻也。」

謹按：翩翩，疾飛也，亦群和者，正以不富之故。泰之時小人在外无權，故一聞下復即不戒而孚，此由平日素懷來復之願也。

六五，帝乙歸妹，以祉元吉。○象曰：「以祉元吉」，中以行願也。

謹按：六五柔順得中而居尊位，下應二陽，其象爲帝乙歸妹，降尊而順從于陽，得陽剛之助，成治泰之功，以此獲祉，則善而吉矣。五柔弱，非能大有爲，傾心委任賢人，便是國家之福。福者，順也，能順賢而獲祉，斯則五之元善而吉矣。「以祉」，「以」字最著力，非獲祉不可，謂元善也。傳曰「中以行願」，與四之「中心願」異矣。

上六，城復于隍，勿用師，自邑告命，貞吝。○象曰：「城復于隍」，其命亂也。

程傳：「掘隍土積累以成城，如治道積累以成泰。及泰之終，將反于否，如城土頹圮，復反于隍也。上泰之終六，以小人處之，行將否矣。」

謹按：「城」，五之城也；「復于隍」，上復之也。自古小人誤國，致啓寇盜，故欲靖外必先治內，若輕動師衆，豈惟无功，禍且不測也。「自邑告命」，如德宗在奉天，詔書所到，軍士涕零，唐祚不絕，非盡軍旅之力也。傳曰「『城復于隍』，其命亂也」，自邑告則治矣。然不能保邦于未危，雖貞亦吝也。○泰上反，易爲否初，「城復于隍」象。

否䷋ 坤下乾上

否之匪人，不利君子貞。大往小來。○彖曰：「否之匪人，不利君子，貞，大往小來」，則是天地不交而萬物不通也，上下不交而天下无邦也。内陰而外陽，内柔而外剛，内小人而外君子。小人道長，君子道消也。

謹按：否之時，匪人用事時也。否時之匪人，豈利君子貞乎？不利君子貞，非君子不利貞也，惟小人不利君子貞，此君子所以不可不貞也。卦辭、彖傳俱與泰反。

象曰：天地不交，否，君子以儉德辟難，不可榮以禄。

謹按：儉，儉約也，武侯所謂「苟全性命、不求聞達」是也。

初六，拔茅茹，以其彙，貞吉亨。○象曰：「拔茅，貞吉」，志在君也。

謹按：泰初曰「征吉」，慶其進也；否初曰「貞吉」，戒勿征也，勿征則小人化爲君子矣。貞非忘世，正惟志切忠君，故進必以正。從來小人綱羅君子，必以及時行道爲辭，陽貨之諷孔子是也。豈知皇皇用世者，未嘗枉道求進邪？初六質雖陰柔，在下无位，未爲利欲所染，故聖人以此勉之。

六二，包承，小人吉，大人否，亨。○象曰：「大人否，亨」，不亂群也。

謹按：泰之二曰「包荒」，否之二亦似。欲侈其并包者，小人綱羅君子以爲重也，不知者方以爲下士和衷，是小人之吉也，大人知其然，必嚴以絶之，身雖否而道則亨，豈肯與小人爲群哉！荀彧、蔡邕未識六二之義者也。小人害君子，其禍猶小，至欲用君子，其禍更烈。六二正當否時，故有此象。

六三，包羞。○象曰：「包羞」，位不當也。

謹按：羞惡，良心也。羞矣而包之，是欲自死其良心也。其所以包之者，亦大費隱忍矣，然猶幸其知有羞，未必非悔心之萌也。六三其否轉爲泰之時乎！

九四，有命，无咎，疇離祉。○象曰：「有命，无咎」，志行也。

謹按：四之時可以有爲，九之才又能有爲者也。然居近君之位，有威福專擅之嫌，此時小人之伺而窺之者，其黨未散，萬一疑謗紛起，禍且不測，身无足惜，其如國家何！惟凡事稟命于君，則上下同心，小人不得而間之矣。或曰：无命，將奈何？曰：此大臣所以貴先格君也。爻曰「有命」，勉臣亦以勉君也。疇謂衆賢大臣，資群才以自輔，群才託大臣以自見，大臣不幸而罹禍，衆賢隨之矣。陳竇死而黨禍烈，无命故也。

九五，休否，大人吉。其亡其亡，繫于苞桑。○象曰：大人之吉，位正當也。

程傳：「五以陽剛中正之德居尊位，故能休息天下之否，大人之吉也。大人當位，能以其道休息天下之否，以循致於泰。猶未離於否也，故有『其亡』之戒。否既休息，漸將反泰，不可便爲安肆，當深慮遠戒，常虞否之復來，曰『其亡矣，其亡矣』。其『繫于苞桑』，謂爲安固之道，如維繫于苞桑也。桑之爲物，其根深固；苞謂叢生者，其固尤甚，聖人之戒深矣。漢王允、唐李德裕不知此戒，所以致禍敗也。繫辭曰：『危者安其位者也，亡者保其存者也，亂者有其治者也，是故君子安而不忘危，存而不忘亡，治而不忘亂，是以身安而國家可保也。』」

本義：「陽剛中正以居尊位，能休時之否，大人之事也。故此爻之占，大人遇之則吉。然又當戒懼如繫辭傳所云也。」

謹按：休，暫息也，至上則傾矣。「其亡其亡」，痛定思痛也。馮異云：「願陛下无忘河北之時，臣无忘巾車之恩。」庶幾此爻之義矣。

上九，傾否，先否，後喜。○象曰：否終則傾，何可長也！

謹按：否倒易爲泰，否上即泰初也，故曰「傾」。

同人䷌ 離下乾上

同人于野，亨。利涉大川，利君子貞。○象曰：同人，柔得位得中而應乎乾，曰同人。○「同人于野，亨，利涉大川」，乾行也。文明以健，中正而應，君子正也。唯君子爲能通天下之志。

謹按：野外虛空曠遠，猶人心之擴然大公也。何以大公？惟其正耳。二以中正應五，二无所私於五，五以中正爲二應，五亦无所私於二。蓋此心同，此理同，非必握手爲歡而後相知莫逆也。然自賦性以來，雖有賢知愚不肖之别，而人同此心，心同此理，吾以中正通天下之志，則不介而孚，即不同類之人亦聞風而信慕矣。此同人所由名，即卦辭「於野」之義也。老莊之徒，動言大同，不知有同有不同者，正所以爲同也。「亨」以下占辭。五爲乾主，離二爻坤之中畫也，以坤承乾，資乾之行以爲行，是以亨。大川至險，利涉則无險不平矣。

「通天下之志」即是亨，而利涉所以亨，而利涉者惟其貞也。五爻，大師克健以去私也，私克而後大公著而天下之志一矣。卦德明以健，惟明健，故中正。

序卦：「物不可以終否，故受之以同人。」否不利君子貞者，上下不交而志不同也。同人利君子貞者，二、五應而志同也。

象曰：天與火，同人，君子以類族辨物。

程傳：「不云火在天下、天下有火，而云『天與火』者，天在上，火性炎上，火與天同，故爲同人之義。君子觀同人之象而以類族辨物，各以其類族辨物之同異也。若君子小人之黨，善惡是非之理，物情之離合，事理之異同，凡異同者，君子能辨明之，故處物不失其方也。」

謹按：「類族」，猶孟子云「類、萃」，大善與大善爲類族，小善與小善爲類族，君子之辨物辨以此也。同人，同也，辨則不同矣，惟有不同而後有同，若无不同，又何同之有乎？禮運云：「不獨親其親，不獨子其子，是謂大同。」此説出自老莊，漢儒摭入禮經，非真聖人之言也。良楛美惡之不齊，物之情也；親疏厚薄之異等，人之倫也。去稂莠所以植嘉禾，遠小人所以親君子。人人親其親、長其長，而天下平若渾而同之，是大亂之道也。

初九，同人于門，无咎。○象曰：出門同人，又誰咎也！

本義：「同人之初，未有私主，以剛在下，上无係應，可以无咎，故其象占如此。」

謹按：出門交有功，何咎之有？二、三爲半艮，艮爲門，半艮則門之象失矣，是爲出門象。

六二，同人于宗，吝。○象曰：「同人于宗」，吝道也。

謹按：宗，主也，二以五爲主也。同于所主，則所不同者多矣，故其道爲可吝。何以救吝？其惟貞乎！貞則天下之志通，同于宗而實无不同也，何吝之有！二爲卦主，故爻辭與卦辭同。卦曰「于野」，自其公而无私者言之；爻曰「于宗」，自其專而不二者言之。卦曰「利貞」，爻曰「吝」，惟可吝故利貞，貞則不吝矣。言吝者，戒占者之當貞也。

九三，伏戎于莽，升其高陵，三歲不興。○象曰：「伏戎于莽」，敵剛也。「三歲不興」，安行也。

本義：「剛而不中，上无正應，欲同于二而非其正。懼九五之見攻，故有此象，言不能行。」

謹按：「伏戎于莽」，備五也。「高陵」指四，升四而望五也。望而畏，故不興。興，行也。三伏戎，四乘墉，欲就二也，迨乎安行，反則而衆志以通，涉川之險如履坦道矣。然非九五大師之克，无由得此。彖傳曰「乾行」，謂二陰柔，秘資乾之健以行，而後不爲外物所誘，而此心乃擴然大公也。○離爲戈兵，互巽爲茅，「伏戎于莽」象。離爲目望象。

九四，乘其墉，弗克攻，吉。○象曰：「乘其墉」，義弗克也。其吉，則困而反，則也。

本義：「剛不中正，又无應與，亦欲同于六二，而爲三所隔，故爲乘墉以攻之象。然以剛居柔，故有自反而不克攻之象。占者如是，則是能改過而得吉也。乘其墉矣，則非其力之不足也，特以義之弗克而不攻耳。能以義斷困，而反于法則，故吉也。」

謹按：墉指三，四乘三欲就二也，不克攻制于五也。三、四皆與五争二，三升四，四乘三，各就本爻取象也。○離剛，夾一陰，墉象。

九五，同人，先號咷而後笑，大師克相遇。○象曰：同人之先，以中直也。大師相遇，言相克也。

本義：「五剛中正，二以柔中正相應于下，同心者也，而爲三、四所隔，不得其同。然義理所同，物不得而間之，故有此象。然六二柔弱，而三、四剛强，故必用大師以勝之，然後得相遇也。直，謂理直。」

謹按：三伏戎，四乘墉，非大師不足以克。大師云者，聲其罪而討之，即象傳所謂「乾行」也。理欲交戰之際，非其健不足以致決也。同人與師反，故稱「師」。

上九，同人于郊，无悔。○象曰：「同人于郊」，志未得也。

本義：「居外无應，物莫與同，然亦可以无悔，故其象占如此。郊在野之内，未至於曠遠，但荒僻无與同耳。」

謹按：象傳曰「志未得」，謂索居離群，无比匪之傷，亦无同志之助，欲同而未得其人者也。

周易傳義合訂卷之四

大有䷍ 乾下離上

大有，元亨。○彖曰：大有，柔得尊位，大中，而上下應之，曰大有。○其德剛健而文明，應乎天而時行，是以元亨。

謹按：大有一陰居尊而衆陽應之，所有者大也。傳言「應天」，天謂五陽。與同人不一例，同人有同有不同，大有一有无不有也。天行健，應天則與天時俱行矣。以剛健文明之德，法天出治，大亨不待言矣。○又按：大有乃純乾而九五一爻變者也，五爲卦主，五變則乾之坤矣。乾健行，坤應天而時行，六五體坤應乾，故占者元善而亨通也。坤象傳曰「含弘光大」，含弘，有也；光大，大也。

象曰：火在天上，大有，君子以遏惡揚善，順天休命。

程傳：「火高在天上，照見萬物之衆多，故爲大有。大有，繁庶之義。君子觀大有之象，以遏絶衆惡，揚明善類，以奉順天休美之命。萬物衆多則有善惡之殊，君子享大有之盛，當代天工治養庶類。治衆之道在遏惡揚善而已，惡懲善勸，所以順天命而安群生也。」

謹按：同人類族辨物，善惡之情洞照无遺矣。大有則遏之、揚之，明以察幾，尤必健以致決也。

初九，无交害，匪咎，艱則无咎。○象曰：大有初九，「无交害」也。

謹按：二以五之有爲有，三以其有爲五之有，五又以所有爲上之有，皆有交也，有交即有害矣。初在下无位，上无係應，故不干涉于害。當大有之時而置身事外，似乎非宜，然而匪咎也。以其爲初也，又戒其不可以易心處之。大有之時，最易有害，稍稍放縱无交，亦不免咎也。

九二，大車以載，有攸往，无咎。○象曰：「大車以載」，積中不敗也。

程傳：「壯大之車，重積載于其中，而不損敗，猶九二材力之强，能勝大有之任也。」

謹按：九二，大車也；以載，載五也。九二爲六五所任，不負付託之重，如大車積載行而不敗，是以君之有爲有也。乾爲大車，離牛引之以載攸往象。

九三，公用亨于天子，小人弗克。〇象曰：「公用亨于天子」，小人害也。

程傳：「公當用亨于天子，若小人處之則爲害也。自古諸侯能守臣節、忠順奉上者，則蕃養其衆以爲王之屏翰，豐殖其財以待上之徵賦。若小人處之，則不知爲臣奉上之道，以其爲己之私，民衆財豐則反擅其富强，益爲不順，是小人大有則爲害，又大有爲小人之害也。」

謹按：九三居下卦之上，公象在兩卦之間，與四、五互兑，兑爲悦，以下悦上，亨于天子象。亨，謂獸亨，人臣效忠竭力，忘家爲國，莫非亨也，以財物獸貢，特亨之一端耳。然當大有之時，惟君子能用其所有以效順於天子，若小人則擅其富强，不守臣節，以至陷于不義，是小人不克用大有而反爲大有害也。疏廣謂子孫多財則損其智、益其愚，有之爲害，不獨公侯爲然也。

九四，匪其彭，无咎。〇象曰：「匪其彭，无咎」，明、辨、晳也。

謹按：九三亨于天子，以其有爲天子有也，四則曰「是本天子有也，吾何有哉」，不以所有爲其有，是爲「匪其彭」。四處近君之位，必如是而後无咎。傳曰明，又曰辨，又曰晳，極言其智也。惟智者能處盈而无咎。九四以剛處柔，下无係應，故有此象。

六五，厥孚交如，威如，吉。○象曰：「厥孚交如」，信以發志也。威如之吉，易而无備也。

程傳：「下之志從乎上者也。上以孚信接於下，則下亦以誠信事其上，故『厥孚交如』。由上有孚信以發其下孚信之志，下之從上猶響之應聲也。威如之所以吉者，謂若无威嚴則下易慢而无戒備也，謂无恭畏備上之道。備，謂備上之求責也。」

謹按：「厥孚交如」，即傳所謂「應乎乾」也。上以誠感，斯下以誠應，故曰「信以發志」。「易而无備」者，謂一陰自守，簡易无備，而人不敢犯，由其信孚而威亦著也。懷德者自畏威，非孚外別有威也。○中虛，有孚象。

上九，自天祐之，吉无不利。○象曰：大有上吉，自天祐也。

鄭氏汝諧曰：「『履信思順，又以尚賢』，蓋言五也。五『厥孚交如』，履信也；居尊用柔，思順也；上九在上，尚賢也。五獲天之祐，吉无不利，由其有是也。言五而繫之上，何也？五成卦之主，上其終也，五之德宜獲是福，于終可驗也。易之取義若是者衆，小畜之上九曰『婦貞厲，月幾望』，言六四之畜陽，至上而爲貞厲之婦、幾望之月也。若指上九而言，則上九陽也，不得爲婦與月。說易者，其失在于泥爻以求義，故以履信思順、尚賢歸之于上九也。易之所謂『尚』者，上也。五尚上九之賢，故自天之祐，于上九見之。」

謹按：易以上爻終全卦之義者多矣，大有尤顯而易見。九，賢也，上在五上，五上之也。象傳曰「大有，上吉」，言「大有」，明其爲全卦發也；「上吉」，猶言終吉。王公之尊賢，天位與共也，天禄與食也。堯之事舜也，百官、牛羊、倉廩備，是以其有爲賢有也。繫辭傳曰「履信思順，又以尚賢」，謂以信順之道尚賢也。尚賢則人助之，人之所助，天之所祐也。天祐則諸祥至、百靈集，大有而无不利矣。

謙䷎ 艮下坤上

謙，亨，君子有終。○象曰：「謙，亨」，天道下濟而光明，地道卑而上行。○天道虧盈而益謙，地道變盈而流謙，鬼神害盈而福謙，人道惡盈而好謙。謙尊而光，卑而不可踰，「君子之終」也。

謹按：凡一陽之卦，自剥、復來，二、五得中爲比、爲師，復初奪起于四爲豫，剥上退遜于三爲謙。象傳「天道」，陽也，謂九三；「地道」，陰也，謂上六。「下濟」、「上行」，謂三往而上來也，上尊也而降居下，謙也；三，卑也而升于上，升由于卑，亦謙也。「下濟」與「卑」釋「謙」，「光明」、「上行」釋「亨」。不言卦才者，爻辭已明「君子有終」，君子亦謂九三。朱子謂「有終」即「亨」，先屈後伸也，「天道虧盈」一段即是上意，極言之以明「有終」之義也。

象曰：地中有山，謙，君子以裒多益寡，稱物平施。

謹按：山在地上，則山高于地；在地下，則山與地平。變剥爲謙，是「裒多益寡」也。「稱物平施」，恕道也。謙者德之盛，恕，其入德之功歟！

初六，謙謙君子，用涉大川，吉。○象曰：「謙謙君子」，卑以自牧也。

謹按：山在地下，謙也；下之下，謙而又謙也。承互坎，「涉大川」象。莫險于涉川，用謙則履險如平矣。傳曰「卑以自牧」，初无位，惟自養而已。

六二，鳴謙，貞吉。○象曰：「鳴謙，貞吉」，中心得也。

程傳：「二以柔順居中，是爲謙德積於中，謙德充積於中，故發于外，見於聲音顔色，故曰『鳴謙』。居中得正，有中正之德也，故云『貞吉』。凡貞吉，有爲貞且吉者，有爲得貞則吉者。六二之貞吉，所自有也。」

謹按：謙而鳴，謙之至也。六二得中得正，故有此象。占者能如六二之貞，則吉矣。凡言「鳴」者，皆發于中心之誠然不能自已。春至鳥言，自然天籟，非作而致其情也。二、上兩爻俱「鳴謙」，傳于二曰「中心得」，于上曰「志未得」，德同而位異也。二應五比四，理得心安，上居卦終而爲三應，中心欿然不安。其發于言辭者，一以寫其心之自得，一以達其志之不安，謙同而鳴不同也。

九三，勞謙君子，有終吉。○象曰：「勞謙君子」，萬民服也。

本義：「卦惟一陽居下之上，剛而得正，上下所歸，有功勞而能謙，尤人所難，故有終而吉。占者如是，則如其應矣。」

謹按：九三爲成卦之主，故辭與卦辭同。奇功偉績，非居之以謙，鮮能保終，勞謙君子，惟伊、周足當之。○三居互坎之中，「勞」象。三主艮，「有終」象。

六四，无不利撝謙。○象曰：「无不利撝謙」，不違則也。

謹按：此爻遵程傳作一句讀，但「撝謙」不必兼上下。宣之于口爲鳴，發之于躬爲撝。四在九三之上，以柔居柔，屈己以下，有功之賢，卑躬折節，无所不至，人或疑其過于恭矣，而不知以四下三，雖極其謙而无有不宜也。象曰「不違則」，即大象所云「稱物平施」也。

六五，不富以其鄰，利用侵伐，无不利。○象曰：「利用侵伐」，征不服也。

楊誠齋曰：「不富，心之虛也。虛心以納天下，天下之善歸之。漢高自以不如三傑，故能有三傑也。」

謹按：「不富以其鄰」，利矣；「用侵伐」，則「无不利」。九三萬民服，服三即所以服五，而猶有未服者，侵伐其容已乎！六五柔順居尊，聖人恐其一于謙退，故以「用侵伐」戒之。○陽實陰虛，「不富」也，而能「以其鄰」者，聚人不以財而以德也。

上六，鳴謙。利用行師，征邑國。○象曰：「鳴謙」，志未得也，可用行師，「征邑國」也。

謹按：上六居卦終，爲三所應，欿然不安而鳴謙。聖人曰欲求志安，无如治私，私克則謙有終矣。吴易齋曰：「一陽五陰之卦，自剥而外，皆有師象。聖人以一陽之在二者名其卦爲師，而旁見其義于諸卦。復之上六曰『用行師，終有大敗』，戒微陽不可輕用也。謙之『行師』見于爻，豫之『行師』見于象，未有不謙、不豫而可以行師者也。至比九五『王用三驅』，則隱寓行師之意而不顯言，蓋放牛歸馬時矣。」

豫䷏ 坤下震上

豫，利建侯行師。〇彖曰：豫，剛應而志行，順以動，豫。〇豫順以動，故天地如之，而況建侯行師乎！〇天地以順動，故日月不過而四時不忒；聖人以順動，則刑罰清而民服。豫之時義大矣哉！

謹按：豫有二義：豫，先也；豫，樂也。卦自復來，一陽奮起而上居四，先之義也。一陽居四而衆陰應之，其志得行，又以坤遇震，爲順以動樂之義也。事必前定而後勝任而愉快，否則事困道窮，不先即不樂矣；人心和順而後暇裕周詳，否則憂虞窘迫，不樂即不能先矣。「利建侯行師」亦有二義：天造草昧，禍亂未寧，利於建侯行師，豫先之豫也；人心效順，衆志歸誠，建侯行師，无有不利，豫樂之豫也。彖傳止言豫樂，而豫先之義已該。釋卦名兼言卦體、卦德，釋卦辭止言卦德者，動者陽，順者陰，曰「順以動」則剛應志行，意已在其中。爻辭除九四與卦義同，餘皆以豫悦爲逸欲，而戒人以豫計也。〇震爲侯，坤爲土，建侯象。震爲長子，坤爲衆，長子帥衆行師象。

象曰：雷出地奮，豫，先王以作樂崇德，殷薦之上帝，以配祖考。

鄭康成曰：「奮，動也，雷動於地上，萬物乃豫也。人至樂則手欲鼓之、足欲舞之，王者功成作樂，以文得之者作籥舞，以武得之者作萬舞，各充其德而爲制，祀天帝以配祖考者，使與天同饗其功也。故孝經云：『郊祀后稷以配天，宗祀文王於明堂以配上帝也。』」

謹按：奮，雷奮也，亦物奮也，奮則樂矣。雷入地而後出地，雷奮而後物奮，是則豫先之義也。樂以宣，和樂之至也。崇德報本，亦見有開必先之義焉。

初六，鳴豫，凶。○象曰：「初六鳴豫」，志窮凶也。

程傳云：「初六謂其以陰柔處下，而志意窮極，不勝其豫，至於鳴也，必驕肆而致凶矣。」

謹按：初以陰柔居下，上應四陽，是不中不正之小人，恃有强援而溺情於豫，驕盈見於聲音顏色，其志意窮極，无復遠圖，取凶之道也。豫爲謙之反，易豫初即謙上，鳴一也，而謙與豫逕庭矣。

六二，介于石，不終日，貞吉。○象曰：「不終日，貞吉」，以中正也。

謹按：繫辭備矣。六爻惟二得中正，當豫之時，能以中正自守，是其介節如石之堅也。「不終日」，謂不溺于豫而去之速，此豫先之豫也。○互艮，石象；坤，地象；二居坤互艮，介象；中而且正，介于石象；承震旦，不終日象。

六三，盱豫悔，遲有悔。〇象曰：盱豫有悔，位不當也。

本義：「陰不中正而近于四，四爲卦主，故六三上視於四，下溺於豫，宜有悔者也，故其象如此。」

謹按：盱，張目視也，承意旨、伺顏色，如是以爲豫，必爲人所賤惡，其悔必矣。然不早悔，又將悔之无及也。此溺於逸樂而不能早爲計者也。

九四，由豫，大有得。勿疑朋，盍簪。〇象曰：「由豫，大有得」，志大行也。

本義：「九四，卦之所由以爲豫者也，故其象如此，而其占爲『大有得』。然又當至誠不疑，則朋類合而從之矣。故又因而戒之簪聚也，又速也。」

謹按：「勿疑」，戒早計也。「大有得」，即彖傳所云「剛應而志行」也。

六五，貞疾，恒不死。〇象曰：「六五，貞疾」，乘剛也。「恒不死」，中未亡也。

謹按：聲色之好，疾也；不爲淫聲邪色所惑，正而固也。正而有疾，雖疾不失其爲正。所以然者，以下乘九四之故，六居五位本得中，然當豫之時而有陰柔之疾，非得陽剛之助，未有不亡其中者矣。中即正也，惟中未亡，故疾不死。六，陰爻，又與四、三互坎，疾象；居五得中，貞象。

上六，冥豫，成有渝，无咎。〇象曰：冥豫在上，何可長也！

謹按：上以陰柔居豫之極，昏迷於豫者也。然卦至上而成，成則變，變則无咎矣。上變而爲離，離，明者，冥之反也。象傳「何可長」，謂不容不變也。〇又按：豫而冥，由失計於先也。

隨䷐ 震下兌上

隨，元亨利貞，无咎。〇象曰：隨，剛來而下柔，動而說，隨。〇大亨貞，无咎，而天下隨時。〇隨時之義大矣哉！

謹按：隨，從也。卦自否來，否之上九來初而爲震，震一陽在二陰之下，初六往上而爲兌，兌二陽在一陰之下，皆爲剛隨柔。以卦德言，震動而兌說，動者陽，說者陰，是又爲柔隨剛。我隨人，人亦隨我，是之謂隨，占者有如是之德，則大亨矣。然必隨所當隨，乃爲无咎；若不當隨而隨，是謂比匪，安得无咎邪！傳釋卦名曰「動而說」，雖謂人隨我，然只泛言人我相從之理。至釋卦辭，乃言「隨」，而說者之衆，隨極乎天下，非大亨乎！非貞而无咎能之乎！卦取剛下柔之義，而六爻又以兩爻相比爲隨，初剛隨二柔，五剛隨上柔，三、四則柔下而剛上，故聖人于四有「貞凶」之戒，三亦戒以「居貞」也。本義：「王肅本『時』作『之』。」○又按：舍己從人者，人君之大德，故剛下柔而天下隨之，此隨卦所以元亨利貞也。

象曰：澤中有雷，隨，君子以嚮晦入宴息。

本義：「雷藏澤中，隨時休息。」

謹按：舍之則藏，嚮晦宴息之謂也

初九，官有渝，貞吉。出門交有功。○象曰：「官有渝」，從正吉也。「出門交有功」，不失也。

謹按：陽主倡，陰主隨，九從上下，於下而隨柔，是所司之官有渝矣。然隨所當隨，而不失其正，則吉。「出門交有功」，申説貞吉之義。出門，謂擇而交，不於所私暱也；有功，故吉。象曰「不失」，謂雖有渝，不爲失也。卦之爲隨，以九下于初，故全卦之義于初發之。

六二，係小子，失丈夫。○象曰：「係小子」，弗兼與也。

謹按：有所係則不能兼與，而有失矣。象傳於二言「弗兼與」，三言「舍下」，互見也。三陰皆言「係」，係，戀也。陽之隨无心，好民好，惡民惡，非以説民也，而民之於上若有係之者，欲去而不能。邠民曰「仁人也，不可失也」，斯之謂「係」歟？陰之説陽，陽説之也，小子依依，安能舍此而從夫于遠乎？三爻小子之失，亦猶是也。先儒以有所失爲咎，誤矣。初陽在下，小子象；二與五應，丈夫象。

六三，係丈夫，失小子。隨有求得，利居貞。○象曰：「係丈夫」，志舍下也。

本義：「丈夫謂九四，小子亦謂初也。三近係四，而失於初，其象與六二正相反。四陽當任而已，隨之有求必得，然非正應，故有不正而爲邪媚之嫌，故其占如此，而又戒以居貞也。」

謹按：「居貞」即四爻所謂「有孚在道以明也」。

九四，隨有獲，貞凶，有孚在道以明，何咎？○象曰：「隨有獲」，其義凶也。「有孚在道」，明功也。

謹按：三之得，得四也；四之獲，獲三也。四近君而獲下，危疑之道也，雖貞亦不免凶。必以誠信孚合，而又相勉以道，庶以人事君而无植黨營私之嫌，如此則光明正大，何咎之有！象曰「有孚在道，明功也」，明如泰爻象傳所謂「光大」，惟光大始能无私，而所隨爲「有孚在道」，豈惟无咎，且有功也！

九五，孚于嘉，吉。〇象曰：「孚于嘉，吉」，位正中也。

謹按：五爻不言隨而言孚，九五中正居尊，動物以誠也。「孚于嘉」，猶兑之「孚于剥」。隨二爻變即爲兑，當兑之時，三上二陰，説不以道，剥陽者也。「隨，元亨」，「亨者，嘉之會也」，上之説，説以道者也，故五孚上爲「孚于嘉」。五君位，本无不孚，尚賢其先務也，尚賢而天下隨之，嘉之會也。猶兑五孚二，而剥自消也。

上六，拘係之，乃從維之。王用亨于西山。〇象曰：「拘係之」，上窮也。

謹按：持以手爲拘，縛以物爲維。既拘之，又維之，五以誠感，上以誠應，一德相孚，固結而不可解也。兩「之」字指上，上之不能去五，五有所以拘之、維之者也。「王用亨于西山」，謂孚信之誠，用以享神，亦无不格，極言相孚之至也。曰「王用」，見上之孚，五操之也。象曰「上窮」，謂在卦之終，窮極而无所往，在人則遠引高蹈之象也，非拘之、維之，肯爲我哉！

蠱䷑ 巽下艮上

蠱，元亨。利涉大川。先甲三日，後甲三日。○彖曰：蠱，剛上而柔下，巽而止，蠱。○「蠱，元亨」，而天下治也。「利涉大川」，往有事也。「先甲三日，後甲三日」，終則有始，天行也。

謹按：皿有蟲爲蠱。皿，木器也，木器壞，更以木爲之，故爻辭俱言「幹」。卦自泰來，剛上于上，柔下于初，剛上則亢而驕，柔下則卑而諂。以卦德言，則上艮止、下卑巽，因循苟且，全不事事，日壞一日，如器之不用而蠹生也，故曰蠱。蠱極則治，天道循環，自然之運也，故其占爲「元亨」。序卦曰：「蠱者，事也。」治蠱之事，必勇往直前，不避艱危，如涉大川。又必先甲、後甲，慮始慎終，而後蠱可治而亨也。甲者，十干之始，撥亂爲治，更始也。始非突然而興也，必有以開其先，亦非一始而遂已也，必有以善其後。有以開其先，迨乎時至事起而根基已立，成功較易；有以善其後，雖至時窮數屈而積累既久，爲害猶輕。傳曰「終則有始」，兼治亂言。亂終則治始，先甲三日，豫謀治也；治終又爲亂始，後甲三日，豫防亂也。甲爲日干，故言「日」，「三日」言其久，謂先之又先，後之又後也。先儒取辛丁之義，見治蠱當及時事事也，於經意亦合。蓋十干始甲，如草木之甲坼也。丁，當也，正當其時也；戊，猶茂盛；己，則止矣；庚、辛以後，更變而從新，已是下運氣象，治亂皆然。以治蠱論，丁則泰之三爻，憂盛危明時也；辛則否之四爻，扶危定傾時也。巽「先庚」「後庚」與此同。巽五爻變即爲蠱。

象曰：山下有風，蠱，君子以振民育德。

本義：「山下有風，物壞而有事矣。而事莫大于二者，乃治己治人之道也。」

謹按：振民，新民也。振，猶康誥所謂「作」也。育，德自新也。卦言治道，故先振民，又云育德者，遡其本也。

初六，幹父之蠱，有子，考无咎，厲終吉。○象曰：「幹父之蠱」，意承考也。

程傳：「初六雖居最下，成卦由之，有主之義。居内在下而爲主，子幹父蠱也。子幹父蠱之道，能堪其事則爲『有子』，而其考得无咎，不然則爲父之累，故必惕厲，則得終吉也。處卑而尸尊，事自當兢畏，以六之才，雖能巽順，體乃陰柔，在下无應而主幹，非有能濟之義。若以不克幹而言，則其義甚小，故專言爲子幹蠱之道，必克濟則不累其父，能厲則可以終吉，乃備見爲子幹蠱之大法也。」

謹按：乾爲父，坤爲母，自剛上柔下而父母之道俱失矣，故六爻俱稱父母，不必指定某爻爲某爻父、某爻爲某爻母也。「有子，考无咎」者，考之咎即子之咎，不順乎親，不可以爲子，此子道之所以危也。傳曰「意承考」，蠱者考，治蠱者考之意也。

九二，幹母之蠱，不可貞。○象曰：「幹母之蠱」，得中道也。

楊氏曰：「子幹母蠱，易於專斷而失于承順，故戒以『不可貞』。」

謹按：九二以剛居柔而得中，爻之最善者。幹父蠱易，幹母蠱難，惟二之中能幹人所難幹也，故不云「幹父」，而云「幹母」。貞者，正也，以正正不正也。父子之間不免責善則離之患，況于母乎？「不可貞」，謂當積誠感動，寓規諫于順從，委曲婉轉，以期其入，斯爲得中之道也。中與正微有分，正體、中用，正方、中圓，隨時以處中，則中而正矣。

九三，幹父之蠱，小有悔，无大咎。○象曰：「幹父之蠱」，終无咎也。

謹按：幹蠱之道，必剛柔相濟，九三過剛，故「小有悔」。然與其柔，毋寧剛，三雖有小悔而无大咎。

六四，裕父之蠱，往見吝。○象曰：「裕父之蠱」，往未得也。

謹按：以柔居柔，裕之象也。幹蠱如救焚拯溺，稍緩則无及矣。象曰「往未得」，謂欲往而不能也。宣王之興，幾於治矣，而周道終於不振，至與幽、厲同譏，裕蠱之謂也。

六五，幹父之蠱，用譽。○象曰：幹父用譽，承以德也。

謹按：譽，譽父也；用者，用此譽加之父也。或歸美于父，或諭父于道，使父无蠱名，子无幹名，斯可謂「用譽」矣。象傳例舉一二句包括全文，獨此言「幹父用譽」，不言「父蠱」者，用譽則蠱不蠱也。「承以德」，承，進也，謂以道德之譽進之父也。六五柔中，爲中興之賢主，故有此象。

上九，不事王侯，高尚其事。○象曰：「不事王侯」，志可則也。

本義：「陽剛居上，在事之外，故爲此象，而占與戒皆在其中矣。」

謹按：蠱，事也，上九以「不事」爲事，孟子所謂「士何事？尚志」是也。當蠱之時，風俗頽靡，上九以特立之節振之，所以鼓勵人心者大矣。桐江一絲，繫漢九鼎，得上九「不事」之道也。

臨䷒ 兌下坤上

臨，元亨利貞。至于八月有凶。○彖曰：臨，剛浸而長。○説而順，剛中而應。○大亨以正，天之道也。○「至于八月有凶」，消不久也。

謹按：逼而進謂之臨，爲卦上坤下兑，二陽浸長，其勢淩逼衆陰也。以卦才言，下説而上順，九二剛而得中，上應乎五，故占者大亨而利于正。剛正而和順者，天之元德也，生物之機勃然而不可遏，始而亨，亨而利而貞，皆一元之所醖釀也。臨當剛長之時，而剛中和順，合乎天道，此所以有「元亨利貞」之占也。臨爲十二月之卦，反易爲觀，觀爲八月卦。猶是二陽也，乃逼四陰之二陽，即逼於四陰之二陽，爲臨、爲觀，爻畫无改，十二月之象即八月之象也，天道盈虚互乘。以卦象觀之，一轉移間而長者已消，方長之陽即有凶之陽也，此君子所以利于貞也。

象曰：澤上有地，臨，君子以教思无窮，容保民无疆。

謹按：教曰思，諄切勤懇，若兑澤之深；保曰容，含弘胞與，如坤土之大无窮。无疆者，爻辭所謂「咸臨」、「至臨」、「敦臨」也。

初九，咸臨，貞吉。○象曰：「咸臨，貞吉」，志行正也。

本義：「卦唯二陽，徧臨四陰，故二爻皆有咸臨之象。初九剛而得正，故其占爲『貞吉』。」

謹按：象傳「志行正」，陽正陰邪，初之志欲上行，以正不正也。

九二，咸臨，吉，无不利。○象曰：「咸臨，吉，无不利」，未順命也。

本義：「剛得中而勢上進，故其占吉而无不利也。」

謹按：初之行方有志也，二則直逼衆陰，一往无前，故曰「无不利」。象曰「未順命」，戒辭也。二之利，命也，天命靡常，當思所以保之。第曰順受耳，利者將不利矣。

六三，甘臨，无攸利。既憂之，无咎。○象曰：「甘臨」，位不當也。「既憂之」，咎不長也。

謹按：卦義專取陽臨陰爻。又分二卦言之，下卦二陽之臨，臨陰也；上卦之臨，上臨下也。三以陰居下卦，既非臨陰之陽，又非臨下之上，其位兩不相當，上下俱无所利，惟恃説主以甘説臨人，安能免於咎乎？三居下體，不得上援三陰，且切近二陽，其勢已迫。小人當窮蹙之時，勉强依人，貌雖説而心則苦，聖人因而導之曰：「吾知爾之有憂也。」既憂矣，其即舍陰從陽，毋與陽拒，一變而成泰，指顧間事也，何至長咎乎！○又按：上三爻俱以陽迫而憂爻，特于六三發之，小人知憂畏即可變爲君子，故上卦三爻俱无凶咎。

六四，至臨，无咎。○象曰：「至臨，无咎」，位當也。

謹按：六四切近下卦，又與初應，臨之至也。臨之至，則能順乎陽，故无咎。象傳「位當」，「當」讀平聲。

六五，知臨，大君之宜，吉。○象曰：「大君之宜」，行中之謂也。

謹按：「知臨」，如舜好問好察，不自用而用人，君道之極也。傳曰「行中」，謂應陽，中庸所謂「用其中」是也。六五柔懦，不能有爲，舍己從人，則能變柔中爲剛中矣。

上六，敦臨，吉，无咎。○象曰：敦臨之吉，志在内也。

謹按：居臨之終，敦厚篤切于臨者也。傳曰「志内」，内謂下卦二陽。「志」字與初爻

「志行正」應。初九「咸臨」，不至于上不止，上六坤順之極，故能以二陽之志爲志，其臨爲最篤，吉而无咎也。

觀 ䷓ 坤下巽上

觀，盥而不薦，有孚顒若。○彖曰：大觀在上，順而巽，中正以觀天下。○「觀，盥而不薦，有孚顒若」，下觀而化也。○觀天之神道而四時不忒，聖人以神道設教而天下服矣。

本義：「觀者，有以示人而爲人所仰也。九五居上，四陰仰之，又内順外巽，而九五以中正示天下，所以爲觀。」

謹按：「盥而不薦，有孚顒若」，即彖傳所云「神道」也，其義可想像，不可名言。先儒謂不輕用，又謂不薦，誠意未散，均屬未當。天道不言而四時運行，聖人无爲而天下化成，不顯篤恭之妙，即无聲无臭之天載也。

象曰：風行地上，觀，先王以省方觀民設教。

本義：「省方以觀民設教以爲觀。」

初六，童觀，小人无咎，君子吝。○象曰：「初六，童觀」，小人道也。

程傳：「所觀不明，如童稚，乃小人之分，故曰『小人道也』。」

謹按：小民「不識不知，順帝之則」，故「童觀，无咎」。士子幸生文明之代，不能觀型效法，依日月之末光，爲君子之豹變，是則可恥也。卦爲大艮，艮少男，初又其最小者。

六二，闚觀，利女貞。○象曰：「闚觀，女貞」，亦可醜也。

本義：「陰柔居内而觀乎外，闚觀之象，女子之正也，故其占如此。丈夫得之，則非所利矣。在丈夫則爲醜也。」

謹按：艮爲門，卦象大艮，三、四、五又互艮，重門象。坤之闔户閉門象，二女象。闚觀者隱身於暗，與四之觀光異矣。

六三，觀我生，進退。○象曰：「觀我生，進退」，未失道也。

謹按：三在上下之間，可進可退，「觀我生」者，觀我所行也。行自我出，故曰「生」。自我出者，我得而主之，進可也，否則奉身而退耳。

六四，觀國之光，利用賓于王。○象曰：「觀國之光」，尚賓也。

本義：「六四最近于五，故有此象，其占爲利于朝覲、仕進也。」

程傳：「君子懷負才業，志在乎兼善天下，然有卷懷自守者，蓋時无明君，莫能用其道，不得已也，豈君子之志哉！故孟子曰：『中天下而立，定四海之民，君子樂之。』既觀見國之盛德光華，古人所謂非常之遇也，所以志願登進王朝，以行其道，故云『觀國之光，尚賓也』。尚，謂志尚，其志意願慕賓於王朝也。」

謹按：「尚賓」，謂以作賓爲尚。三「觀我生，進退」，四則不待觀而決於進矣。

九五，觀我生，君子无咎。○象曰：「觀我生」，觀民也。

本義：「九五陽剛中正，以居尊位，其下四陰仰而觀之，君子之象也，故戒居此位、得此占者，當觀己所行，必其陽剛中正，亦如是焉，則得无咎也。此夫子以義言之，明人君觀己所行，不但一身之得失，又當觀民德之善否，以自省察也。」

謹按：九五大觀也，政教自我出，故曰「生」。返觀而有合於君子之道，則可爲天下大觀而无咎矣。我之所生，民之所受，故曰「觀我生，觀民也」。

上九，觀其生，君子无咎。○象曰：「觀其生」，志未平也。

本義：「上九陽剛居尊位之上，雖不當事任，而亦爲下所觀，故其戒辭略與五同。但以我爲『其』，小有主賓之異耳。『志未平』，言雖不得位，未可忘戒懼也。」

謹按：初民，二妾，三、四臣，五君位，上師位也。世道人心之得失，由我而造觀，非徒自問而已，必求其有得无失也，如此方於君子之道无咎。自我言曰我生，自所生者言曰其生。「觀我生」者，觀民于我；「觀其生」者，觀我于民也。傳曰「志未平」，謂雖身在事外，而世道人心不能一刻忘也。

噬嗑䷔ 震下離上

噬嗑，亨，利用獄。○象曰：頤中有物，曰噬嗑。○噬嗑而亨，剛柔分，動而明，雷電合而章。柔得中而上行，雖不當位，「利用獄」也。

謹按：卦象頤中有物，上、初二剛，口之上下也；五上齒，二、三下齒也；四，頤中物也。人口上不動而麗乎下，下動而合乎上口，中有物窒塞不合，噬而去之，則嗑而亨矣。猶之頑梗，去而教化洽也，故曰「利用獄」。象傳「剛柔分」，謂乾、坤二卦之爻分，易而爲離、震，此以卦變言也。「動而明」者，卦之德；「雷電」，卦之象。雖各有取義，然文意一串，合與分對。偏剛偏柔者，闇于事理，剛柔分則動而明矣。惟能分故能合，不偏於剛柔，斯能合剛柔而一之。雷，剛也；電，柔也，雷電合而顯赫章著，章即明也。「動而明」，亦重在明上，此二段謂卦方剛柔交濟，爲能斷而明，无倚輕倚重之病也。又，六以柔居五而得中，自下體上行，爲折獄之主，雖不當位，而仁柔爲用刑之本，用以折獄无不利也。朱漢上曰：「六五柔中，不當位也，施於用獄，无若柔中之爲利。蓋人君止於仁，不以明斷稱。以皋陶『寧失不經』、曾子『哀矜勿喜』之言觀之，則不在明斷審矣。斷而明，不寬不嚴，情罪適當者，剛柔之用也。然必以慈祥愷悌爲之本，以不忍用刑之心用刑，其用也不患不寬，而患過寬，此折獄者所當以柔爲本，而合剛柔以爲用也。卦辭曰『利用』，謂六五能用折獄之道也。」〇又按：六爻取義，與卦辭異。先儒謂上、初爲受刑之人，中四爻爲用刑之人。无論中四爻止言噬，不及用獄，即初、上亦止就本爻取象，見過之當懲，間之當噬，非謂初、上有罪受刑，而別有用刑之爻也。且爻辭文法一例，「屨校」、「何校」與「噬膚」、「噬腊肉」、「噬胏」、「噬乾肉」均言噬也，「滅趾」、「滅耳」、「滅鼻」、「得金矢」、「得黄金」均言嗑也。校者九，滅者初、上也，初位在下、在前爲趾，上位卦終爲耳。凡物提掇處必在上也，屨校以其行惡滅趾，滅其行之不善也；何校以其不明滅耳，滅其非禮之聽也。惡以懲而改噬者，合矣。六二以柔居柔，得中而乘剛，以中正乘剛之才，噬陰柔之物，噬之容易，滅鼻謂大甚，亦見噬而合之易也。六三以柔居剛，不中不正，以不中不正之才噬半剛半柔之物，噬則噬矣，而不免遇毒而傷口，噬未易噬也。九四以一陽特立衆陰之間，堅之至矣，與三、五互坎，坎得乾之中畫，乾爲金，一奇貫乎二耦，直如矢以剛直之才噬至堅之物，但无失其爲剛直，而嗑不待言矣。六五以柔居剛，又乘承皆剛，寓剛于柔而得中，其象爲黄金。金，剛也；黄，中也。以剛中之才噬剛，多柔少之物，但无失其爲剛中，而嗑又不待言矣。膚最易噬，腊、校難。腊，火炙肉也，胏亦火炙肉而有骨爲最堅，乾肉堅勝於腊而不及胏。或以爻畫爲所噬之物，以爻位爲口之噬，亦不必如此分別，止就爻取義，有噬象即有所噬之物象。

象曰：雷電，噬嗑，先王以明罰敕法。

本義：「『雷電』當作『電雷』。」

謹按：「敕法」者，整飭法度，使人有所遵循也。然必罰明而後法敕。明罰，噬也；敕法，噬而合也。

初九，屨校滅趾，无咎。○象曰：「屨校滅趾」，不行也。

謹按：初无位而太剛，罪也在初則小而易懲。「震爲足」，初爲足趾，一陽横于下，「屨校滅趾」之象。初之罪，所行過差，懲之即无咎。上則是非顛倒，有心之過也。

六二，噬膚滅鼻，无咎。○象曰：「噬膚滅鼻」，乘剛也。

謹按：膚最易噬，「滅鼻」謂噬之深而无餘也。鼻在人身爲祖主，在物爲把柄，噬及於鼻，所噬无餘矣。六二中正，何至已甚？惟乘剛之故。

六三，噬腊肉，遇毒，小吝，无咎。○象曰：「遇毒」，位不當也。

謹按：六三位不當，故人不盡服。然柔而能剛，雖遇毒傷口，終能嗑也。

九四，噬乾胏，得金矢，利艱貞，吉。○象曰：「利艱貞，吉」，未光也。

謹按：四不中正，雖陽剛明體，究未光大，故戒以利貞，不貞則失其剛直矣。

六五，噬乾肉，得黄金，貞厲，无咎。○象曰：「貞厲，无咎」，得當也。

謹按：六五所謂「柔得中而上行」者，以不忍之仁，行斷制之義，是謂「得黄金」。金，剛也；黄，中也。剛而得中，所爲无不當矣。又戒以貞厲者，非貞而厲，恐失其剛中也。彖傳「不當」以位言，爻象「得當」以事言。惟位不當，故必貞厲，而後事得當。

上九，何校滅耳，凶。○象曰：「何校滅耳」，聰不明也。

謹按：一陽横於上，何校象；滅耳，謂治其耳之不聰也。先儒以校在頸，不至滅耳，因以滅趾爲斬趾，滅耳爲割耳。又有校厚遮没其耳者，未免膠固。上卦爲離，離，明者象，曰「聰不明」，謂不聰即不明。不明之惡甚于行，不過一失足之差。不明則以是爲非，所害大矣，故初无咎而上則凶。

賁䷕ 離下艮上

賁，亨，小利，有攸往。○彖曰：賁，亨。○柔來而文剛，故亨。分剛上而文柔，故「小利，有攸往」，天文也。○文明以止，人文也。○觀乎天文以察時變，觀乎人文以化成天下。

程傳：「卦爲賁飾之象，以上下二體剛柔交相爲文飾也。下體本乾，柔來文其中而爲離；上體本坤，剛往文其上而爲艮。乃爲山下有火，止于文明而成賁也。天下之事无飾不行，故賁則能亨也。『柔來而文剛，故亨』，柔來文於剛而成文明之象，文明所以爲賁也，賁之道能致亨，實由飾而能亨也。『分剛上而文柔，故小利，有攸往』，分乾之中爻往文于艮之上也，事由飾而加盛，由飾而能行，故『小利，有攸往』。夫往而能利者，以有本也，賁飾之道非能增其實也，但加之文彩耳。事由文而顯盛，故爲『小利，有攸往』。亨者，亨通也；往者，加進也。二卦之變共成賁義，而彖分言上下，各主一事者，蓋離明足以致亨，文柔又能小進也。『天文也；文明以止，人文也』，此承上文言，陰陽剛柔相文者，天之文也；止於文明者，人之文也。止，謂處于文明也。質必有文，自然之理，理必有對待，生生之本也。有上則有下，有此則有彼，有質則有文，一不獨立，二則爲文，非知道者孰能識之？天文，天之理也；人文，人之道也。天文謂日月星辰之錯列，寒暑陰陽之代變，觀其運行以察四時之遷改也。人文，人理之倫序，觀人文以教化天下，天下成其禮俗，乃聖人用賁之道也。賁之象取山下有火，又取卦變柔來文剛，剛上文柔。凡卦有以二體之義及二象而成者，如屯取動乎險中與雲雷，訟取上剛下險與天水違行是也。有取一爻者成卦之由也，柔得位而上，下應之曰小畜；柔得尊位大中而上，下應之曰大有是也。有取二體，又取消長之義者，雷在地中復，山附于地剥是也。有取二象，兼取二爻交變爲義者，風雷益兼取損上益下，山下有澤損兼取損下益上是也。有既以二象成卦，復取爻之義者，夬之剛決柔，姤之柔遇剛是也。有以用成卦者，巽乎水而上水井，木上有火鼎是也，鼎又以卦形爲象。有以形爲象者，山下有雷頤，頤中有物曰噬嗑是也，此成卦之義也。如剛上柔下、損上益下謂剛居上；柔在下，損于上益于下。據成卦而言，非謂就卦中升降也，如訟、无妄云「剛來」，豈自上體而來也？凡以柔居五者，皆云柔進而上行；柔居下者也，乃居尊位，是進而上也，非謂自下體而上也。卦之變皆自乾、坤，先儒不達，故謂賁本是泰卦，豈有乾、坤重而爲泰，又由泰而變之理？下離本乾中爻，變而成離；上艮本坤上爻，變而成艮。離在内，故云「柔來」；艮在上，故云「剛上」，非自下體而上也。乾、坤變而爲六子，八卦重而爲六十四，皆由乾、坤之變也。」

謹按：卦自泰來。泰上柔下剛，六來居二，而剛者得柔而文矣；九往居上，柔者得剛而文成其文矣。文者，質之輔也，忠孝廉節无所緣以著其性，則至情爲之不伸。柔來文剛，質之行，文行之也，賁之所以亨也。質者文之主也，禮樂文章有所受以爲之地，乃得託而著其美。剛上而文柔，文之利，質利之也。賁之所以「小利攸往」也。此言賁飾之道，可以致亨於事，爲不无小補。卦辭下句申明上句，原不分兩層，傳以卦變釋卦辭，特反覆言之以示左文右質之意耳。然天下有无文之文焉，非緣飾潤色之謂也。即以卦才言之，剛上而柔下，天文也，四時錯行，日月代明是也；上止而下明，人文也，君臣父子各止其所，而秩然有禮以相接大經之經綸是也。聖人觀天文以察時變，而施其輔相；觀人文以化裁天下，而成禮俗。賁之爲道大矣哉！〇又按：卦變之説，當從本義。程子以凡卦皆自乾、坤，此言卦所由生則然也。

象曰：山下有火，賁，君子以明庶政，无敢折獄。

本義：「山下有火，明不及遠。明庶政，事之小者；折獄，事之大者。内離明而外艮止，故取象如此。」朱子語類：「此與旅卦只争艮與離之在上下，故其説相反。今治獄禁勘反覆有許多節次，過乎此而不決便是留獄，不及乎此而決便是敢于折獄。」

謹按：「无敢折獄」，謂无敢以賁之道也。折獄以情，不以文也。

初九，賁其趾，舍車而徒。〇象曰：「舍車而徒」，義弗乘也。

程傳：「舍車而徒行者，於義不可以乘也。初應四正也，從二非正也，近舍二之易而從四之難，舍車而徒行也。君子之賁，守其義而已。」

謹按：初以陽剛居下无位，六二柔來文剛，而初自若也。「舍車而徒」者，剛明守義，不羨車服之榮，獨行君子也。初在下，趾象，趾所以行，「賁其趾」者，修飾所行，動履不苟也。

六二，賁其須。○象曰：「賁其須」，與上興也。

本義：「二以陰柔居中正，三以陽剛而得正，皆无應與，故二附三而動有賁須之象。占者宜從上之陽剛而動也。」

謹按：六二所謂「柔來文剛」者，然其爲文，如須之在面已耳。文附于質，非質剛，文无所麗。六二一陰麗于二剛之間，初九自賁其趾，不與二比，二惟附于三耳。蔣氏曰：「須于人身，无損益于軀體，但可爲儀表之飾，周旋揖讓，進退低昂，皆隨面貌而動，使人儀舉者，文采容止可觀，故象曰『與上興也』。」○三至上爲頤，二上比三，須象。

九三，賁如濡如，永貞吉。○象曰：永貞之吉，終莫之陵也。

程傳：「飾而不常且非正，人所陵侮也，故戒能永正則吉也。其賁既常而正，誰能陵之乎！」

胡氏炳文曰：「互坎有濡義，亦有陷義。既、未濟『濡首』、『濡尾』、『濡而陷』者也。九三非不貞也，能永其貞，則二陰于我爲潤澤之濡，我於彼不爲陷溺之濡矣。」

謹按：一剛在二柔之間，賁也，而濡矣。濡而不貞，剛將陵于柔矣。文過盛則質亡，周初之郁郁，文勝之濫觴也，故有永貞之戒。

六四，賁如皤如，白馬翰如，匪寇婚媾。○象曰：六四，當位疑也。「匪寇婚媾」，終无尤也。

謹按：四居上體之下，在泰爲坤。初以柔居柔，待文於剛者也。「賁如皤如」者，本欲賁飾而又安於樸素。兩「如」字，擬議之辭，謂若如彼，又似如此也。蓋六四當位，自守以正，雖與初正應，而疑初之比於二。初比於二，則必悖四，是非婚媾也，寇也。此所以甘守質樸而不求賁也。「白馬翰如」，謂初九人白，馬亦白也，初舍二而應四，白馬翰如而來，乃知匪寇也，真婚媾也，遂相得无尤矣。○又按：初九守義，賁趾舍車而徒，不但不比二，并不輕應四，審之又審而後來，來則如飛如翰矣。六四於其未來則疑，既來又何尤乎？「當位」句，釋「賁如皤如」。六居四得正，故能自守，惟恐賁我者之反爲我害也。先儒以四乘三爲當位，似覺牽强。

六五，賁于丘園，束帛戔戔，吝，終吉。○象曰：六五之吉，有喜也。

謹按：六五「賁于丘園」，還淳返樸之象也。竹籬茅舍，别有風味，市朝之繁縟所不屑矣。然儉嗇太過，又有「束帛戔戔」之象，占者如是，雖不免于吝，然終獲吉也。六五下无應與，而比於上，上以剛文柔者也，故其象占如此。○又按：上卦本有文而无質，分剛上而文之，乃返歸于樸。由文返質，不嫌于過禮，所謂國奢示儉是也。五傳曰「有喜」，上傳曰「得志」，上之得志即五之喜也。

上九，白賁，无咎。〇象曰：「白賁，无咎」，上得志也。

謹按：九以剛上文柔，化文爲質，故曰「白」。文至而无文，所謂「賁无色」者也。以治道言，則還淳返樸，歸於太古，化成天下之象也。

周易傳義合訂卷之五

剥 ䷖ 坤下艮上

剥，不利有攸往。○彖曰：剥，剥也，柔變剛也。○「不利有攸往」，小人長也。順而止之，觀象也。君子尚消息盈虚，天行也。

本義：「剥，落也。五陰在下而方生，一陽在上而將盡，陰盛長而陽消落，九月之卦也。陰盛陽衰，小人壯而君子病。又内坤而外艮，有順時而止之象，故占得之者不可有所往也。」

程傳：「君子不利有所往，唯當巽言晦迹，隨時消息，以免小人之害也。」

謹按：剥者，逐層解脱之謂。剥一卦而兼五卦之義，剥乾之初爲姤，姤進而剥二爲遯，遯進而剥三爲否，否進而剥四爲觀，觀進而剥五，則不剥者无幾矣，故直謂之剥。當剥之時，自初至五已剥矣，猶望五之不剥上也，故四爻俱言「剥」，獨于五曰「以宫人寵，无不利」。五之利即上之利也，而上不敢冀倖陰之不剥而以爲利，上自有上之利也。君子觀剥卦之象，而知天行之消息，順時而止，身全而道自亨，故曰「不利有攸往」。往則不利，不往則无不利矣。

象曰：山附於地，剥，上以厚下安宅。

朱子語類：「惟其地厚，所以山安，其居而不摇。人君厚下以得民，則其位亦安而不摇，猶所謂本固邦寧也。」

謹按：初爻傳曰「滅下」，大象曰「厚下」，下厚則上安，下滅則上傾，是以君子貴知務也。

初六，剥牀以足，蔑貞凶。○象曰：「剥牀以足」，以滅下也。

謹按：陰長則陽藏，故以牀喻陽，上爻「輿」、「廬」亦取藏義。又一奇横於五耦之上，其象如牀。陰之剥陽，不至於上不止，而不遽及上也。先以剥足者，剥之足剥即言「蔑貞」，以滅自下也。下對上言，下剥則上可知矣，故不曰「剥下」，而曰「滅下」。○又按：剥无留餘爲蔑，蔑有層次爲剥。伏聖命卦，剥至于觀猶不言剥，未可爲剥也。周公繫爻，剥始及初，即謂之蔑剥，則未有不蔑也。

六二，剥牀以辨，蔑貞凶。○象曰：「剥牀以辨」，未有與也。

謹按：辨，牀之上下合縫處也。以剥辨者剥牀，辨剥而牀之上下不相聯屬矣。傳曰「未有與」，謂牀之必傾，釋「蔑貞」之義也。初剥足已知「蔑貞凶」，至二則益信矣。鄭康成曰：「近膝之下屈則相近，伸則相遠，故爲辨，辨分也。」崔氏憬曰：「以牀言辨，牀梐也，在第足之間。」

六三，剥之无咎。○象曰：「剥之无咎」，失上下也。

謹按：群陰之中，三獨與陽應，應之則不剥之矣。然當陰剥陽之時，三亦剥陽之陰也，以剥爲名而實應之，此小人承順乎君子者也。「剥之无咎」作一句讀，謂剥中之无咎者，故曰「失上下」，言不與群陰爲黨也。

六四，剥牀以膚，凶。○象曰：「剥牀以膚」，切近災也。

謹按：漸近乎上，剥及膚矣，凶何如也！○又按：崔憬謂「膚，薦席也，若獸之有皮毛也」，此説亦通。蓋剥者牀，爻辭以牀喻陽也。

六五，貫魚以宫人寵，无不利。○象曰：「以宫人寵」，終无尤也。

謹按：貫魚，謂群陰以次而進，明五之在前也。五在前，能率領衆陰以順乎陽，如正后之以宫人事君而受其寵，則无不利矣。程子曰：「此别設義，以開小人遷善之門也。」○陰魚象五在群陰之前，貫魚象五率衆陰承陽。順而止，以宫人寵象。

上九，碩果不食，君子得輿，小人剥廬。○象曰：「君子得輿」，民所載也。「小人剥廬」，終不可用也。

謹按：上九，受剥者也。衆陽摇落，碩果獨懸，君子道消，小人得志時也。然於君子无傷也，縱使零落退處，而物望攸歸，輿之得以剥而得也，剥何傷于君子，于小人无利也。善類亡則邦國瘁，剥君子即所以自剥也，又何利于小人？「得輿」，謂君子得爲衆人之輿，亂極思治，衆心願歸于君子，猶物之積載于輿也。无君子則國破家亡，小人亦无所容矣。衆人之輿，即小人之廬也。○坤爲衆得輿象，艮廬象。

復䷗ 震下坤上

復，亨。出入无疾，朋來无咎。反復其道，七日來復，利有攸往。○彖曰：「復，亨」，剛反。○動而以順行，是以「出入无疾，朋來无咎」。○「反復其道，七日來復」，天行也。○「利有攸往」，剛長也。○復其見天地之心乎！

程傳：「『復，亨』，謂剛反而亨也。陽剛消極而來反，既來反，則漸長盛而亨通矣。動而以順行，是以『出入无疾，朋來无咎』，以卦才言其所以然也。下動而上順，是動而以順行也。陽剛反而順動，是以得出入无疾，朋來而无咎也，朋之來亦順動也。其道反復往來，迭消迭息。七日而來復者，天地之運行如是也。消長相因，天之理也。陽剛君子之道長，故『利有攸往』。一陽復于下，乃天地生物之心也。先儒皆以靜爲見天地之心，蓋不知動之端乃天地之心也，非知道者孰能識之！」

謹按：陽往而返爲復，以人事言，由惡而遷于善，由亂而返于治也。「亨」以下占辭。陰氣閉塞，陽氣宣通，故剛反而亨。一陽初生，氣微易爲陰邪所害。爲卦上坤下震，坤順震動，惟能順理而動，故无阻礙，而群陽相隨而至。人心一念見道，必順養而擴充之，斯不爲紛華所奪，而衆善日長矣。自占者言之，君子孤立，每爲小人中傷，能順理而動，則亦不致爲害，而同類亦彈冠而來，何咎之有乎！「反復其道」，言陰陽消長自然之理。「反」對「往」言，自此趨彼爲往，自彼來此爲反，言反則兼往矣，復則反而已，至于此也。陰生一位，即陽退一位，自姤歷坤而陽復生于下。以爻言，則更六位而復始，以卦氣言，則自五月一陰生，至十一月而一陽復，故曰「七日來復」。人情久出乍歸，必曰「吾去若干日矣」，人之慰之者亦曰「若干日矣」，遡往日之去，幸今日之歸也。謂消長之道，往復迭運，今幸而往者反矣，窮極而通，從此坦行无礙，「利有攸往」也。彖傳既釋卦辭，又總結之曰「復其見天地之心乎」，聖人之意，欲人自認其本心而擴而充之也。天地之心，仁也，即至誠无息，發育萬物之本也。天地之心未嘗乍息，但當收斂退藏之時，則无由見之耳。人以天地之心爲心，一念乍動，而生生不已之機勃然而不可遏。如齊王以羊易牛之心，察而充之，足以王矣。此心之復在清夜平旦，而牿亡于旦晝。但静而復者其體，動而復者其用。學者涵養于不睹不聞之時，省察于隱微獨知之地，動静交致其功，而後道心長而人心退聽矣。王伯厚云「復以自知，必自知然後能見天地之心」，此語體認最切。

象曰：雷在地中，復，先王以至日閉關，商旅不行，后不省方。

本義：「安静以養微陽也。月令：是月齋戒掩身，以待陰陽之所定。」

程傳：「雷者，陰陽相薄而成聲，當陽之微，未能發也。雷在地中，陽始復之時也。陽始生于下而甚微，安静而後能長。先王順天道，當至日陽之始生，安静以養之，故閉關，使商旅不得行。人君不省視四方，觀復之象而順天道也。在一人之身亦然，當安静以養其陽也。」

謹按：「閉關」云者，閑其内使不出，防其外使不入，理、欲關頭，不可不慎也。

初九，不遠復，无祇悔，元吉。○象曰：不遠之復，以修身也。

本義：「一陽復生于下，復之主也。祇，抵也。又居事初，失之未遠，能復于善，不抵于悔，大善而吉之道也。」

謹按：一陽初生，復也，復于初，不遠也。人有過而能悔，悔而後能改，若過未形而即改，過而非過也，故「无祇悔」。二爻傳曰「下仁」，四爻曰「從道」，仁與道，皆謂初陽。道散見於日用，隨事體之而各得仁，則心德之全也。天理周流，无一息之間斷，有間即非仁矣。繫辭傳曰：「顔氏之子，有過未嘗不知，知之未嘗不改。」蓋其心常存，偶有一念之愆，旋即克而治之，所謂「不遠之復」也。聖人於顔子許其不違仁，其餘則曰「不知其仁」。二、四所得有淺深，故象傳分别言之。○又按：求仁必先體道，曾子躬行實踐，至于真積日久，乃悟一貫之旨。一即仁也，學者體道以修身，必至於仁，而後道全德備而身修矣。

六二，休復，吉。○象曰：休復之吉，以下仁也。

謹按：六二下比初陽，復之休美者也。初不遠復，仁也，二比初下，仁也。○又按：「休」訓爲「美」者，惟休乃美也。休者，休息也，休養也。顔子「三月不違」，其涵養於平日者素矣。下此則必體察於一念來復之初，而涵泳從容，勿忘勿助，久之而微者著，危者安，外物自不得而奪之矣。象傳曰「動而順行」，順即休也。二中正而柔順，故有此象。若六三不中不正，居震動之極，雖天心時復而躁急躐等，居之不安，故有「頻復之厲」。厲者，休之反也。仁者，天地生物之心也，復見天地之心，故以初爲仁。

六三，頻復，厲无咎。○象曰：頻復之厲，義无咎也。

謹按：六三在兩卦之間，居震動之極，不能有常而「頻復」。頻者，復而失，失而又復，所謂入見聖道而説，出見紛華靡麗而説也。厲，危也，惟危者人心，來復者道心也。屢失故厲，屢復故无咎。「頻復」云者，謂前此屢失，今又來復也。從此順而養之剛長，而利有攸往矣。程子云：「此開人遷善之道也。」

六四，中行，獨復。○象曰：「中行，獨復」，以從道也。

謹按：五、上在上，二、三在下，四介於上下之間，能挺然自拔，舍其類而行，與初應，是獨復以從道也。剥三亦在群陰之間，而上與上應，傳曰「失上下」，言「上下」則中可知，言「失上下」則獨行而從陽可知。二卦爻傳意義互見也。

六五，敦復，无悔。○象曰：「敦復，无悔」，中以自考也。

程傳：「以中道自成也。五以陰居尊，處中而體順，能敦篤其志，以中道自成，則可以无悔也。自成，謂成其中順之德。」

謹按：凡卦爻言「无悔」者，在吉凶之間。惟復卦不然，有復前之悔，悔而後復，非不遠之復也；有復後之悔，復而又悔，非敦於復者也。初惟不遠復，故无祇悔；五惟敦復，故无悔。或問：「五何以不言吉？」曰：五去初遠，非不遠之復也。「然則初與五之復，後遂无過乎？」曰：縱有過，亦不遠而復耳。初，顔子；五，曾子也。曾子至真，積日久之候，則亦不遠復矣。六爻五不及初，而勝於二、四，二、四資初以爲復，有待而興者也。三之「頻復」，正與「无悔」反。三不及二、四，四又不及二。二之下仁，心悦誠服；四之從道，勉强企及者也。○又按：上六「迷復」，故五爻曰「敦」，若「敦艮」、「敦臨」，皆取卦終之義。

上六，迷復，凶。有災眚，用行師，終有大敗。以其國君凶，至于十年不克征。〇象曰：迷復之凶，反君道也。

本義：「以陰柔居復終，終迷不復之象，凶之道也，故其占如此，以猶及也。」

謹按：二比初而復，四應初而復，三與初同體而亦復，五雖遠初，能以中道自成而復，上則去初尤遠，位復不中，是以迷也。迷如人出外而忘其家，欲復不可得矣。坤卦辭曰「先迷後得，主利」。上處卦終，後無可後，故失主而迷。傳曰「反君道」，謂上六背乎陽道，猶坤、彖所謂「先迷」也。「用行師」以下極言背陽之凶。行師者上，用之者陽也，陽欲變陰而陰不爲之變，陽有阻礙即陽之凶也，故曰「以其國君凶，至于十年不克征」，謂陽不能前進也。坤爲衆師象，震爲長子行師象，故一陽五陰之卦多言「行師」。

无妄☰☳ 震下乾上

无妄，元亨利貞。其匪正有眚，不利有攸往。〇象曰：无妄，剛自外來，而爲主於内，動而健，剛中而應，大亨以正，天之命也。「其匪正有眚，不利有攸往」，无妄之往，何之矣？天命不祐，行矣哉？

謹按：卦自遯來。三下居初，爲下卦之主，一卦之中亦有往來内外也。在人則凡事以誠心爲主，論語所謂「主忠信」是也。又卦德上健而下動，卦爻二、五得中、得正而相應。在人則本誠一无僞之心，任天而動，中正而上下相應，故其占爲元亨而利于正。无妄者，天德也。天德无不正，聖人與天合德，亦无不正。「匪正有眚」，爲占者戒也。占者有无妄之德，又必合乎當然之則，乃可大亨。或問：无妄矣，安得有不正？曰：惟无妄故不免不正，其不正者，正其所以无妄也。仁主愛，義主敬，當愛而愛，當敬而敬，有時以不愛爲愛，以不敬爲敬，此當然不易之則也。无妄者止知有愛敬，而无一毫之不愛不敬，則必滿其愛敬之量，極其愛敬之情，率是以往，遂有愛流於姑息、敬流於畏葸者矣。愛而姑息，敬而畏葸，將愛人而人不我愛，敬人而人不我敬動，多拂逆，欲往何之？此所謂「匪正之眚」，无妄之災也。○又按：命兼理、數。禍福，數也；正不正，理也。數不外乎理，正則福，不正則禍，此一定之天也。臨象傳曰「天之道」，无妄曰「天之命」，命即道也。臨之剛正和順，无妄之剛健正中，皆乾道也。惟德合乎乾，故占辭與乾同。

象曰：天下雷行，物與无妄。先王以茂對時，育萬物。

程傳：「雷行于天下，陰陽交和，相薄而成聲，於是驚蟄，藏振萌芽，發生萬物。其所賦與洪纖高下，各正其性命，无有差妄，『物與无妄』也。先王觀天下雷行，發生賦與之象，而以茂對天時，養育萬物，使各得其宜，如天與之无妄也。茂，盛也，『茂對』之爲言，猶盛行永言之比；對時，謂順合天時。天道生萬物，各正其性命而不妄，王者體天之道，養育人民，以至昆蟲草木，使各得其宜，乃對時育物之道也。」

謹按：惟對時乃能育物，天道无心而成化，隨物賦予；聖人因時而育，泛應曲當，惟其時而已。作止語默，各當其可，而一身之物育；節宣補救，時措咸宜，而天下之物育。卦辭「元亨」，物育也；「利貞」，對時也。物與，與雷也，雷動而物與俱動也。卦名另讀，此全易通例也。

初九，无妄，往吉。○象曰：无妄之往，得志也。

本義：「以剛在内，誠之主也。如是而往，其吉可知，故其象占如此。」

謹按：以卦名爲爻辭，一爻可蔽全卦之義。无妄容有不正，當其初則无不正也，故往而吉。

六二，不耕穫，不菑畬，則利有攸往。○象曰：「不耕穫」，未富也。

謹按：六二所謂中正，應者但能无妄，則往无不利矣。不耕而望穫，不菑而望畬，正是无妄。〇耒耜之利，取諸益，三、四、五互巽，下卦爲震，風雷爲益，耕穫、菑畬象。

六三，无妄之災，或繫之牛。行人之得，邑人之災。〇象曰：行人得牛，邑人災也。

謹按：六爻皆无妄，惟初、二、五得正，三、上不正之甚者也，故不免災。曰「无妄之災」，謂災從无妄生也。雜卦曰：「无妄，災也。」无妄何以災？无妄者，无所爲而爲善也，爲善而有望報之心則妄矣。然君子不求福，未嘗不避禍，孔子當滔滔日下之世，不以爲不可而爲之，悲天憫人，无妄之至也，乃爲之而卒，不可則不爲，是以未嘗有所三年淹也。无妄者，率其一往之誠，不顧禍福之來，无妄則誠无妄矣，其如天命不祐何？先儒以无妄之災爲非分，愚謂災固无妄者所自取也，聖人作易，无非教人趨吉避凶。无妄辭義尤顯，繫牛之失，隨舉一事言之。「或」云者，猶言即如有如也。繫牛於路，行人得之，非盜也。假如繫於邑，行人何從而得之邪？不逆不億者，无妄之道也，然而有失牛之災矣。象傳曰「邑人災也」，謂邑人自災，非行人災之也。〇震，行人象；初至四互厚離，牛象。

九四，可貞，无咎。〇象曰：「可貞，无咎」，固有之也。

本義：「陽剛乾體，下无應與，可固守而无咎，不可以有爲之占也。有，猶守也。」

謹按：九四非正也，然居乾體，以剛處柔，即爲得正。九五不至太剛，亦以得中之故，傳曰「固有」，謂貞固守之，不失所有也。

九五，无妄之疾，勿藥有喜。○象曰：无妄之藥，不可試也。

本義：「乾剛中正，以居尊位，而下應亦中正，无妄之至也。如是而有疾，勿藥而自愈矣，故其象占如此，既已无妄，而復藥之，則反爲妄而生疾矣。試，謂少嘗之也。」

謹按：「无妄之疾」，非災也；「勿藥有喜」，并非疾也。九五中正而應，故有此象。然「勿藥有喜」自是實理。周公遭流言之謗，東征三年，赤舄几几，得勿藥之義矣。漢雋不疑爲同舍郎誣盜金，輒買金償之，亦庶幾此義。又若申生、孝己之死，伯夷、叔齊之餓，疾也；求仁得仁，有喜也。彼敗名喪節者，豈盡其初心哉？皆藥疾誤之耳。蓋疾非災比，无妄而正者必不災，不必不疾。聖人恐人以疾爲災，而謂无妄之災不盡，由于不正，故于九五發「勿藥」之義，所以示人者深切矣。

上九，无妄，行有眚，无攸利。○象曰：无妄之行，窮之災也。

謹按：上九與六三相應，俱不中不正，又處卦之窮，窮則往无可往矣。

大畜䷙ 乾下艮上

大畜，利貞。不家食，吉。利涉大川。○彖曰：大畜，剛健，篤實，輝光，日新其德。○剛上而尚賢，能止健，大正也。○「不家食，吉」，養賢也。○「利涉大川」，應乎天也。

謹按：大、小畜皆陰畜陽，自畜者，言爲小自所畜。言爲大畜，止也，聚也，惟止故聚，聚極則散，散然後見聚之多。彖傳以卦德釋卦名。乾剛健，艮篤實，剛健、篤實積厚而光輝，畜之久而其德日新，如中庸所云明、著、動、變。光輝之至，由其中之充積者大也。「利貞」以下占辭。畜大者必以正，異端曲學，畜多而不以正者固有矣。畜大而能貞，食禄則吉，涉川則利。彖傳又發明卦才，云所以利貞者。卦自大壯四往居上。陽剛賢也，在六五尊位之上，爲君能屈己而尊賢。又卦德以艮止乾，乾健最難止，而能止之，凡此皆正大之道也。卦有此才，故占者利于貞。所以「不家食，吉」者，以尚賢即能養賢。所以「利涉大川」者，以六五與九二應，所行能應乎乾，无艱不可濟也。

象曰：天在山中，大畜，君子以多識前言往行，以畜其德。

程傳：「天爲至大，而在山之中，所畜至大之象，君子觀象以大其蘊蓄。人之蘊蓄，由學而大，在多聞前古聖賢之言與行，考迹以觀其用，察言以求其心，識而得之，以畜成其德，乃大畜之義也。」

謹按：「多識」，蓄學也，蓄學所以畜德。前言往行，皆體之於心，修之於身也。若徒以資見聞，則非利貞之義矣。

初九，有厲，利己。○象曰：「有厲，利己」，不犯災也。

程傳：「有危則宜已，不可犯災，危而行也。不度其勢而進，有災必矣。」

蔡虛齋曰：「初九不可進，而未必能自不進，故戒之云進則有厲，惟利于己也。若九二之處中，能自止而不進者也，則以其所能言之曰『輿説輹』。」

謹按：初九，童牛也，進則僨轅矣。蓋陽剛在下，少年喜事，輕於進者也。洛陽年少，才大而術疏，猶且不免輕浮，淺露者无論已。卦辭「不家食，吉」，初、二兩爻則必家食而後免於凶者也。

九二，輿説輹。○象曰：「輿説輹」，中无尤也。

本義：「九二亦爲六五所畜，以其處中，故能自止而不進，有此象也。」

謹按：知止不辱，漢之郭泰、晉之陶潛是也。○乾爲大車輿象，二、三、四互兑，兑爲折傷説輹象。

九三，良馬逐，利艱貞。曰閑輿衛，利有攸往。○象曰：「利有攸往」，上合志也。

程傳：「三以剛健之才，而在上者與合志而進，其進如良馬之馳逐，言其速也。雖其進之勢速，不可恃其才之健與上之應而忘備與慎也，故宜艱難其事，而由貞正之道。輿者，用行之物；衛者，所以自防。當自日常閑習其車輿與其防衛，則『利有攸往』矣。三乾體而居正，能貞者也，當其鋭進，故戒以知難與不失其貞也。志既鋭於進，雖剛明，有時而失，不得不戒也。」

項氏安世曰：「初九在初，故稱童牛；九二以剛居柔，无勢故爲豶豕；九三純乾，故爲良馬。」

謹按：輿所以行，衛所以護行，士君子隱居求志于致君澤民之道，信之真而无一毫之疑，閑輿也；禮義干櫓，忠信，甲胄，閑衛也。如此則一出而君相信用，蒼生倚賴矣。後漢黨人矜言氣節，東晉處士純盜虚聲，又復疏狂无備，激烈鼓禍，喪身誤國，有愧大畜九三之義矣。○三應上，兩馬相逐象。乾爲大車輿象；互震，爲警動衛象。

六四，童牛之牿，元吉。○象曰：六四，元吉，有喜也。

本義：「童者，未角之稱。牿，施横木於牛角以防其觸，詩所謂『楅衡』者也。止之於未角之時，爲力則易，大善之吉也，故其象占如此。學記曰『禁于未發之謂豫』，正此意也。」

朱子語類：「大畜下卦取其能自畜而不進，上卦取其能畜彼而不使進。然四能止之於初，故爲力易；五則陽已進，而止之則難，以柔居尊，得其機會可制，故亦『吉』，但不能如四之『元吉』耳。」

謹按：治國者防民之淫，禮教其牿也；治心者遏欲之萌，戒慎其牿也。若待其敗壞放肆，潛滋暗長，而後爲之圖，晚矣。

六五，豶豕之牙，吉。○象曰：六五之吉，有慶也。

謹按：豕性躁猛，九二以剛處柔而得中，豕而豶者也。豶矣而又牙之，爲豕計者至矣。聖人治天下，雖風俗醇美，猶必制禮以爲之防也。牙，杙也，所以繫矢者。

上九，何天之衢，亨。○象曰：「何天之衢」，道大行也。

本義：「『何天之衢』，言何其通達之甚也。畜極而通，豁達无礙，故其象占如此。」

胡氏炳文曰：「隨畜隨發，不足爲大畜，惟畜之極而通，豁達无礙，如天衢然。此不徒爲仕者之占。大學章句所謂『用力之久，一旦豁然貫通』者，亦是此意。『多識前言往行，以畜其德』者，以之可也。」

謹按：畜極而通暢于四肢，發于事業，光輝之至也。卦體以陰畜陽，而上九一陽透出二陰之上，畜極而發，猶中庸所謂「溥博淵泉而時出之」也。出則聲名洋溢，天地覆載，日月照臨之處，无非剛健篤實之所發皇矣，故聖繫爻而贊之曰「何通達之甚也」，傳則曰「是道之大行也」。

頤䷚ 震下艮上

頤，貞吉。觀頤，自求口實。○象曰：「頤，貞吉」，養正則吉也。「觀頤」，觀其所養也。「自求口實」，觀其自養也。○天地養萬物，聖人養賢以及萬民。頤之時大矣哉！

程傳：「『貞吉』，所養者正則吉也。所養，謂所養之人與養之之道。『自求口實』，謂其自求養身之道，皆以正則吉也。」

謹按：頤，養也，養得其正則吉矣。「觀頤」，觀其所養也，養賢則正，養奸則不正也。「自求口實」，觀其自養也，養大體則正，養小體則不正也。尸位素餐者，養小體之小人；敬事後食者，養大體之大人也。觀頤之道，即以其人之自養者觀之也。彖傳「天地」一段，極言頤之道而贊其大，天地化育萬物，而裁成輔相，賴有聖人。聖人養賢以養萬民，而成參贊位育之功，此頤道之所以大也。正故大，大故吉。觀天地、聖人之養，可知頤之道矣。〇又按：卦變自觀。觀，教也；頤，養也。以觀之道正頤，頤正而教在養中矣。觀五爻傳曰：「觀我生，觀民。」「觀頤」，「觀民」也；「自求口實」，觀我也。六爻之義，四陰待養于二陽，陽實陰虛也。自上而下曰顛，顛，墜也；自下而上曰拂，拂，逆也。二、四養於初爲「顛頤」，三、五養於上爲「拂頤」。二、五言「拂經」者，經，正也，五居尊而待養於上，「拂頤」即「拂經」矣。然五養上以禄，上養五以德，能專一无他，如四之「眈眈」、「逐逐」，則亦不失爲正也。二以「顛頤」，於初爲正，若「拂頤」於上，則亦拂乎正矣，故曰「拂經于丘頤」。二養於初，五養於上，取相比之義；三養於上，四養於下，取相應之義。

象曰：山下有雷，頤，君子以慎言語，節飲食。

程傳：「以二體言之，山下有雷，雷震於山下，山之生物皆動其根荄，發其萌芽，爲養之象。以上下之義言之，艮止而震動，上止下動，頤頷之象。以卦形言之，上下二陽，中含四陰，外實中虚，頤口之象。口所以養身也，故君子觀其象以養其身，慎言語以養其德，節飲食以養其體，不唯就口取養義。事之至近而所繫至大者，莫過於言語、飲食也。在身爲言語，於天下則凡命令政教出于身者皆是，慎之則必當而无失。在身爲飲食，於天下則凡貨資財用養於人者皆是，節之則適宜而无傷。推養之道養德、養天下，莫不然也。」

謹按：「慎言語」者，「言顧行，行顧言」，非徒訥于口已也。「節飲食」者，无以小害大，无以賤害貴，非徒減於口已也。

初九，舍爾靈龜，觀我朵頤，凶。○象曰：「觀我朵頤」，亦不足貴也。

本義：「靈龜，不食之物。朵，垂也。朵頤，欲食之貌。初九陽剛在下，足以不食，乃上應六四之陰，而動於欲凶之道也。故其象占如此。」

謹按：「我」當屬上。卦自觀來，當其爲觀，九居五爲大觀，自九下居初而爲頤。仰觀上九，如在天上，不免垂涎而爲朵頤，是舍其觀于人者，仰而觀人也。龜鑑吉凶，喻陽之在五爲大觀也。象傳「亦不足貴」，謂陰本賤，陽本貴，乃至垂涎於上，則亦不足貴矣。

六二，顛頤，拂經于丘頤，征凶。○象曰：六二征凶，行失類也。

謹按：二與初同體相比，「顛頤」宜也。乃以陰柔處動體，不安于下，見在上者勢力足以養人，而拂經以求頤，是行而自失其類也，欲不凶，可得乎？○上主艮，在上象。

六三，拂頤，貞凶。十年勿用，无攸利。○象曰：「十年勿用」，道大悖也。

謹按：三與上應，「拂頤」亦其常也。然不中不正，而處震極，履邪好動，繫悦於上，雖貞亦凶。「貞」謂拂頤于上，猶不失爲正也，「勿用」謂求養不得，「十年勿用」則勿用矣，何利之有？上九位高任重，使六三得爲食客，勢必招權納賄，无所不爲，此房琯所以敗於秩、楫也。

六四，顛頤，吉。虎視眈眈，其欲逐逐，无咎。○象曰：顛頤之吉，上施光也。

謹按：六四得正，所應又正，己不勝任，求在下之賢而順從之，吉之道也。然必下而專、求而繼，斯能得賢人之助，以惠養下民，而其施光矣。○艮，虎象；四，心位，乘震動欲逐逐象。

六五，拂經，居貞吉。不可涉大川。○象曰：居貞之吉，順以從上也。

本義：「六五陰柔不正，居尊位而不能養人，反賴上九之養，故其象占如此。」

謹按：「拂經」，求養于上也。「居貞」，專一无他歧也。「不可涉川」，才柔弱也。

上九，由頤，厲吉，利涉大川。○象曰：「由頤，厲吉」，大有慶也。

本義：「六五賴上九之養以養人，是物由上九以養也。位高任重，故厲而吉。陽剛在上，故利涉川。」

程傳：「上九以剛陽之德居師傅之任，六五之君柔順而從於己，賴己之養，是當天下之任，天下由之以養也。以人臣而當是任，必常懷危厲則吉也。如伊尹、周公何嘗不憂勤兢畏，故得終吉。夫以君之才不足而倚賴於己，身當天下大任，宜竭其才力，濟天下之艱危，成天下之治安，故曰『利涉大川』。得君如此之專，受任如此之重，苟不濟天下艱危，何足稱委遇而謂之賢乎！當盡誠竭力，而不顧慮，然惕厲則不可忘也。」

項氏曰：「六五、上九二爻皆當以小象解之。六五之居貞，非自守也，貞於從上也，故曰『居貞之吉，順以從上也』；上九之『厲吉』，非能自吉也，得六五之委任而吉也，故曰『由頤，厲吉，大有慶也』。」

謹按：上之慶，五之慶也，上賢者而五養之也。上爲艮主，艮，止也。頤之道不貴動而貴止，故二「征凶」，五「居貞吉」。若上九受委任之重，艱難幹濟，不敢告勞，然必智深勇沉，而後可貽大投艱。彼輕躁妄動者，一事无成，況能任天下之重乎？曰「厲吉」，又曰「利涉大川」，謂知其危厲而慎之，而後大川可涉也。

大過䷛ 巽下兑上

大過，棟橈，利有攸往，亨。○彖曰：大過，大者過也。○棟橈，本末弱也。○剛過而中，巽而説行，「利有攸往」，乃亨。○大過之時大矣哉！

本義：「大，陽也。四陽居中過盛，故爲大過。上下二陰不勝其重，故有棟橈之象。又以四陽雖過，而二、五得中，内巽外説，有可行之道，故利有所往而得亨也。」

程傳：「陰弱而陽强，君子盛而小人衰，故利有攸往而亨也。」

謹按：大過，陽過也，陽大陰小也。四陽在外爲中孚，在中爲大過；四陰在内爲頤，在外爲小過，聖人内陽外陰之意也。陽聚于内而陰擯于外，内外本相維繫，外弱則内不能支，此必然之理也。今兩柔夾持四剛，如木之兩端受竅，兩端弱則中橈矣。卦有此象，故占者必利有攸往乃亨。象傳「剛過得中」，謂過者剛也，君子道長，小人道消也。中對本末言，即在中之中，不專指二、五過而得中。如子産治鄭，孔明治蜀時，常用嚴過而非過也。又二柔上主兑，兑，説也；下主巽，巽，順也。巽而説下，加一「行」字，謂行其過、行其中也，所謂「義以爲質，而禮以行之，遜以出之」也。過不可行，中則行矣，中而巽説，行无不宜矣，此所以利有攸往而亨也。若過高激烈而不可行，則不免棟橈之凶矣，亨于何有？大過而亨，大過之所以爲大也，故贊之曰「大矣哉」。蔡氏清曰：「大過之時，非時大過也，人當大過之時也，以其時事宜于大過也。其理正小過所謂『過以利貞，與時行者也』。『大過』二字屬人。」

象曰：澤滅木，大過，君子以獨立不懼，遯世无悶。

程傳：「澤，潤養於木者也，乃至滅没于木，則過甚矣，故爲大過。君子觀大過之象，以立其大過人之行。君子所以大過人者，以其能獨立不懼，遯世无悶也。天下非之而不顧，獨立不懼也；舉世不見知而不悔，遯世无悶也。如此然後能自守，所以爲大過人也。」

謹按：「過」有二義，卦爻所謂「過」，過其行者也；大象之謂「過」，過于人者也。「不懼」、「无悶」二句當合看，用舍行藏，各當其可，時中之道也。

初六，藉用白茅，无咎。○象曰：「藉用白茅」，柔在下也。

本義：「當大過之時，以陰柔居巽下，過於畏懼而无咎者也，故其象占如此。白茅，物之潔者。」

謹按：初六在下爲巽主，巽爲茅，爲白；藉，承載也。初六在下而上載四剛也，以一柔而載四剛，才薄而任重，所以得无咎者，取其敬慎也。敬慎之意，全在「用」字，繫傳曰：「苟錯諸地而可矣。藉之用茅，慎之至也。」陽過則竟過矣，而必承之以柔，亦以柔濟剛之道也，其有藉於柔者大矣。象傳曰「柔在下」，繫傳曰「慎之至」，蓋過於畏懼，過而不過也。小過象傳曰「行過乎恭」，其此之謂歟！

九二，枯楊生稊，老夫得其女妻，无不利。○象曰：老夫女妻，過以相與也。

本義：「陽過之始而比初陰，故其象占如此。稊，根也，榮於下者也，榮於下則生於上矣。夫雖老而得女妻，猶能成生育之功也。」

謹按：初六「藉用白茅」，九二藉之最親切者也。楊，陽也，大過之陽，枯楊也；稊，根也。二比初，初在二下，楊之稊也。「枯楊生稊」，九二比初六象；「老夫得女妻」，又「枯楊生稊」象。

九三，棟橈，凶。○象曰：棟橈之凶，不可以有輔也。

本義：「三、四二爻居卦之中，棟之象也。九三以剛居剛，不勝其重，故象橈而占凶。」

司馬氏曰：「大過剛已過矣，止可濟之以柔，不可濟之以剛。故大過之時，皆以居陰爲吉，不以得位爲美。」

吴氏曰：「三、四居卦之中，皆棟象。三橈而四隆者，三以剛居剛，四以剛居柔，一也；三在下，四在上，二也；三下虚，四下實，三也。」

謹按：象傳「剛過而中，巽而説行」，剛柔相濟之謂也。九三太剛，九四應柔而又太柔，故九三爲棟橈之凶，九四棟隆又有「他吝」之戒。吴氏所言三者，以居剛、居柔爲重。象傳「不可以有輔」，謂其自折，不可輔也。

九四，棟隆，吉，有它吝。○象曰：棟隆之吉，不橈乎下也。

本義：「以陽居陰，過而不過，故其象隆而占吉。然下應初六，以柔濟之，則過於柔矣，故又戒以有它則吝也。」

謹按：象曰「不橈乎下」謂棟隆之吉，以不應初也。若有他則太柔，而爲下所橈矣。

九五，枯楊生華，老婦得其士夫，无咎无譽。○象曰：「枯楊生華」，何可久也！老婦士夫，亦可醜也。

程傳：「枯楊不生根而生華，旋復枯矣，安能久乎？老婦而得士夫，豈能成生育之功，亦爲可醜也。」

何氏楷曰：「盛極將枯，而又生華，以自耗竭，不能久矣。二以剛居柔，初以柔居剛，此未甚過者也，又在卦初，故過以相與，可成生育之功。五以剛居剛，上以柔居柔，皆過者也，又在卦終，故陰陽相比，祇以爲醜。其相反如此。」

謹按：爻言「无咎无譽」，謂雖无咎，亦无譽也。傳曰「亦可醜」，即无譽意。无美名，斯有醜聲矣。

上六，過涉滅頂，凶，无咎。○象曰：過涉之凶，不可咎也。

本義：「處過極之地，才弱不足以濟，然於義爲无咎矣。蓋殺身成仁之事，故其象占如此。」

錢氏志立曰：「澤之滅木，上之所以滅頂也。雖至滅頂，然有不容不涉，即不得不過者。孔子所以觀卦象而有獨立不懼之思也。」

謹按：大厦之傾，非一木所能支。上六身在事外，可以謝責而不忍，柔弱无能，明知无益而必爲，喪元不忘過矣。殺身成仁，過而不失其中者也。

坎䷜ 坎下坎上

習坎，有孚。維心亨，行有尚。○彖曰：習坎，重險也。○水流而不盈，行險而不失其信。○「維心亨」，乃以剛中也。「行有尚」，往有功也。○天險，不可升也。地險，山川陵也。王公設險以守其國。險之時用大矣哉！

本義：「習，重習也；坎，險陷也。其象爲水陽陷陰中，外虚而中實也。此卦上下皆坎，是爲重險，中實爲有孚、心亨之象，以是而行，必有功矣，故其占如此。」

程傳：「維其心可以亨通者，乃以其剛中也。中實爲有孚之象，至誠之道，何所不通？以剛中之道而行，則可以濟險難而亨通也。以其剛中之才而往則有功，故可嘉尚。若止而不行，則常在險中矣。坎以能行爲功。」

謹按：八純皆習，獨于坎言之者，以其德爲險也。坎，險矣，習則險之又險也。四陰，坎象；二陽，水象。陽剛，源泉也，居中不盈也，盈謂出乎坎外。二、五俱水，由内而外，若水之流，終未離乎坎中也。然在中非虚，行險有常，後坎之流猶是前坎之流也，前坎之行无殊後坎之行也，逝者常逝也，就下者常就下也，信也。此卦辭所謂「有孚」也。「維心亨」緊承「有孚」，占者維有是孚信之心則亨通，而行有尚也。彖傳乃以「剛中」總釋「有孚，心亨」，末節極贊險道之大，亦見行之有尚也。險曰「設」，陰之用也，剛中有孚者，其本也。以陽剛中正之德，發而爲整齊嚴肅之行，論語所謂「内忠信而外厚重」是也。其大者莫如王公之守國，程子云：「山河城池，設險之大端也，若夫尊卑之辨，貴賤之分，明等威異物采，凡所以杜絶陵僭、限隔上下者，皆體險之用也。」

象曰：水洊至，習坎，君子以常德行習教事。

程傳：「坎爲水，水流仍洊而至，兩坎相習，水流仍洊之象也。水自涓滴至於尋丈，至於江海，洊習而不驟者也。其因勢就下，信而有常，故君子觀坎水之象，取其有常，則常久其德，行人之德行，不常則僞也。故當如水之有常，取其洊習相受，則以習熟其教令之事。夫發政行教，必使民熟于聽聞，然後能從，故三令五申之。若驟告未喻，遽責其從，雖嚴刑以驅之，不能也，故當如水之洊習。」

司馬氏曰：「水之流也，習而不已，以成大川；人之學也，習而不止，以成大賢。故君子以常德行，習教事，謂按常德行，習教事，學不厭，誨不倦也。」

初六，習坎，入于坎窞，凶。○象曰：「習坎，入坎，失道凶也。」

本義：「以陰柔居重險之下，其陷益深，故其象占如此。」

謹按：初六在重卦之下，故云「習坎」。窞者，坎中之坎也。

九二，坎有險，求小得。○象曰：「求小得」，未出中也。

謹按：二在險中，險其所自有也，自有之險宜且安之，豈能遽出？求，謂求所以濟險；小得，謂不能大有功也。身處險中而求濟險，做得一分便是一分，若遽求出險，徒取禍敗，何益之有！

陳仁錫曰：「求其小不求其大，原不在大也。涓涓不已，流爲江河，如掘地得泉，不待溢出外然後爲流水也。」

六三，來之坎坎，險且枕，入于坎窞，勿用。○象曰：「來之坎坎」，終无功也。

謹按：「來之」，依傳、義作「求往」。三處上下之間，來而下坎也，往而上亦坎也，上下皆坎，故曰「坎坎」，險之至矣，尚何往哉！且枕藉于險中，以待時可耳。蓋入于坎窞，雖欲用不可得也。象曰「无功」，謂用亦无益。初在習坎之下，三在習坎之中，故俱曰「坎窞」。

六四，樽酒簋貳用缶，納約自牖，終无咎。○象曰：「樽酒簋貳」，剛柔際也。

王氏弼曰：「處重險而履正，以柔居柔，履得其位，以承于五。五亦得位，剛柔各得其所，皆无餘應以相承比。明信顯著，不存外飾，處坎以斯，雖復一樽之酒、二簋之食、瓦缶之器，納此至約，自進于牖乃可。羞之王公，薦之宗廟，故終无咎也。」

崔氏曰：「于重險之時，居多懼之地，比五而承陽，修其潔誠，進其忠信，則終无咎也。」

謹按：「納約」，謂納此至約之物，即上「樽酒貳簋」。「自牖」者，簡便之至，不于庭，不于堂，亦不于户，无拜獻授受之文。蓋剛柔相際，親比而不假文飾，且坎難之時，亦无暇文飾也。凡坎卦多言飲酒，需、困、未濟是也。處險之道，貴忍耐，又貴振刷，酒能緩急迫之情，酒能振柔懦之氣，而鹿鳴、魚麗，先王所以聯上下之交，而合臣主之歡者，未嘗不取于此，是亦「有孚，心亨」之一助也。○又按：六四雖當位，而无濟險之才，仲長統所謂「清慤謹慎，循常習故」者也。程傳泛言大臣正君之道，非四所能及。象傳曰「剛柔際」，謂剛柔之交，浹洽无間，納之於此，受之於彼，如膠投漆、水融乳，一切儀文无所用之。漢世祖謂馮異「倉卒無蔞亭豆粥，滹沱河麥飯，厚意久不報」，曰「倉卒」，險難時也；曰「厚意」，誠悃懇至而形迹不存也，與此爻之義最合。○坎有耳、有腹、有足，樽簋象；坎陽，酒象；互艮，牖象。

九五，坎不盈，衹既平，无咎。○象曰：「坎不盈」，中未大也。

本義：「九五雖在坎中，然以陽剛中正居尊位，而時亦將出矣，故其象占如此。」

謹按：不盈、衹平，一反一正。文法，「盈」是出于坎外，「平」則但平坎畔而已。曰「衹平」，未出坎也；曰「既平」，則出坎有日矣。

上六，係用徽纆，置于叢棘，三歲不得，凶。○象曰：上六失道，凶三歲也。

程傳：「以陰柔而自處極險之地，是其失道也，故其凶至于三歲也。三歲之久，而不得免焉，終凶之辭也。言久有曰十、有曰三，隨其事也。陷于獄至于三歲，久之極也。他卦以年數言者，亦各以其事也，如『三歲不興』、『十年乃字』是也。」

謹按：囚獄之慘，險之至矣。「三歲不得」，謂必待三歲之後，能自悔悟，乃得出也。言三歲之久不得正，望其三歲之後能得也。王弼曰：「囚執置于思過之地，自修三歲，乃可以求復，故曰『三歲不得』。」卦惟初、上二爻最凶，初在重險之下，上則坎險之極也。○又按：程傳謂三年、十年言其久，此論最當。然三與十各有取象，三取一卦三爻之象，十取一卦周而復起一卦之象。設蓍十有八變而成卦，九變而小成，一爻三變，三其三爲九，三爻成而復起一爻爲十也。他卦言「七日」者，亦是此義。數盡于十二，六爻其半也，自本爻起，歷全卦六爻而復于本位爲七，剥而夬，姤而復，更歸于剥、姤是也。七以日言爲速，三與十以年言爲久。又六爲老陰，加一則爲七；九爲老陽，加一則爲十。三則老陽三之一，老陰二之一也，故「七日得與」、「七日來復」，皆言陽，震、既濟謂陽失而復得也；十年俱言陰，屯、頤皆互坤也，三則或陰或陽，无定也。○徽，二股索；纆，三股索。坎爲桎梏，爲蒺蔾，徽象、棘象。

離䷝ 離下離上

離，利貞，亨。畜牝牛，吉。○彖曰：離，麗也。日月麗乎天，百穀草木麗乎土，重明以麗乎正，乃化成天下。○柔麗乎中正，故亨，是以「畜牝牛，吉」也。

本義：「離，麗也。陰麗于陽，其象爲火，體陰而用陽也。物之所麗，貴乎得正。牝牛，柔順之物也，故占者能正則亨，而畜牝牛則吉也。」

吴氏曰：「牛、牝，皆坤象。離，中畫一陰，坤之中畫也，故象牝牛。」

謹按：一陰麗于二陽之間，故名離。彖傳「離，麗也」句釋卦名，「日月麗乎天」四句釋「利貞，亨」，「柔麗乎中正」節釋「畜牝牛，吉」。「重明麗乎正」，謂二、五得中治天下者。明而麗乎正則化成天下，如日月之照麗乎天，百穀草木之華麗乎地，此離之所以貞而亨也。

貞者，乾之剛德。坤順承乎天，以乾之貞爲貞，故曰「利牝馬之貞」。離稟坤德，必麗乎中正乃亨，不然則柔懦无爲，何亨之有乎！卦曰「利貞」，又曰「畜牝牛，吉」者，牛任重行遠，柔而貞者也。柔而貞者，坤之順德也。人之順德，養而後成，故曰畜。順即是貞，柔道以順爲正也。牝牛與牝馬同。坤對乾言，乾爲馬，坤馬之牝也；離對坤言，坤爲牛，離則牛之牝也。離卦可言「利牝牛之貞」，坤卦亦可言「畜牝馬，吉」，各隨文氣之順耳。

象曰：明兩作離，大人以繼明照于四方。

程傳：「若云『兩明』則是二明，不見『繼明』之義，故云『明兩』。明而重兩，謂相繼也。作離明兩而爲離，繼明之義也。震、巽之類，亦取洊隨之義。然離之義尤重也。大人以德言，則聖人以位言，則王者大人觀離明相繼之象，以世繼其明德，照臨于四方。大凡以明相繼，皆繼明也。舉其大者，故以世襲繼照言之。」

謹按：「繼明」者，緝熙光明，日新又新也。「照于四方」，明明德於天下也。

初九，履錯然，敬之，无咎。○象曰：履錯之敬，以辟咎也。

胡氏曰：「錯然，敬之貌。居離之初，如日之初生。于事之初，常錯然警懼以進德修業，所以得免其咎。」

謹按：事之初來，不必真錯也，而畏懼之心，雖易如難，雖簡若紛，故曰「履錯然」，孔子所謂「臨事而懼」是也。「敬之」之字最著力，懼即是敬，而不足以盡敬之義。敬者，整頓精神，專一心志，以我馭事，確有把柄，確有主宰，至是而錯者不錯矣，此則「好謀而成」之謂也。

六二，黄離，元吉。○象曰：「黄離，元吉」，得中道也。

謹按：「黄離」者，離于黄也。二、五皆中，而二獨言「黄」者，黄，坤德也。二臣，五君也。離有分析之義，黄而離，猶坤五之「黄中通理」。

九三，日昃之離，不鼓缶而歌，則大耋之嗟，凶。○象曰：「日昃之離」，何可久也！

梁氏曰：「三居離之中，乃『日昃之離』也。夫持滿定傾，非中正之君子不能。三處日之夕而過剛不中，其志荒矣，故不鼓缶而歌，則大耋之嗟歌也，樂之失常也，其嗟也哀之失常也。哀樂失常，能无凶乎？君子值此之時，則思患之心與樂天之誠並行不悖，歌无暇也，嗟何有乎？」

謹按：小人溺于聲色，耽樂无厭，因而貪生惡死，其憂也，憂不及樂也。憂不及樂，是以汲汲于樂憂之心，即樂之心，非徒興盡悲來已也。「則」字文氣最緊，不樂則憂，不憂則樂，更无不憂不樂之時。象傳「何可久也」，謂歌不可長，嗟復何益？不責之，深于責也。○内互巽，風鼓象；外互兑，口歌象。

九四，突如其來如，焚如，死如，棄如。○象曰：「突如其來如」，无所容也。

謹按：九四居上卦之下，前離方終，後離忽起。又陽剛暴躁，上逼五陰，其象爲突如而來。焚，火焚物也；死而棄火，自死自棄也。

六五，出涕沱若，戚嗟若，吉。○象曰：六五之吉，離王公也。

程傳：「『六五之吉』者，所麗得王公之正位也。據在上之勢而明察事理，畏懼憂虞以持之，所以能吉也。不然，豈能安乎？」

謹按：象傳「離王公」，謂處尊位而能憂勤惕勵，自无不吉。六五重明中興之象，憂勤惕勵之至，國之所以興也。離於王公而「嗟若，吉」，可知爲君之難，而「虎尾」、「春冰」之戒，爲不虚矣。五，王也，兼言公者，見爲君難，爲臣亦不易也。

上九，王用出征，有嘉折首，獲匪其醜，无咎。〇象曰：「王用出征」，以正邦也。

程傳：「王者用此上九之德，明照而剛斷以察，除天下之惡，所以正治其邦國，剛明居上之道也。」

謹按：上九，明之至也，明故能斷，威震而刑不濫，无咎之道也。六五象傳曰「離王公」，謂六居尊位，有邦家之責也。上爻曰「王用出征」，謂六五陰柔，必用上九之威斷以除亂，乃可正邦也。〇又按朱子云：「六二中正，六五中而不正。今言麗乎中正，説六二分數多。」愚謂卦爻所重在中，中可兼正，正不可兼中。傳曰「麗乎正」，又曰「麗乎中正」，俱兼二、五而言。麗乎正者，謂麗所當麗，非當位之謂也。大象「大人以繼明照于四方」，所重在上卦，可知五爲全卦主爻。麗乎尊位，而憂勤惕勵至于涕泣，故能以履錯之敬任事，以牝牛之順畜德。用二以致治，用上以戡亂，而四之凶暴、三之庸劣无所容於世矣。凡小附大、寡附多、虚附實，皆麗也，不能自見而有所寄託以行，故所麗者常包乎其外，而麗之者乃得舉乎其中。陰麗乎陽，實陽之麗乎陰也。明者陽也，非陰也，如蔦蘿之施松柏，其發生蔓衍者，松柏也。人之生也，神麗乎形，形亡則无所謂神矣。以爻畫言，則二、五爲麗乎中正；合全卦六爻而言，則五爲主，而二與上皆麗乎五者也。顔子附驥尾，蕭、曹依末光，得所麗矣。若荀彧之於孟德，陳相之於許行，麗非所麗，遂爲名教之賊，人心之蠹。嗚乎，可不慎哉！

周易傳義合訂卷之六

咸䷞艮下兑上

咸，亨利貞，取女吉○彖曰：咸，感也。○柔上而剛下，二氣感應以相與，止而説，男下女，是以「亨利貞，取女吉」也。○天地感而萬物化生，聖人感人心而天下和平。觀其所感，而天地萬物之情可見矣。

謹按：咸，同也，通也。物生有萬，各不相類，有其通之，則異者同矣。彖傳以「感」釋咸，咸者，无心之感也。張子曰：「萬物本一，故一能合異，故謂之感。」卦變自否來，柔往居上，剛來居三，乾以一畫予坤，坤以一畫予乾，乾、坤交至于三索，交感之至矣。卦象，兑爲澤，艮爲山，山澤通氣，陰陽感應以相與也。卦德，艮止兑説，止而説，以止爲説也；説感也，止則无心矣。又艮少男，兑少女，男下女，禮成而婚合也。相感之道如此，是以「亨利貞，取女吉」也。先儒謂乾有四德，咸得其三，獨言「取女吉」者，相感莫如男女也，取女吉，凡感皆吉可知矣。「天地」以下極言感通之理，天地萬物之情本无私也，故天地、聖人感以无心而萬物化生，天下和平，莫知其然而然也。「感」字與「應」字對，咸則感與應兩相忘矣。「老者安之，少者懷之」，聖人无所爲安之懷之也，老者自安，少者自懷，初不知誰爲安之懷之也。聖人感而萬物應邪？萬物感而聖人應邪？即感即應，即應即感也；感非感，應非應也。咸之時義大矣哉！寂然不動者性，感而遂通者情，天地萬物之情，觀其感而可見矣。又按：下經首咸、恒二卦，備乾、坤之德，故曰「天地萬物之情可見」。或謂咸，感也；恒，久也，澤山之渟峙有定，何以不名恒而名咸？雷風之鼓盪无常，何以不名咸而名恒？以卦德言，動而入，謂之感可也，説而止，謂之久可也；曰感无心也，久不已也，反恒爲咸，不動也，不入也，止而説已耳。卦言「取女吉」，貴專一也，故六爻俱戒躁動。反咸爲恒，不説也，不止也，動而入焉耳。卦言「利攸往」，貴變動也，故六爻俱戒膠固。

象曰：山上有澤，咸，君子以虚受人。

程傳：「澤性潤下，土性受潤，澤在山上而其漸潤通徹，是二物之氣相感通也。君子觀山澤通氣之象，而虚其中以受于人。夫人中虚則能受，實則不能入矣。虚中者，无我也，中无私主，則无感不通。以量而容之，擇合而受之，非聖人有感必通之道也。」

謹按：廓然大公，虚也；物來順應，受也。

初六，咸其拇。○象曰：「咸其拇」，志在外也。

謹按：咸以人身取義，中三陽爲身心，上下三陰爲首足。初在下，拇象也，六以陰柔處卦初，上與四應，其咸也拇也。拇，足大指，雖主于動，而其動甚微，以此感物，其感淺矣，感淺故不言吉凶。○又按：咸爲无心之感，感以无心，故吉。初志外，三志隨人，皆以有心失之；五志末，以无心得之；二之中，猶戒其以理持志；四之正，亦戒其以私致害；上以口説爲感，又在有心之下矣。

朱子語類：「問：『咸内卦艮止也，何以皆説動？』曰：『艮雖是止，然咸有交感之義，都是要動，所以都説動。然纔動便不吉。』」

六二，咸其腓，凶，居吉。○象曰：雖凶，居吉，順不害也。

謹按：二以陰在下，與五爲應，急于感者也。其咸也腓也，腓，足肚，行則先動，以此咸物，躁妄取凶之道也。然二居中得正，能安其居，而守道以待上之求，則吉矣。「順不害」，順謂合于理而不以感害其心也。二、三、四互巽，故云順。害，與「未感害」之「害」同。

九三，咸其股，執其隨，往吝。○象曰：「咸其股」，亦不處也，志在隨人，所執下也。

謹按：三爲艮之主，有所執限而不自進者也。然九自上下于三，本乾體也，又上承四、五二陽，四、五挈之同進，自不能已矣。主艮于下而從進于上，然則所執者何？執于隨四而已。其咸也股也，股本持足而爲足所隨者，然身動則股與俱動，如此而往，不可羞吝乎！

九四，貞吉，悔亡。憧憧往來，朋從爾思。○象曰：「貞吉，悔亡」，未感害也。「憧憧往來」，未光大也。

謹按：四在三陽之中，心之象也，不言咸其心，感无非心也。四不正，故戒以貞。貞者，大公无我，象傳所謂「虚受」是也。朱子云：「憧憧，只是一個忙。」此語形容最切。人止一心，刻刻算計，纔要這樣，又要那樣，方寸之間，往來膠葛，急遽倉皇，茫无頭緒，欲求一刻之暇不可得也。繫傳「天下同歸而殊塗，一致而百慮」，惟同歸故殊塗，惟一致故百慮。若一任意計思量，縱殫精瘁神，而思慮之所不及者多矣。「從爾思」者，惟爾同類之人耳，豈能无不通乎？人心惟至虚至公，故光明廣大，无遠不及，一有私繫，即暗而狹矣，雖有同類之從，從也，非感也。「從爾思」者，此以思往，彼以思來也。

九五，咸其脢，无悔。〇象曰：「咸其脢」，志末也。

本義：「脢，背肉。在心上而相背，不能感物而无私係。九五適當其處，故取其象，而戒占者以能如是，則雖不能感物，而亦可以无悔也。」

程傳：「脢，背肉也。與心相背而所不見也，言能背其私心，感非其所見而説者，則得人君感天下之正而无悔也。」

謹按：九五比上應二，不能无心，故聖人以此勉之。象曰「志末」，謂必如脢乃能无私應之志也。咸脢、艮背，自是兩樣，咸虚而艮止也。

上六，咸其輔頰舌。〇象曰：「咸其輔頰舌」，滕口説也。

程傳：「上陰柔而説體，爲説之主，又居感之極，是其欲感物之極也，故不能以至誠感物，而發見於口舌之間，小人、女子之常態也，豈能動於人乎？不直云『口』而云『輔頰舌』，亦猶今人謂口過曰脣吻、曰頰舌也。輔、頰、舌，皆所用以言也。」

謹按：感貴无心，稍存意見且不可，況任口説乎？曰輔、曰頰、曰舌，口之官竭矣。傳曰「滕口説」，謂喋喋翻翻如風飆水沸，令人驚心動魄。兑爲口舌，上六主兑，又居感極，故有此象。

恒䷟ 巽下震上

恒，亨，无咎，利貞，利有攸往。○彖曰：恒，久也。剛上而柔下，雷風相與，巽而動，剛柔皆應，恒。○「恒，亨，无咎，利貞」，久於其道也，天地之道恒久而不已也。○「利有攸往」，終則有始也。○日月得天而能久照，四時變化而能久成，聖人久於其道而天下化成。觀其所恒，而天地萬物之情可見矣！

程傳：「恒，序卦：『夫婦之道不可以不久也，故受之以恒。恒，久也。』咸夫婦之道，夫婦終身不變者也，故咸之後受之以恒也。咸少男在少女之下，以男下女，是男女交感之義；恒長男在長女之上，男尊女卑，夫婦居室之常道也。論交感之情，則少爲親切；論尊卑之序，則長當謹正，故兑艮爲咸，而震巽爲恒也。男在女上，男動于外，女順于内，人理之常，故爲恒也。又剛上柔下，雷風相與，巽而動，剛柔相應，皆恒之義也。」

謹按：卦自泰來，剛上柔下，尊卑一定之分也；風起雷動，感應一定之機也。動必巽順，常道也；六爻剛柔相應，常理也，故謂之恒。恒之道，可以亨而无咎矣。然久必于正，亦惟正可久，未有不正而能久者也。莫正于天地之道，天地惟正，故能恒久不已，此恒道之所以利于貞也。恒之義有二：不遷也，不息也。遷而之他，非恒；怠而終止，非恒。止不必暴棄，偶有間斷，絶而復續，亦非恒；遷不必改圖，兼營旁騖，志力不專，亦非恒。然恒必以貞，而貞无一定，小人恒于惡，君子恒于善，善固正矣，而非執一以爲善也。夏則葛，冬則裘，恒葛、恒裘，可乎？晝則作，夜則息，恒作、恒息，可乎？方不容易也，苟時勢頓殊，不得不舍此而他適；功不宜間也，而事機偶阻，又當暫置以俟後圖。事終則變，變則復始，有終有始者，无始无終也。此攸往之所以爲貞。利貞，故利往也。日月之往來，四時之代謝，聖人之化成天下，皆此道也。彖傳于日月曰「得天」，四時曰「變化」，互文也。龔氏曰：「『利貞』，久于其道，體常也；『利有攸往』，終則有始，盡變也；體常而後能盡變，盡變亦所以體常。天地萬物所以常久者，以其能盡變也，故曰：『觀其所恒，而天地萬物之情可見矣。』」

象曰：雷風，恒，君子以立不易方。

謹按：「立」與咸象「虚」對，无著之謂。虚有據之謂立，虚則人任來，立則我不往，惟不迎，故不拒，咸、恒原无二道也。

初六，浚恒，貞凶，无攸利。〇象曰：浚恒之凶，始求深也。

謹按：「浚」是用力字，如「浚井」之浚。六在下主巽，巽爲入，其象爲浚。初不可以言恒，初之恒，浚恒也。浚恒者，欲以躐等之功，致恒久之效也。象曰「始求深」，深即恒也，惟恒乃深，不深不可謂恒。爲學而窮神達化，爲治而時雍風動，恒久而致之道也。「始求深」者，欲以深造久道之事致之一旦，勢必進鋭退速，旋作旋輟。浚恒即不恒也，貞固如此，其凶必矣。易言「貞」，兼正、固二義。然有專言正者，卦辭「利貞」是也；有專言固者，爻辭三「貞」字是也。固即恒也。初之貞，恒于浚恒；三之貞，恒于不恒，猶上之以振爲恒也；五之貞，恒于恒也。卦名恒而爻多示人以改悟，所謂「利有攸往」也。

九二，悔亡。〇象曰：「九二，悔亡」，能久中也。

謹按：恒卦六爻皆恒，九恒于二，雖不當位，而得中不當，宜有悔；以得中而悔亡，隨時變易之謂。中恒于中，則非執一以爲恒矣。四傳「久非其位」，兼不正不中言。

九三，不恒其德，或承之羞，貞吝。〇象曰：「不恒其德」，无所容也。

謹按：九三之「不恒」，本義謂「志從于上，不能久于其所」，程傳謂「志在上六，不惟陰陽相應，風復從雷，于恒處而不處」。愚意「不恒」只緣過中。中，常道也，未有不中而能常者，而過中之害又甚于不及，故六爻以三、上爲最劣。貞謂固守，不恒以爲恒，猶之上之「振恒」也。象曰「无所容」，豈惟人不容我，我亦不能自容，羞辱之難受，甚于凶禍也。又按：巽爲進退，三居巽終，德之不恒，非偶一變遷也，其作輟者屢矣。而聖人猶望其悔悟也，故又戒之曰「貞吝」，羞自人承，吝由己生也。

九四，田无禽。〇象曰：久非其位，安得禽也！

謹按：九居四位，不正不中，恒久如此，安所得乎？四位高近君，以不中不正之人，久處高位，素餐碌碌，一无所爲，猶上傳云「大无功也」，故曰「田无禽」。非其位，雖兼不中不正，重在不中。上恒六爻皆「恒久」之「恒」，于二與四不待言也，所異者中與不中耳。中則利有攸往，不中則執而不變矣。又按：四與初應，初求深矣，招之不來，猶姤四之「包无魚」也。坤爲田，泰變爲恒，而坤田之象失矣。震爲塗，互兑爲澤，求禽于塗澤之間，猶緣木求魚也。

六五，恒其德，貞。婦人吉，夫子凶。〇象曰：婦人貞吉，從一而終也；夫子制義，從婦凶也。

謹按：「其德」，謂六之柔德。六以柔順處五位而得中，是其恒也，恒于順也。如此而貞固不變，是以順爲正之婦道耳，故占者「婦人吉，夫子凶」。〇又按：二與五皆中，二中而无悔，五中而爲「夫子凶」者，柔中非剛中也，義者宜也，因事制宜，即象傳所謂「終則有始也」。以義制事，權衡在我，從義不從人，夫子之道也。若婦人從夫，一與之齊，終身弗二，從一以爲義者也。

上六，振恒，凶。〇象曰：振恒在上，大无功也。

謹按：聖人繫爻，俱從本卦起義，咸六爻皆咸，恒六爻皆恒，通易皆然，而恒更多一轉折。蓋卦辭原有「恒久不已」、「利有攸往」兩義，初、三、五爻「貞」字與「往」字對，往則變通，貞則執一也。二傳曰「能久中」，四傳曰「久非其位」，上傳曰「在上」，因爻辭不言「貞」，故特補足其義。震之終爲振恒，震者振也，振動不恒也，在恒之上，是恒于振恒也。

遯䷠ 艮下乾上

遯，亨，小利貞。〇象曰：「遯，亨」，遯而亨也。剛當位而應，與時行也。〇「小利貞」，浸而長也。〇遯之時義大矣哉！

謹按：此卦舊解多誤。悲天憫人者，聖賢不忍斯民之心，當滔滔皆是之時，猶轍環不息，況二陰始長、四陽在位，豈君子不可爲之時乎？遯，謂隱忍遜避，婉轉以求有濟，非引身而退也。求濟而終不濟，何嘗不去？去非翹然高蹈也，孟子三宿而後出晝，猶以爲速，其皇皇救世之苦衷可想而知矣。至如范滂稱郭泰隱不違親，貞不絶俗，與李、杜齊名，而黨禍不及是，又遯中之遯也。婉轉以求有濟，是此卦正義，而去國繾綣、明哲保身之意，亦在其中矣。大象曰「君子以遠小人，不惡而嚴」，「嚴」即卦辭所謂「小利貞」也。小人之勢既已浸長，當思所以正之，正之之道或潛移默化，使之自新；或去其太甚，使不爲大害，如是則小人利，君子亦利矣。若峻厲急迫，使不能容，勢必激而爲禍，程子所謂「新法之行，吾黨激成之」是也。傳曰遯而亨，惟遯乃亨也。九五陽剛中正，不但衆陽輔之，二陰亦與爲正應，剛則有爲，衆應則多助，行之以中正，而不徐不疾，動與時宜，此所謂遯，此所謂遯而亨也。以遯致亨，君子行道濟世之大用，故曰「遯之時義大矣哉」。若一不當意，即飄然遠引，孟子所謂悻悻小丈夫也，可言大乎！○又按：遯，止也。爲卦上乾健而下艮止，大畜傳曰「止健」，遯則健而止矣。健行而止，非不行也，時行而行也。

象曰：天下有山，遯，君子以遠小人，不惡而嚴。

程傳：「天下有山，山下起而乃止，天上進而相違，是遯避之象也，君子觀其象以避遠乎小人。遠小人之道，若以惡聲厲色，適足以致其怨忿，惟在乎矜莊威嚴，使知敬畏，則自然遠矣。」

俞氏琰曰：「君子觀象以遠小人，豈有他哉？不過危行言孫而已。孫其言則不惡，不使之怨也；危其行則有不可犯之嚴，不使之不孫也。此君子遠小人之道也。」

謹按：君子之于小人，絶之則我仇，近之則我狎。不惡而嚴，君子遠小人之道也。觀大象可知遯非隱退之義矣。

初六，遯尾，厲。勿用有攸往。○象曰：遯尾之厲，不往何災也！

蔡伯静曰：「遯，剛退也。以柔居下，見剛遯，亦從而遯。凡從物者必居後，故曰『尾』，不當遯而遯，故『厲』。」

謹按：初雖陰柔而在下无位，小人漸染未深，可與爲善者也。初與四爲正應，四遯矣而初應之，是欲附于遯者之後也，故曰「遯尾」。然君子易事難説，應之未必得其歡心，徒滋小人之忌，豈不厲乎？聖人爲之戒曰「勿用攸往」。但能勉爲正人，便是四之知己，何必往而附之乎？四應初而好遯，故吉；初應四而不往，故无災。當遯之時，能免于災，是即吉也。

六二，執之，用黄牛之革，莫之勝説。〇象曰：執用黄牛，固志也。

王輔嗣曰：「居内處中，爲遯之主。物皆遯，己何以固之？惟有中和厚順之道，可以固而安之也。」

焦弱侯曰：「剥卦陰剥陽也，而取『宫人之寵』以順上；遯卦陰驅陽矣，而取『黄牛之革』以留賢。老氏曰：聖人善救人，是以无棄人。」

謹按：六二柔順中正而與五應，小人和順而未爲惡者也。聖人爲之計曰「君子遯矣，尚其執留之。爾自有中順之道，以此待君子，則可固其志而不去爾矣。」黄，中也；牛，順也；革，所以包物而固之也。〇又按：初、二兩爻，小人也，然初在下而應四，二得中正而應五，此時小人尚未與君子爲難。及其未長而正之，小人皆化爲君子矣。

九三，係遯有疾厲。畜臣妾，吉。〇象曰：係遯之厲，有疾憊也。「畜臣妾，吉」，不可大事也。

謹按：九三與二陰同體，王導所謂「不意近出臣族」是也。身既與俱情，亦係焉矣。不惡而嚴者，遯之道也，係則不惡，并不嚴矣，而君子之心猶自以爲遯也，曰：「吾且懷之以恩，使不我背耳。」夫使小人而可以恩懷，必其爲臣妾而後可，若以待在位漸長之小人，是養奸貽患也。九三有不斷之疾，疾而不去，必至於憊，故曰厲。「大事」，謂遯以濟時事之大者，非係而不斷者。所能任也以遯，爲大事可知，非隱退之義矣。卦爲大巽，二、三、四又互巽，三居互巽、大巽之中，殿爲繩直，爲進退係象。艮少子，臣象。巽長女，妾象。

九四，好遯，君子吉，小人否。○象曰：君子好遯，小人否也。

謹按：九四下與初應，應而能遯，遯而不係，遯之所以好也。蓋九以陽居隱，又下互巽、上互乾，乾則能斷，巽復能順，剛柔兼濟，不惡而嚴者也。好與惡反，不惡故好也。君子如此則吉，非褊急小人所能爲也。「否」字承「好遯」，不承「吉」字，故曰「君子好遯，小人否也」。此小人謂硜硜之君子。

九五，嘉遯，貞吉。○象曰：「嘉遯，貞吉」，以正志也。

謹按：遯以遠小人爲義，故自四至上，一爻勝一爻。九五彖辭所謂「剛當位而應」者也。嘉者，會合衆美之謂。九五居尊，衆陽夾輔二陰，亦洗心滌慮以應之，人君能任用賢臣，則不動聲色而不仁者遠。如姤五之「含章」，陰邪自化，是能以其正正天下之不正也。此貞之所以吉，遯之所以嘉也。象傳曰「嘉遯，貞吉，以正志也」，萬化皆本于君心，君心正則无不正矣。遯六月卦，于時爲夏，於德爲亨，亨斯大矣。卦言「小利貞」，二陰之貞，九五貞之也。

上九，肥遯，无不利。○象曰：「肥遯，无不利」，无所疑也。

謹按：上九不與陰應，去陰復遠乾體，剛斷在卦之外，遯之充大寬裕者也。孟子在齊不受禄，進退綽綽然，斥陳賈之佞，正王驩以禮，其有裨于齊不少矣。象曰「無所疑」，謂見真守定，故能綽有餘裕也。

大壯䷡乾下震上

大壯，利貞。○象曰：大壯，大者壯也。剛以動，故壯。○「大壯，利貞」，大者正也。正大而天地之情可見矣。

謹按：陽長過中爲大壯。陽，大也，長而過中，壯也，大者壯，壯則益大矣。然大者正也，未有不正而可言大者，故曰「利貞」。卦體下乾上震，乾剛不屈于物，欲正也，以乾剛之道動，動以正也，誰得而撓之！此大之所以壯，亦壯之所以大也。彖傳「剛以動」，推明卦才之善，以起下文。

朱子語類：「問：『如何見天地之情？』曰：『正大便見得天地之情。天地只是正大，未嘗有些子邪處。』」

胡氏曰：「心未易見，故疑其辭曰『復其見天地之心乎』，情則可見矣，故直書之。孟子養氣之論自此而出：大者，壯也，即是『其爲氣也至大至剛』；大者，正也，即是『以直養而无害』。」

象曰：雷在天上，大壯，君子以非禮弗履。

謹按：禮者，履也。納身于軌物之中，視、聽、言、動无一毫之非禮，斯肌膚固，筋骸束，莊敬自强之道也。孟子言「浩然之氣」、「集義所生」，亦即此意。

初九，壯于趾，征凶，有孚。○象曰：「壯于趾」，其孚窮也。

程傳：「初陽剛乾體而處下，壯於進者也。在下而用壯，壯于趾也。趾在下而進動之物，九在下用壯而不得其中。夫以剛處壯，雖居上猶不可行，況在下乎？故征則其凶有孚。孚，信也，謂以壯往，則得凶可必也。」

謹按：壯趾之凶，以凶爲壯也，其凶也其孚也。荊軻易水歌曰：「壯士一去不復還。」彼以爲還而後去，非壯士也，故樂得不還而甘心焉，此暴虎馮河之勇，亦匹婦匹夫之諒，其窮也非壯之故，孚之故也。卦言大壯而爻義皆貴用柔，故陽居陰位吉，陽居陽位凶。

九二，貞吉。○象曰：「九二，貞吉」，以中也。

謹按：當大壯之時，以剛處柔而得中，剛而不過，傳所謂「大者正也」，故其占爲貞吉。九四亦以剛處柔而「悔亡」之戒者，二中而四不中，其德異也；二之時未甚壯，四則壯之至，其時又異也。

九三，小人用壯，君子用罔，貞厲。羝羊觸藩，羸其角。○象曰：「小人用壯」，君子罔也。

謹按：九三過剛不中，當壯時而用其壯者也。用壯於壯時，何嘗非貞？然不免觸藩、羸角之厲矣。又言「君子用罔」者，明用壯之爲小人也。不曰「罔用」而曰「用罔」，嫌於不用剛而或用柔。君子順理而行，剛柔俱无所用也。若小人以剛處壯，敢作敢爲，事未嘗不是，而激昂太過，滅裂鹵莽，所傷實多，此由涵養未到，氣質用事，猶夬三之「壯于頄」也，比之用罔之君子，不啻牀上下之别矣。夬三爻曰君子獨行遇雨，則壯頄之爲小人可知矣。三重剛，羝羊象；承四，觸藩象；互兑，羸角象。

九四，貞吉，悔亡。藩決不羸，壯于大輿之輹。○象曰：「藩決不羸」，尚往也。

謹按：二、四皆以剛處柔，其占「貞吉」一也。然四壯極而不中，不免有悔，必貞吉而後悔可亡也。三承四陽，故曰觸藩，四之藩陰也決矣，四之決五猶夬之決上也。「壯于大輿之輹」，申上「不羸」意。高大之車輪輻强壯，壯于進者也，九四承陰，故不嫌其進。〇乾，大輿象；震，木輹象；震乘乾而壯在四，壯于大輿之輹象。

六五，喪羊于易，无悔。〇象曰：「喪羊于易」，位不當也。

謹按：五陽位也，當大壯之時，以六陰居之，暫寄焉耳。「于易」，言容易也。大壯進而爲夬，瞬息間事耳。羊謂五位，雖爲六所有，終必失之，謂將變爲陽爻也，變則无悔矣。舊解與象傳不合。

上六，羝羊觸藩，不能退，不能遂，无攸利，艱則吉。〇象曰：「不能退，不能遂」，不詳也。「艱則吉」，咎不長也。

謹按：「羝羊」謂九三。上與三應者也，三觸藩而上，婚媾邪？寇邪？退之不能，欲與合則隔于四、五而不得遂，何所利哉？然艱貞如此，則亦吉矣。象曰「不詳」，「詳」當爲「祥」，「咎不長」，謂當變也。上變則爲火天大有矣，先儒以兑爲羊，卦爲大兑，五、上俱取此象。然易言「刲羊」、「牽羊」，俱指陽言，不應此獨異也。

晉䷢ 坤下離上

晉，康侯用錫馬蕃庶，晝日三接。○彖曰：晉，進也。○明出地上，順而麗乎大明，柔進而上行，是以「康侯用錫馬蕃庶，晝日三接」也。

謹按：卦自觀來，六柔進居五位，爲一卦之主，故卦名晉。晉者，進也。卦體上離下坤，明出地上，進而益盛也。卦德上明下順，忠順而麗乎大明之時，進而得行其道也。柔進而上行者，侯也；明出地上，順而麗乎明者，侯之得時得君以康其國也。占者能如卦才之善，則用康時之功，膺錫予晉接之隆遇而无愧也。卦象有山、有川，有土地、甲兵、彤弓、旅矢，有賦、有社、有廟、有衆，主之者侯也。大明涖衆，康侯象；坤衆，蕃庶象；離，日象；位地之中，晝日象；離三爻，日三象；明順相際，晉接象。

象曰：明出地上，晉，君子以自昭明德。

謹按：日初出地，風霾頓息，雲翳盡斂，天心來復，物欲退聽之象也。因而明之，以止于至善，而復其全體，斯明德明而民可新矣。

初六，晉如摧如，貞吉。罔孚，裕无咎。○象曰：「晉如摧如」，獨行正也。「裕无咎」，未受命也。

本義：「以陰居下，應不中正，欲進見摧之象。占者如是而能守正，則吉。設不爲人所信，亦當處以寬裕，則无咎也。」

謹按：進退，大節所關，況初六在下，進身之始，尤不可苟。士君子秉禮度義，難進易退，雖悲憫迫于懷，而抱道守貞，優游自得，若將終身。貞也，即裕也，惟貞乃能裕，亦惟裕始可貞。貞而不裕，硜硜耳，悻悻耳。若孔子之「待賈」，孟子之「綽綽」，其貞而裕之謂歟？○又按：「晉如摧如」，謂欲進而畏摧也，摧不必折辱，稍有屈節即是摧，此初六所以守正而不進也。象曰「未受命」，謂不爲命所困，命自窮而志自伸也。

六二，晉如愁如，貞吉。受茲介福，于其王母。○象曰：「受茲介福」，以中正也。

本義：「六二中正，上无應援，故欲進而愁。占者如是而能守正則吉，而受福于王母也。王母指六五，蓋亨先妣之吉。占而凡以陰居尊者，皆其類也。」

謹按：「愁如」與初爻「摧如」同。君子未嘗不欲進，而遲回審慎，一若以進爲愁苦。而退然自沮者，蓋五皆陰爻，非正應，故二欲進，復却而「晉如愁如」也。然雖非正應，而位皆得中，二能守其中正之道，則中與中相孚，五必爲之應援，故曰受福于王母。康侯有慶，寮佐偏裨皆得樹立功名，以享錫命之榮。汾陽部曲多名將，若僕固懷恩輩不貞而凶者也。

六三，衆允，悔亡。○象曰：衆允之志，上行也。

本義：「三不中正，宜有悔者，以其與下二陰皆欲上進，是以爲衆所信而悔亡也。」

謹按：坤三爻皆順乎明者也，三尤近離。其上行在前，而二、初隨之，三爻之志同也。

九四，晉如鼫鼠，貞厲。○象曰：「鼫鼠，貞厲」，位不當也。

謹按：卦自觀來，六進居五，功隆望重，享錫命晉接之榮。九退居四，才不當位，尸位素餐，自顧已不能安，而初、二、三爻復奮起而彙進於下，惟恐見奪，貪而畏人如鼫鼠然，貞固守此，其危可知。艮爲黔喙之屬，内互艮，鼫鼠象；外互坎，盜象；鼠以晝伏，不以晝進，四互艮爲坎，鼠竊高位而上承大明之主，「晉如鼫鼠」象。

六五，悔亡，失得勿恤。往吉，无不利。○象曰：「失得，勿恤」，往有慶也。

本義：「以陰居陽，宜有悔矣。以大明在上，而下皆順從，故占者得之則其悔亡。又一切去其計功謀利之心，則往吉而无不利也。然亦必有其德，乃應其占耳。」

謹按：六五，康侯也，而爻多戒辭。功高寵厚，未易居也。曰「悔亡」，惟恐其有悔也；曰「勿恤」，惟恐其恤也，惟勿恤乃悔亡也。彼伐功而亢，恃寵而驕者，小人之所爲，何足爲六五慮？惟是保全身名之念重，或以疑畏而損其忠，或以退辭而倦于勤，退避則不往，疑畏雖往无利矣。失得關心，悔吝隨之，可不戒歟！爻曰「往」也、「勿恤」也，象曰「往有慶也」，又何恤之有？

上九，晉其角，維用伐邑，厲吉，无咎，貞吝。○象曰：「維用伐邑」，道未光也。

謹按：角剛而居上，上九剛進之極，躁急失中之甚者也，若此者何所用之？維用以自治，庶雖厲亦吉，可无咎耳。然以陽剛之才止用自治，貞固守此，不免羞吝。○又按：晉卦與坤義同。坤，地道也，臣道也，離得坤之中畫，爲坤之嫡脈。離二爻曰「黄離」，即坤五之「黄中通理」也。坤卦泛言地道、臣道，坤遇離則大地陽春發生，臣子功成，寵錫時矣。故卦以柔爲主，六爻四陰皆吉，而四、上二陽，雖貞亦厲而吝也。

明夷☷☲離下坤上

明夷，利艱貞。○彖曰：明入地中，明夷。○内文明而外柔順，以蒙大難，文王以之。○「利艱貞」，晦其明也。内難而能正其志，箕子以之。

謹按：卦自臨來。二上三下，内卦變兑爲離。離，明也。上卦坤陰，夷明者也。離明爲坤陰所掩，其象爲明入地中，故曰明夷。卦德内文明而外柔順，寓明於順，人但見其順，不見其明，一若以順蔑其明者。此道也，文王以之蒙大難矣。卦辭「利艱貞」，謂當明夷之時，不可自炫其明，明而用晦，即以晦爲明，而後夷可免，明可保也。此道也，箕子曾以之當内難矣。觀文王與箕子，而卦義、卦辭顯然矣。内明外順，即是晦其明。文王亦可言晦明，箕子亦可言外順，彖傳但隨舉其一耳。六爻初與三爲陽明，二同體二陽，雖陰亦明，上三爻皆暗也。舊解因五爻言箕子，遂以上爲紂，初爲夷、齊，二爲文王，三爲武王，四爲微子。竊意六十四卦皆以五爲君，五不爲君，則六爻无君象，未有以五爲臣，上爲君者。此卦六五本君象，箕子王叔，休戚一體，故爻辭不言君而言箕子。箕子之夷，即紂之夷也。至卦傳引箕子，乃釋全卦，彖辭非爲六五一爻言之也。或云上爻謂飛廉、惡來之徒，然爻曰「登于天」，傳曰「照四國」，則非臣子之象可知，蓋以上爻終五爻之義也。

象曰：明入地中，明夷，君子以涖衆，用晦而明。

孔氏穎達曰：「冕旒垂目，黈纊塞耳，无爲清静，民化不欺。若運其聰明，顯其智慧，民即逃其密綱，姦詐愈生，豈非藏明用晦反得其明也！」

吕東萊曰：「用晦而明者，君子養明之道，不有虞淵之入焉，有暘谷之升。」

謹按：黄、老之清静，晦而不明也；申、韓之苛察，明而不晦也。不剛不柔，敷政優優，君子用晦而明之道歟！晉象自昭明德，自新也；明夷用晦而明，新民也。

初九，明夷于飛，垂其翼。君子于行，三日不食，有攸往。主人有言。○象曰：「君子于行」，義不食也。

謹按：陽剛不安於下，飛而上進者也。飛而夷，則垂其翼矣。離，鳥象，初與三爲鳥翼。君子抱道而來，志切匡世，不合而去，行矣。窮途羈旅，更無飯王孫之漂母；望門投止，安得張儉之孔融？君子至此，困已極矣。然吾守吾義，不敢枉道以求合也。當明夷之始，見幾而作，衆人不識也，故「主人有言」。陽剛在下而志行，雖傷由自取，然見幾明決，終能以義自守，故其象占如此。二承互震，行象；離空腹，不食象；離三爻，三日不食象；乾、離同宫，主人象。

六二，明夷，夷于左股，用拯馬壯，吉。○象曰：六二之吉，順以則也。

謹按：二爲明主，柔順中正，故受夷而能拯。二與三皆股肱之臣，二陰柔不如三之陽剛有爲，猶人之左股不若右之便于用也。夷及左股，不可不拯，夷僅分于左股，猶可及。「馬壯」謂三，九三陽剛有爲，二託之以拯則順而則矣。錢氏曰：「救禍莫若順，順不以則，苟且幸免而已。」惟柔故能順，惟内文明，故不失其則。臨下卦爲倒巽，臨變爲明夷。夷，股象；坎水陷離，用拯象；三、四、五夷震，馬壯象；出震則見，入地則陷，用拯馬壯象。

九三，明夷于南狩，得其大首，不可疾貞。○象曰：南狩之志，乃大得也。

謹按：以剛居剛，又在離明之上，二爻所謂「馬壯」也。坤爲田狩，所以去田害也。九三雖夷其明，而志切匡君，南狩以除君害，所謂「拯用馬壯」也。「得大首」，謂去其太甚，惡黨如崇如密，惡政如炮烙、剖剔之類。得，謂伐而去之也。止去其太甚，若狩者得其大首，即止若欲盡去而歸于正，須待徐圖，未可亟也。象曰「乃大得」，謂志在得大首而已。又按：南狩而得大首，厥功著矣，而明之夷亦于是者，不貞不可謂文明也。

六四，入于左腹，獲明夷之心，于出門庭。〇象曰：「入于左腹」，獲心意也。

謹按：「入于左腹」，言四之位近于五也。四坤體，坤爲腹，五腹中，四則腹之左也。當明夷之時，「入于左腹」，危矣哉！猶幸可以去也，去非忘國，將以悟君也，君悟則社稷可保，身雖夷而心則獲矣，故曰「獲明夷之心，于出門庭」。六四柔順得正，故受夷而能獲其心，與初九之守義而去不同。「出」、「入」二字意相承，謂入于左腹，猶可出于門庭，出不必果能悟君，但欲求獲其心意，不得不如是耳。時論曰：「坤爲腹，醫書謂心在左腹，明夷之心，紂之心也。出門庭，微子之去也，蓋入其腹而得其心，故舍而決去也。」此論亦通。四，心位，腹心象；互震爲倒艮，門象；自内而外，出門象。

六五，箕子之明夷，利貞。〇象曰：箕子之貞，明不可息也。

謹按：六五居尊位而爲夷主，无不夷而因以自夷者也。箕子，王室至親，宗廟社稷與君共之。箕子之明夷，國事尚可問乎？然于箕子固无傷也，箕子之明不可息也。明可夷而不可息，惟其貞耳。占得此爻者，君能貞則雖闇必明，臣能貞則夷而不失其明。五爲主爻，故占辭與卦同。

上六，不明晦，初登于天，後入于地。○象曰：「初登于天」，照四國也。「後入于地」，失則也。

謹按：「不明晦」，謂不明而晦也。天道晝夜循環，上六則長夜矣，此亦以上爻終五爻之義。五，君位也，爻辭不言君道而言箕子之明夷，以箕子之聖而受夷，其君可知矣。因于上爻極言君德之昏暗，以見其終歸於傷夷之甚也。

家人䷤ 離下巽上

家人，利女貞。○象曰：家人，女正位乎内，男正位乎外。男女正，天地之大義也。○家人有嚴君焉，父母之謂也。○父父子子，兄兄弟弟，夫夫婦婦，而家道正。正家而天下定矣。

謹按：家人謂一家之人。男有室，女有家，不曰「室」而曰「家」，重在女也。爲卦上巽下離，皆女象，故曰「利女貞」。最難正者女，女貞則男之貞可知矣。象傳「男正位乎外」，謂九五；「女正位乎内」，謂六二。二、五得中且正，傳不言「中」者，得位乎内外，中可知也。中正者，天地之大義，天地以中正爲萬物之父母，男女以中正爲一家之父母，亦即爲一家之嚴君。國有君，主治一國；家有君，主治一家。家者，國之本，父母正而一家父子、夫婦、兄弟皆正。定國之道不外是矣。父子兄弟只泛説，不必指定何爻。○又按：父母曰君，治家如治國也。

曰「嚴君」，即上九所謂「威如」也。母亦云「嚴」者，諺云「慈母養驕子」，若上谷郡君之教程子，跬步必謹，斯不愧嚴君之義矣！

象曰：風自火出，家人，君子以言有物而行有恒。

謹按：庸德之行，庸言之謹，君子所以修其身而施于有政也。

初九，閑有家，悔亡。○象曰：「閑有家」，志未變也。

本義：「初九以陽剛處有家之始，能防閑之，其悔亡矣。戒占者當如是也。」

謹按：卦自遯來，六上而九下。當其爲遯，下艮也，艮爲門，九下横而門塞矣，故曰「閑」。「閑」字從門從木，木所以塞門也。門何以塞？女在中也。離兩剛對峙，一柔在中，九自遯下，初之閑，二之在中，兩象俱見矣。禮曰「深宫固門」，初九之謂也。向使關鍵不密，内外罔别，是市門也，非家也，閑而後得有其家矣。然閑者，閑於未然也，婦教初來，謂其未變也。初居家人之始，故有此象。

六二，无攸遂，在中饋，貞吉。○象曰：六二之吉，順以巽也。

謹按：六二得中而正，與五爲正應，女正位乎内者也。「遂」者，專擅自遂也。妻道无成，何遂之有？惟在閨中主饋而已。○又按：六二離體，離畜牝牛，順之至也，順故「无攸遂」。上卦爲巽，巽之德入，爲能審察周詳，慎之又慎，以此主饋在中，閨門整肅而家正矣。一爻而備全卦之德，故曰「順以巽」，傳所謂「女正位乎内」，卦辭所謂「女貞」也。鄭氏謂卦體離上互坎，飪饋之象也。

九三，家人嗃嗃，悔厲吉。婦子嘻嘻，終吝。○象曰：「家人嗃嗃」，未失也。「婦子嘻嘻」，失家節也。

謹按：九三過剛不中，難於持久者也。離三爻「不鼓缶而歌則大耋之嗟」，忽嗟忽歌，離之本性然也。此爻又在兩離之間，互二、四爲坎，火烈水懦兼而有之，是故時而呵叱嗃嗃也，時而笑謔嘻嘻也。吉厲悔吝，得失參半。吉而悔厲，但无失耳，猶未爲得，況失節而吝乎？

六四，富家，大吉。○象曰：「富家，大吉」，順在位也。

謹按：六四柔而當位，順之至矣。福者，順也，富爲五福之一，言富則壽、康、寧可知矣。

婦人不能斂而能積，四在兩卦之間，其藏也深，故積也多。巽近利，四擅之矣。〇又按：六二正位乎内，六四順在位，四之不及二者在中也。比之於人，二爲女主，四則幹家冢婦也。

九五，王假有家，勿恤，吉。〇象曰：「王假有家」，交相愛也。

謹按：九五陽剛而居尊位，「正位乎外」者也。「假」，謂感格九五以君天下之道。君一家盛德至善，所以刑于一家者至矣。一家之人莫不化而爲孝弟慈愛，上下内外各得其所，家正而國定矣，夫何恤哉！吉之至矣。象曰「交相愛」，仁至而義自盡也，固非「嘻嘻」，亦无俟「嗃嗃」，四之富，初之閑，不足道矣。

上九，有孚威如，終吉。〇象曰：威如之吉，反身之謂也。

王氏曰：「家人之終，家道成也，故極言齊家久遠之道。齊家之道，以誠爲本，以嚴爲用，故卦終以孚、威二者言之。」

謹按：「有孚威如」謂九五，上九卦之終，家人之道至此而成也。孚即假也，假則藹然可親者亦儼然可畏矣。「反身」者，凡所以教家之道，宜反而求之身，詩所謂「其儀不忒」是也。聖人恐人以峻厲爲威，故特明其所謂撓萬物者，莫如風巽上。地高位尊，威如象。

睽☲☱ 兑下離上

睽，小事吉。〇彖曰：睽，火動而上，澤動而下。二女同居，其志不同行。〇説而麗乎明，柔進而上行，得中而應乎剛，是以「小事吉」。〇天地睽而其事同也，男女睽而其志通也，萬物睽而其事類也。睽之時用大矣哉！

謹按：上火下澤，水火不相入，二女各有歸，此卦之所以名睽也。卦德上明下説，説與明相麗也。卦變自中孚，四柔進而居五，柔上行而得中也，而二又以剛而應乎五，柔得陽剛之助，可以有爲也。卦有合睽之才，是以吉也；以柔爲主，故曰「小事吉」。睽之時可小事，不可大事，其勢然也。興大利，除大害，爲國家百年必世之謀，必人心浹洽，上下一德一心，然後可爲。若獨排衆議，孤行己意，事未成而禍已及矣。即有一二人意見不合，亦不免疑忌阻隔之患，此睽之所以不可大事也。小事則隨時隨分，委曲婉轉，以求有濟，人不我撓，事可有成也，吉也。先儒以小事爲用柔，合之爻辭「勿逐」、「遇巷」、「噬膚」之義允合。然既云小事，自當指事之小者，且舍大而言小，其爲用柔不用剛，不待言矣。聖人之意，非謂大事可不爲也，事之大者，人情之所必争，若夫小事，吾善爲之則爲之矣，人不我争也。爲其小也，迨事成而獲吉，我所是者真是矣。一事然，事事无不然，久之而人知吾意无他，斯信之矣，信則暌者合，合而後大事則圖也。「天地」一段，極言同異之理，而示人以用暌之道也。天下事有一必有兩，天地也，夫婦也，牝牡雌雄也，暌也。然天與地配，男與女配，雌與雄、牝與牡配，未有合而不于暌者也。以暌爲合，必有所以用其暌者，非苟而已也。先之以臨、復，而後天地泰，將之以媒幣而後夫婦成，以及君臣之遇、朋友之交，莫不有委曲煩重之道焉。卦辭曰「小事吉」，暌之小吉，即合之大用也。天地萬物言事、男女言志者，天地无心而二氣成能，萬物无知而方以類聚。若人則秉天地之性，爲萬物之靈，倫類相接之間，所以爲同、爲異者，惟其志也。

象曰：上火下澤，暌，君子以同而異。

謹按：同生於異，不異何以有同？君子於異中求同，亦即於同中求異。萬物一體，同也；親親而仁民，仁民而愛物，同而異也。

初九，悔亡。喪馬勿逐，自復。見惡人，无咎。○象曰：「見惡人」，以辟咎也。

謹按：六爻惟初、四非正應，四爻曰「暌孤，遇元夫，交孚」，元夫即初也，四孤，初亦孤，至相遇而交孚，孤者不孤矣。卦變自中孚，中孚之四柔，初所應也，自柔進上行而所應失矣。四往而初不與之俱往，「喪馬勿逐」也。馬駕、車驂服俱兩，故數馬稱匹，一牝一牡匹也，牝牡同亦匹也，故中孚四爻絶三而應五，曰「馬匹亡」。陰陽配合之匹喪，而同類之匹來，猶是馬也，是「勿逐，自復」也。當睽異之時，待人接物過于嚴峻，取咎之道也。故不但常人不可拒，即惡人亦不妨於見。初九陽剛得正而處下，二以上皆不當位，聖人慮其岸異絶物以鼓禍也，故以此勉之。孔子當春秋之時，不欲與丈人、沮溺偕隱，故公山可往，陽貨可見，非得已也，以避咎耳。當睽之始，不可以求遽合，不得不委曲以求自全。然辟咎即所以合睽，仇怨解則感化易，非宋時調停之説也。若東漢黨人自負氣節，卒致亡身誤國，闇于此爻之義矣。「喪馬」，悔也；「勿逐，自復」，悔亡也。不幸而遇惡人，悔也；見之而无咎，悔亡也。君子不求同，故「喪馬勿逐」，不立異，故惡人可見。處睽之道盡于此矣。

九二，遇主于巷，无咎。○象曰：「遇主于巷」，未失道也。

謹按：九二與五爲正應，當睽之時，必有阻而間之者。孤蹤萬里，无由自達，操心危、慮患深，動輒見咎，敢言遇哉！然九二以陽剛得中而應乎五，忠誠懇切，其所素具也。苟能婉轉委曲以達其誠，則亦无有不遇者矣，故曰「遇主于巷」。巷者，委曲之途，然非邪徑也，道也。程子云：「以善道婉轉將就使合，非枉己屈道也。」〇坎、兑同宫，坎主象；離，巷象；互坎在二離之中，「遇主于巷」象。

六三，見輿曳，其牛掣，其人天且劓，无初有終。〇象曰：「見輿曳」，位不當也。「无初有終」，遇剛也。

謹按：六三與上爲正應，然位在二剛之間，下互離，上互坎，離爲牛，坎爲車，後則車曳，前則牛掣，不能遂其進矣，乃六三犯難前進，故有「天且劓」之傷。兑爲毁折，三主兑，缺陷在上，天且劓象。二、四皆與三爲難，而四爲甚，人之受困至此，尚何遇合之望哉！然邪不勝正，自守以道，无睽而不合之理。「无初有終」，謂初睽終遇也。象曰「遇剛」，謂始困於二剛、四剛，終遇上剛也。〇又按：上爻「見豕負塗」，上見三也，三爻之「見輿曳」，誰見之？曰：亦上之見之也。「見豕負塗」者，見生于疑；「見輿曳」者，疑釋于見也。

九四，睽孤，遇元夫。交孚，厲无咎。〇象曰：「交孚，无咎」，志行也。

本義：「『睽孤』，謂无應；『遇元夫』，謂得初九；『交孚』，謂同德相信。然當睽時，故必危厲，乃得无咎。占者亦如是也。」

謹按：睽之故，由於不孚，不孚則疑，疑斯睽矣。中孚則豚魚可格也，故合睽之道，莫如交孚。中孚變睽，由四以柔易剛，故於四爻發合睽之義。上居卦終，信終益固，疑終必釋，故於上爻發「疑亡」之義。象曰「志行」，謂初、四同有陽剛之德，同志于行也。二女志不同行，故睽；此志同行，故孚。

六五，悔亡。厥宗噬膚，往何咎？○象曰：「厥宗噬膚」，往有慶也。

本義：「以陰居陽，悔也；居中得應，故能亡之。『厥宗』，指九二；『噬膚』，言易合。六五有柔中之德，故其象占如是。」

謹按：六五，象傳所謂「柔進上行，得中應剛」者也，故有「噬膚」之慶。卦易九二爲陰，則爲噬嗑，噬嗑二爻曰「噬膚」，言去閒之易也；睽六五亦曰「噬膚」，謂合睽之易也。就本卦言，二以五爲主；自卦變言，五以二爲宗。

上九，睽孤，見豕負塗，載鬼一車。先張之弧，後説之弧。匪寇婚媾，往遇雨則吉。○象曰：遇雨之吉，群疑亡也。

謹按：上「睽孤」，上自取也，未有猜疑而不畔離者也。六三與上爲正應，而爲二剛所制，上疑三之比于二剛也，豕邪？負塗邪？載車者鬼邪？張弧而射，疑之至也，久之而群疑釋，豕塗、車鬼之見亡矣，匪寇也，婚媾也。往矣，遇而雨矣，何吉如之！人心不測，皆起于疑，疑之象，變幻支離，千奇百怪，无所不有，故曰群。合睽之道，无過開誠布公，咸象所謂「虚能受人」是也。〇三、四、五互坎，豕象，弧象，寇象；二、三、四、五互離，見象，車象，張弧象；兑，巫鬼象，説弧象。

周易傳義合訂卷之七

蹇䷦ 艮下坎上

蹇，利西南，不利東北。利見大人，貞吉。〇彖曰：蹇，難也，險在前也。見險而能止，知矣哉！〇「蹇，利西南」，往得中也；「不利東北」，其道窮也；「利見大人」，往有功也。當位貞吉，以正邦也。蹇之時用大矣哉！

本義：「蹇，難也，足不能進，行之難也。爲卦艮下坎上，見險而止，故爲蹇。西南平易，東北險阻。又，艮，方也。方在蹇中，不宜走險。又卦自小過而來，陽進則往，居五而得中，退則入於艮而不進，故其占曰『利西南，不利東北』。當蹇之時，必見大人，然後可以濟難，又必守正，然後得吉。而卦之九五剛健中正，有大人之象。自二以上五爻皆得正位，則又貞之義也，故其占又曰『利見大人』。貞吉，蓋見險者貴於能止，而又不可終於止；處險者利於進，而不可失其正也。」

謹按：爲卦上坎下艮，上險下止，止於險，蹇也，險而止，又知也。知其爲蹇而蹇之，蹇可濟矣。文圖坤居西南，艮居東北。卦自升來，升上卦爲坤，九往居坤之二而得中，故利六來居巽之二，內卦變巽爲艮，艮止則道窮，窮則不利。九五，大人也，大人利于見，往即見也。九往居五而有功，得中即其功也。爻當其位之謂貞，自九往六來而諸爻皆得其正，是正身以正邦也，邦正則吉矣。此夫子以卦變釋卦辭，蓋卦有濟蹇之才，故其占利西南、不利東北。西南喻平易，君子居易以俟命也；東北喻險阻，小人行險以徼倖也。非弘才不能定難，非守正不能涉險，故又利于大人之見，而能貞則吉也。用蹇難以致大治，故贊其時用之大。

象曰：上有水，蹇，君子以反身修德。

程傳：「山之峻阻，上復有水，坎水爲險陷之象，上下險阻，故爲蹇也。君子觀蹇難之象而以反身修德，君子之遇艱阻，必反求諸己而益自修，孟子曰：『行有不得者，皆反求諸己。』故遇艱蹇，必自省於身有失而致之乎？是反身也。有所未善則改之，无歉於心則加勉，乃自修其德也，君子修德以俟時而已。」

項氏安世曰：「反身象艮之背，修德象坎之勞。」

謹按：反身修德，用蹇之道也，不能前故反，反而後可前。

初六，往蹇，來譽。○象曰：「往蹇，來譽」，宜待也。

謹按：艮爲足，初在下，足履地象。當蹇之時，往則足不能前而蹇矣，不往則來，來非忘世也。畎畝躬耕，尊德樂義，雖不求聞達而望重蒼生，席珍以待，不患不爲世用也。初六窮而在下，聖人慮其躁進也，故戒其往而慰其來。

六二，王臣蹇蹇，匪躬之故。○象曰：「王臣蹇蹇」，終无尤也。

謹按：二居中得正，上與九五爲應，大臣懷納溝之恥，以天下自任者也，故曰「王臣蹇蹇」。蹇蹇者，蹇其蹇也。五，王也；二，臣也。臣者，王之臣；王者，臣之王。王以天下之蹇爲蹇，臣以王之蹇爲蹇，即以王之蹇、天下之蹇爲臣一身之蹇。若謂此蹇也，非天下之蹇，亦非王之蹇，吾身之蹇也。吾之蹇此蹇者，爲王乎，爲天下乎？爲吾身也。吾何身？吾之身，王之身，天下之身也。爻曰「匪躬之故」，謂不自有其躬，故能躬天下之重。象曰「无尤」，謂无所歸咎。凡蹇難之來，有所由致入致之，而我治之稍存尤人之思，蹇不可得而濟矣。晉王導諸公歎神州之陸沉，歸罪王夷甫，諸人皆置身事外者也。六自五下居二而爲艮，甘心窮阨以成九五之尊，故曰「匪躬」。

九三，往蹇，來反。〇象曰：「往蹇，來反」，内喜之也。

程傳：「九三以剛居正，處下體之上，當蹇之時，在下者皆柔，必依於三，是爲下所附者也。三與上爲正應，上陰柔而无位，不足以爲援，故上往則蹇也。來，下來也；反，還歸也。三爲下二陰所喜，故來爲反其所也，稍安之地也。」

謹按：三在下卦之上，爲艮之主，傳所謂止而知也。漢之竇融、宋之錢鏐，綏輯一方，以待承平，得九三之義矣。

六四，往蹇，來連。〇象曰：「往蹇，來連」，當位實也。

謹按：「往蹇來連」者，以來爲往也。六四上比五，下比三，居近君之位，以人事君之大臣也。連者，連三于五也。」

歸震川曰：「連桓公、管仲之交者，鮑子也；連簡公、子産之交者，子皮也。蓋九三主艮，見險而止，又來反而下就二、初，必待四之汲引而後止者動，反者前也。六四雖當位而陰虚，無濟險之才，來連則虚者實矣，故曰『當位實』也。」

九五，大蹇，朋來。○象曰：「大蹇，朋來」，以中節也。

謹按：九五，濟蹇之大人也。人大，蹇亦大，以天下之蹇爲蹇也。朋謂六二，二來則連茹彙征，諸爻皆進矣。彖傳曰「往有功」，五何往？以二之來爲往也。爲天下得人難，朋來而五之事畢矣。象曰「中節」，謂治蹇於可治之日，及時中節也。

上六，往蹇，來碩，吉。利見大人。○象曰：「往蹇，來碩」，志在内也。「利見大人」，以從貴也。

本義：「已在卦極，往无所之，益以蹇耳。來就九五，與之濟蹇，則有碩大之功。大人指九五，曉占者宜如是也。」

謹按：上何所往，來則内託于五，可成碩大之功，此蹇極而濟之時也。傳云「從貴」者，恐人不知大人爲指九五也。

解䷧ 坎下震上

解，利西南，无所往，其來復，吉。有攸往，夙吉。○彖曰：解，險以動，動而免乎險，解。○「解，利西南」，往得衆也。「其來復，吉」，乃得中也。「有攸往，夙吉」，往有功也。○天地解而雷雨

作，雷雨作而百果草木皆甲坼。解之時大矣哉！

謹按：爲卦上震下坎，動于險，險斯解矣。卦自升來，三上而四下，升之上卦爲坤，坤位西南，三往居坤，往而利也。何以利？坤爲衆，震爲侯，剛往坤初爲震主，往得衆也。二陽皆主解者，四自三往，二則來復，復者无所往也，往者有攸往也。无所往者以不往爲吉，有攸往者以速往爲吉。不往之吉，二乃得中也。禍亂既除，安静而不事煩擾，不中者不能也。往之吉，三往得衆而有功也，有功即指得衆，利西南，如漢祖入關，除秦苛法，何等寬大平易。「天地」以下極言解道之大，意與大象同。解之時，宣鬱達滯，民氣舒暢，猶雷動雨膏，萬物欣欣向榮也。

象曰：雷雨作，解，君子以赦過宥罪。

孔氏穎達曰：「赦謂放免，過謂誤失，宥謂寬宥，罪謂故犯。過輕則赦，罪重則宥，皆解緩之義也。」

謹按：難解而赦宥，卦辭所謂來復吉也。

初六，无咎。○象曰：剛柔之際，義无咎也。

謹按：初六，陰柔无能之小人也，當解之時，在下无位，比二而二已獲之，應四而四已解之。欲不安分自守，不可得也。故一言初六，即斷之曰「无咎」。象曰「剛柔際」，際，遇也，剛遇柔，非柔遇剛也。二陽以獲之解之者，際初陰；初不能以比之應之者，際二陽，此无咎之義也。

九二，田獲三狐，得黄矢，貞吉。○象曰：九二貞吉，得中道也。

謹按：九二，傳所謂「來復吉」，乃得中者也。外難解矣，内有小人，君子之所畏也。九二秉直守中，不動聲色，小人望而退避，故曰「田獲三狐，得黄矢」。狐謂邪媚小人，三言其多也。二爲友，三爲群，狐行以群也。矢，直物；黄，中色。以矢射狐，狐獲而矢不遺，獲之易也。君子不過，自得其中直之道，而小人已遠去，所謂无所往而來復也。黄謂二，矢謂九，得黄矢者，謂田獲三狐，始不愧其爲九二也。坎，狐象；乘離，獲狐象。象曰「貞吉，得中道也」，九居二本不正，謂之貞吉者，以中也，中未有不正者也。

六三，負且乘，致寇至，貞吝。○象曰：「負且乘」，亦可醜也。自我致戎，又誰咎也！

程傳：「六三陰柔居下之上，處非其位，猶小人宜在下，以負荷而且乘車，非其據也，必致寇奪之至，雖使所爲得正，亦可鄙吝也。小人而竊盛位，雖勉爲正事，而氣質卑下，本非在上之物，終可吝也。若能大正則如何？曰：大正非陰柔所能也，若能之，則是化爲君子矣。三陰柔小人，宜在下而反處下之上，猶小人宜負而反乘，當致寇奪也。難解之時，而小人竊位復致寇矣。」楊誠齋曰：「趙高專秦以致勝、廣，勝、廣至而高與秦俱亡。趙忠、張讓擅漢以致董卓，董卓至而二豎與漢俱亡。致寇者三，致寇而受其禍者，不獨三也。」

謹按：六三不中不正，而處下卦之上，本負販小人也，而今且乘矣。繫辭傳曰：「小人而乘君子之器，盜思奪之矣。」又曰：「上慢下暴，盜思伐之矣。」自昔狡寇啓彊，皆以小人爲辭，奪小人即伐國也。小人不必不爲正事，然名器冒濫，小人自貞，用小人者自吝，以此致寇，非寇之罪，亦非小人之罪，自我致之也。當解之時，高墉之隼，公猶射之，況三在二剛之間，詎能久據高位？聖人特危其辭，爲有解之君子、獲狐之黄矢警耳。坎爲盜位，坎而復遇坎，致寇至象。

九四，解而拇，朋至斯孚。○象曰：「解而拇」，未當位也。

程傳：「九四以陽剛之才居上位，承六五之君，大臣也，而下與初之陰爲應。拇，在下而微者，謂初也。居上位而親小人，則賢人正士遠退矣。斥去小人，則君子之黨進而誠相得也。四能解去初六之陰柔，則陽剛君子之朋來至而誠合矣。不解去小人，則己之誠未至，安能得人之孚也？初六其應，故謂遠之爲解。」

謹按：初在下與四應，是初者四之拇也；朋謂二、四兩陽，皆任解之責者。二中而四不中，慮其移於小人也，故戒之孚信也。不去小人，則君子不信矣。朋至即傳所云「得衆」也。

六五，君子維有解，吉，有孚于小人。○象曰：君子有解，小人退也。

謹按：二、四雖任解之責，然使君心惑於小人，二與四亦无如之何，故曰維君子有解。非君自斷，不解也。解小人則君子孚，而小人亦孚矣。舉直錯枉，枉者亦直也。六五以陰柔居尊，有不忍於小人之病，故因而導之。謂解小人即是孚小人，于小人无傷也。

上六，公用射隼于高墉之上，獲之无不利。○象曰：「公用射隼」，以解悖也。

謹按：狐、隼皆在内之小人，狐順而隼猛，順者可不廢矢，而獲九二任之而裕如。隼之猛悍，未可潛革，且高踞墉上，内比於五，忠臣義士欲化導而不得，欲驅逐之，則有君側之嫌。惟公乾斷，射之高墉之上，斯獲之而无不利矣。象曰「以解悖也」，悖謂悖逆，逆則險，逆解則順，順則平。唐、虞之際，共、驩不去，謂之平成，可乎？

損䷨ 兑下艮上

損，有孚，元吉，无咎，可貞，利有攸往。○曷之用？二簋可用享。○彖曰：損，損下益上，其道上行。○損而「有孚，元吉，无咎，可貞，利有攸往。曷之用？二簋可用享」，二簋應有時，損剛益柔有時，損益盈虛，與時偕行。

謹按：損有三義：取此與彼也，屈己下人也，汰盈爲約也。損己即是約，益人即是屈，義相因也。故象傳釋卦名，止取損此益彼之義。卦自泰來，以乾之終易坤之終，在乾爲損，在坤爲益。陽實陰虛，凡損皆損陽也。益卦亦是損陽，而不謂之損者，益損上，損損下也。損在上，雖損亦益；益在上，雖益亦損也。然損益之道通乎上下，食於人者治人，治於人者食人，自下上上，自上下下，其義一也。卦之名損，損下卦益上卦，其道上行也。卦辭分二段，「有孚」謂損必以誠，「二簋用享」謂損必因時。二、五剛柔相應，有孚之象，損而有孚，中存實心，事皆順理，則「元吉，无咎，可貞」，固常行无不利也。既曰「元吉」，又曰「无咎」者，損容易有咎，必大吉而後无咎也。傳釋卦辭止增一「而」字，經意已明，孚者損之本，本立矣，曷之用乎？惟其時也。禮莫重於享，享以二簋，儉約而近于褻矣。行之而宜時爲之也，當損而損也，以此推之，盈者剛，剛固當損，虚者柔，柔固當益。然有時盈不必損，虚不必益，相時而行，惟義是適焉耳。有孚以植其本，隨時以善其用，損之所以大善也。〇又按：行此孚之謂用，未有不孚而能時其用者。然時較孚爲尤難，匹夫亦有至性，與時偕行，非聖人不能。聖門由、求、原憲，大賢也，九百之辭，五秉之與，孔悝之難孚而過矣。爻曰「酌損」、曰「弗損」，皆當可之謂也。益卦亦然。

象曰：山下有澤，損，君子以懲忿窒欲。

謹按：平心觀理，説也；以理制欲，止也。語類曰：「何以窒欲？伊川云：『思。』莫是欲心一萌，當思以禮義勝之否？曰：『然。』」愚意人心梏於忿欲，只是不思耳。思則道心見而外物退聽，故爲學以省察爲先。懲忿窒欲，克己也，己克而天下歸仁，四爻所謂損疾有喜也。

初九，已事遄往，无咎，酌損之。〇**象曰：「已事遄往」，尚合志也。**

朱子發曰：「已事，止事也。事有當損於初，速如拯溺救焚可也，事已成則不可損矣。然過則非四所堪，不及則損之无益，尚合乎六四之志而已。遄者，如魯人欲以璠璵葬，夫子歷階而止之是也。」

謹按：初爲民位，陽剛得正而應於四，輟所爲之事而速往以益之，先公後私之義然也，如此可以无咎矣。然至輟已事而遄往，凡可以損己益上，何所不爲哉？爲上者其斟酌損之可乎？象曰「尚合志」，君志，民之志所好好之，所惡惡之，民亦樂君之樂，憂君之憂。上下合志，初九之所尚也。初承互震，遄往象；艮手兑口，酌損象。

九二，利貞，征凶。弗損益之。〇象曰：九二利貞，中以爲志也。

謹按：九二與六五爲正應，六五十朋之益，九二益之也。然二之能益乎上者，恃有剛中之道，故必固守此剛中乃爲利也。若屈己而往，則凶矣。初九往无咎、九二征而凶者，初民也，二士也，庶人召之役則往役，君欲見之召之則不往見之也，若是者弗損也，弗損益之也。不屈己以奉君，斯能堯、舜其君也。林希元謂桐江一絲繫漢九鼎，竊意嚴陵不足當此。爻之義莘野囂囂自得，南陽不求聞達，至三聘三顧，一出而建王霸之業，其弗損益之之謂歟？象曰「中以爲志」，士之所尚者志也，志屈則用世无具矣。

六三，三人行，則損一人。一人行，則得其友。〇象曰：一人行，三則疑也。

謹按：三人，謂泰下卦三陽，陽性上行，故曰「三人行」。一人，謂九三，三以九予上而自得六三，損而上益也。然九往上而比五，六來三而比二，是上下各得其友也，益者固益，損者亦未嘗不益也。友者，匹偶之稱；得，謂陰陽相得。先儒以初、二二陽，四、五二陰相比爲友，與繫傳「致一」之義不合。又云三應上爲友，泰卦爻爻相應，又何用損而後得友歟？卦取九上六下之義，得友止言上、三，初、四不與焉。三人行均欲得友也，勢不能同行而同得，於是乎有損焉。損一人則所損之一人得其友，而不損之一人亦得其友，所損之一人與不損之一人各得一人，則一陰一陽配合而致一矣。象傳曰「三則疑」，謂一人得友而又損一人與俱，則三而疑也，尚得爲友乎？此爻之意，謂損必當可，即卦傳所云「二簋」應有時也。或謂若損二易五，豈不各爻皆得乎？曰：損二易五爲既濟，得友又不足以盡之。損反爲咸，「咸，取女吉」亦得友之義也。

六四，損其疾，使遄有喜，无咎。○象曰：「損其疾」，亦可喜也。

謹按：上卦，受益者也，四居上下之間，則以損爲益焉。疾，如齊宣王好貨、好色之類。六四陰柔不中，故有氣質之疾，「損其疾」者，陳善閉邪以正其君也。初九陽剛，已事遄往，爲能損去六四陰柔之疾，使之速愈，勿樂有喜也。如此則四受初益，可以无咎矣。

六五，或益之十朋之龜，弗克違，元吉。〇象曰：六五元吉，自上祐也。

本義：「柔順虛中以居尊位，當損之時，受天下之益者也。兩龜爲朋，十朋之龜，大寶也。或以此益之而不能辭，其吉可知。占者有是德，則獲其應也。」

謹按：益五者二，益之多不可計數，故言「或」。龜直十朋，大寶也。勿克違，受之允當也。元吉如此，非天祐而何！

上九，弗損益之，无咎，貞吉。利有攸往，得臣无家。〇象曰：「弗損益之」，大得志也。

謹按：此亦以上爻終五爻之義也，五爻象傳曰自天祐，益之自天，於人何損？蓋受益之極，无所損於下，而益之者无可加。「无咎，貞吉。利有攸往」，爻辭與卦辭同，謂損之道必如是而後善也。「得臣无家」，申言受益之大，莫非王臣益之也。天下爲家，弗損也。唐之瓊林大盈，有家无臣矣。

益 ䷩ 震下巽上

益，利有攸往，利涉大川。〇象曰：益，損上益下，民説无疆。自上下下，其道大光。〇「利有攸

往」，中正有慶。「利涉大川」，木道乃行。○益動而巽，日進无疆。天施地生，其益无方。凡益之道，與時偕行。

本義：「益，增益也。爲卦損上卦初畫之陽，益下卦初畫之陰，自上卦而下於下卦之下，故爲益。卦之九五、六二中正，下震上巽，皆木之象，故其占利有所往而利涉大川也。」

謹按：卦自否來，乾坤始交而爲震，巽出乎震，齊乎巽，春陽布澤，盛德在木，天道大光，萬物亨通時也，其爲益大矣哉！以爻言，二、五得正得中，中正有慶，故攸往咸宜而无不利也。損中而不正，故云「有孚，元吉，无咎，可貞」，謂必如是而後利也。益之中正孚誠，貞固不待言矣，然益上損下，所損幾何，爲力甚易。損上益下，益大損亦大，如爻言「大作」、「遷國」之類，非易易也，故曰「利涉大川」。天道災沴消而發育盛，治道險難濟而膏澤流，猶大川濟而後見舟楫之功也。傳曰「木道乃行」，謂木道以涉用而行也。「動而巽」以下極言益之理，與損傳同。惟動而巽于理，故日進无疆，日進益也。无疆猶无方，謂无定所也。自乾而下天施也，自坤而上地生也，施予也，生受也。天地之施生有時，而无一定之方，時之所在即理之所在，與時偕行，益乃无疆矣！

象曰：風雷益，君子以見善則遷，有過則改。

何氏楷曰：「咸言速心之德通于虚也，不損不虚，懲忿窒欲，損之又損，致虚以復其爲咸。恒言久心之德凝于實也，不益不實，遷善改過，益之又益，充實而成其爲恒。」

謹按：遷善未及无過，不遷善則過不可得而改；改過未必即善，不改過則善不可得而遷，二者固相益之道也。曰則「遷」、「則改」，猶風雷之迅速也。

初九，利用爲大作，元吉，无咎。〇象曰：「元吉，无咎」，下不厚事也。

謹按：九自上下于初，初，民也，莫大于民事，「利用爲大作」，事民之事也。事民之事者，以民不能自厚其事也。厚謂重，孟子所謂「不可緩」是也。六四利遷國，國遷則相土居民，乃疆乃理，其所興作豈細故邪？曰「利用」，因民之所利而利之也。用，用民也。上不緩民之事，正欲民不自緩其事，如孟子所引豳詩是也。如此則上以益下爲事，下亦自事其事以受益於上，大吉无咎之道也。

六二，或益之十朋之龜，弗克違，永貞吉。王用亨于帝，吉。〇象曰：「或益之」，自外來也。

謹按：倒損爲益，益之二，損之五也，故益二爻辭與損五同。十朋之龜，上益下也。六二貞矣，猶恐陰柔不能固守，故戒以永貞。「王用亨於帝」，王謂五，用者二也，使之主祭而山川享之，吉自天來，非徒上之益之也。

六三，益之用凶事，无咎，有孚中行。告公用圭。○象曰：「益用凶事」，固有之也。

本義：「六三陰柔，不中不正，不當得益者也。然當益下之時，居下之上，故有益之以凶事者。蓋警戒震動，乃所以益之也。占者如此，然後可以无咎。又戒以有孚中行而告公用圭也，用圭所以通信。」

謹按：六三與損四同，事吉則益凶則損，用凶事者以損爲益也。投之以艱鉅，試之以盤錯，而後操心，危慮患深，警戒震動，過可補而功以著矣。六三不中不正，不正則偏，不中則偏，其不能見信於上久矣。浸假而經歷危虞，備嘗險阻，誠慤生於動忍，亢戾消于艱貞，有孚矣，中行矣。「告公用圭」而上下之情洽，凶者變爲吉矣。書言「用降我凶德，嘉績于朕邦」，此之謂也。象云「固有」，謂以凶爲益，事理之所固有也。三承巽，巽倒爲兑，告而獲命象；三位多凶，用凶事象。

六四，中行，告公從，利用爲依遷國。○象曰：「告公從」，以益志也。

謹按：四之六，自初往也。四得六而九下初，所謂損上益下者此也。四近君位，必所行得中，告於公而信之，乃可成益下之大事。「告公從」，與三爻「告公用圭」同。內卦在否爲坤，六往居四，二、三、四又互坤，坤爲邑，內坤變爲互坤，遷國象；四比五，依象。古者遷國必有依，傳曰「周之東遷，晉、鄭焉依」是也。「利用爲依」，謂五用四爲依也。遷國，益下之大事，人情安土重遷，難與慮始，盤庚所以申命至三也。此爻遷國自四主之，不惟民不信，公亦不能无疑，必平日所行事事合於中道，无一毫偏倚之私，君乃信其益下之心出于至誠，非好爲苟難也。象曰「益志」，謂志在益民，故「告公從」也。三爻言「有孚中行」，此止言「中行」，未有不孚而能中者，言中孚可知矣。三、四在兩卦之間，全卦之中也，益之四即損之三。「爲依」猶得友也。餘爻辭意，亦多相類。

九五，有孚惠心，勿問元吉，有孚惠我德。○象曰：「有孚惠心」，勿問之矣。「惠我德」，大得志也。

謹按：五陽剛中正，益下之心出于至誠，勿問下之德我否也。然上孚則下亦孚，至誠愛戴，感惠我之德也必矣，是謂大善而吉。象曰「大得志」，謂得遂益民之志也。

上九，莫益之，或擊之，立心勿恒，凶。○象曰：「莫益之」，偏辭也。「或擊之」，自外來也。

謹按：益陰者陽也，上在事外，无益人之任，徒擁陽剛以自益耳，以陽處陰，益不以正也。居卦之終，求益之極也。聖人重爲之戒，曰誰爲爾益者？豈惟莫益，或且起而奪之矣。以益招擊，益也而實損之至矣。雷風相與爲恒，益亦風雷之象也，至上九則如恒九三之「不恒其德而承之羞」者衆矣。繫傳曰「危以動」、「懼以語」、「无交而求」，夫无交而懼而危。小人未嘗无一念之愧悔，而貪得之心終不能自已，是立勿恒也，其能免于凶乎？象曰「偏辭」，謂但言莫益，止説得一半耳。

夬䷪　乾下兑上

夬，揚于王庭，孚號有厲，告自邑，不利即戎，利有攸往。○象曰：夬，決也，剛決柔也。健而説，決而和。○「揚于王庭」，柔乘五剛也。「孚號有厲」，其危乃光也。「告自邑，不利即戎」，所尚乃窮也。「利有攸往」，剛長乃終也。

謹按：環之有缺者爲玦，卦象上缺，故名夬。左傳「賜之玦」，則決因象定名，而義亦見焉矣。五陽並進，同逐一陰，決之使盡也。下乾上兑，「健而説」也，健而説，則從容審慎，无壯趾、壯頄之患，故曰「決而和」。「揚于王庭」，聲其罪也，一陰敢踞五陽之上，罪不容誅也。既揚其罪，乃相與懇切孚信以號令其衆。有厲，號辭也，謂雖一陰，不可易視，當戒慎以決之也。以剛決柔，聲罪致討，何等光明正大，然必以危懼處之，乃成此光大之功，故曰「其危乃光」也。既揚號于庭，又各告其私邑，古者邑出車乘，故各自告誡之，告之辭曰「不利即戎」。師之所尚不在于戰，戰則殺戮糜爛，敗固窮，勝亦窮也。然剛至于五長矣，未至純剛，長未終也。往而決，而後則有終，故又曰「利有攸往」。「不利即戎」，即有厲意；「利有攸往」，即揚于王庭意。

象曰：澤上於天，夬，君子以施禄及下，居德則忌。

本義：「澤上于天，潰決之勢也。施禄及下，潰決之意也。居德則忌，未詳。」

謹按：「澤上於天」，勢必潰決，而爲雨露，未有積於上而不下者。「施禄及下」，散財發身之道也，然非所論于德德之居也。「日知其所亡，月无忘其所能」，孜孜于善，猶之孜孜于利也，故曰「居德則忌」。忌，防決也。

初九，壯于前趾，往不勝爲咎。〇象曰：不勝而往，咎也。

本義：「前猶進也。當決之時，居下任壯，不勝宜矣，故其象占如此。」

謹按：大壯初九曰「壯于趾」，此曰「壯于前趾」，大壯四陽夬進而五矣。

九二，惕號，莫夜有戎，勿恤。〇象曰：「有戎，勿恤」，得中道也。

謹按：九以剛居柔而得中，内懷兢惕，外嚴戒號，以静制動，有備无患者也，雖莫夜有戎，亦不足憂矣。〇又按：惕而號，孔明之出師二表，宣公之奉天詔命是也。加以設防警柝，何恤乎莫夜之戎乎！二位乾中，惕象；上承兑口，號象。

九三，壯于頄，有凶。君子夬夬，獨行遇雨，若濡有愠，无咎。〇象曰：「君子夬夬」，終无咎也。

謹按：三與上應者也，當決之時，過剛不中，又引相應之嫌，壯往之氣形于顔面，決而不和，取凶之道也。然九三剛而得正，不失爲君子，故以君子无咎之道勉之。「君子夬夬」，謂一決未已而再決也。夫決則決耳，何待于再決？以再是不決於決也，然決而再，則亦无不決矣。「獨行遇雨」，獨行對衆陽言，諸陽惟三與上應，王導所謂「不幸而出臣族」，當日周、戴諸公雖諒其无他，未嘗不愠見于色，而導卒能平逆敦而全百口，庶幾君子之道歟？

「遇雨」謂陰陽相遇。文意謂君子夬夬，雖獨行遇雨，似有霑濡，不免見慍于衆陽，然終能決陰而无咎。先儒更移經文，未當。

九四，臀无膚，其行次且。牽羊悔亡，聞言不信。○象曰：「其行次且」，位不當也。「聞言不信」，聰不明也。

本義：「以陽居陰，不中不正，居則不安，行則不進，若不與衆陽競進而安出其後，則可以亡其悔。然當決之時，志在上進，必不能也。占者聞言而信，則轉凶而吉矣。牽羊者，當其前則不進，縱之使前而隨其後，則可以行矣。」

謹按：「牽羊悔亡」，教之進也；「聞言不信」，慮其不受教也。象曰「聰不明」，坎爲耳，上卦半坎，坎止半，聰不明象。坐不安，故行，姤三之行，遠陰也；夬四之行，驅陰也。

九五，莧陸夬夬，中行无咎。○象曰：「中行无咎」，中未光也。

謹按：三、五俱言「夬夬」，三應陰，五比陰也。然九五剛健中正，剛而行之以中，決斷而不猛，非九三所能及。三終无咎，五則始終无咎也。中行矣，止於无咎者，中未光也。象傳「其危乃光」，方決之時，未敢信其光也。莧感陰而生，陸謂高平之地，陰在五上，莧生于陸象。

上六，无號，終有凶。○象曰：无號之凶，終不可長也。

本義：「陰柔小人，居窮極之時，黨類已盡，无所號呼，終必有凶也。占者有君子之德，則其敵當之，不然反是。」

謹按：胡仲虎曰：「一陰尚存，若无卦辭之孚號、二爻之惕號，則患生所忽，終必有凶。」此説似得儆戒君子之意。然卦辭曰「孚號」，謂懇切戒命；二爻曰「惕號」，謂號令儆惕。此二「號」字，程傳俱讀去聲；上爻「无號」、「號」字讀平聲，謂咷叫呼籲也。君子縱戒懼，何至于此？程傳「无」作「毋」，謂毋用號；本義謂黨類已盡，无可號。愚意小人當窮蹙之時，咷叫呼籲，其意有二：一則妄冀召合乎黨類，一則希圖見憐于君子。然同類已盡矣，君子志在決陰，不決不已，號何益乎？曰「終有凶」，戒小人即所以儆君子也。唐薛季昶、劉幽求俱勸五王誅三思，張柬之曰：「大事已定，彼猶機上之肉耳。」未幾武氏勢復盛，柬之等撫牀歎憤，莫可如何。可知防患不可以不周，而去惡不可以不盡也。

姤䷫ 巽下乾上

姤，女壯，勿用取女。○彖曰：姤，遇也，柔遇剛也。○「勿用取女」，不可與長也。○天地相遇，品物咸章也。○剛遇中正，天下大行也。○姤之時義大矣哉！

蘇子瞻曰：「姤者，乾之末，坤之始也，故曰天地相遇。剛者二也，中正者五也。陰之長，自九二之亡而爲遯，始无臣也；自九五之亡而爲剥，始无君也。姤之世，上有君，下有臣，君子欲有所爲，何所不可？故曰『剛遇中正，天下大行』。」

謹按：一陰生于五陽之下，漸以盛大，女之漸長而壯者也，取以爲配，是司晨之牝雞也，欲家室長久，可得乎？故其占爲「勿用取女」。彖傳「柔遇剛」，謂柔爲主而遇剛也。柔爲主而遇剛，是陰陵陽也，邪于正也。若陽倡陰和，如天地相遇，天氣下降，地氣上升，群生化育，品物章明，遇之最善者也。即以卦才言之，九五剛健，得中且正，遇物以中正之道，此天下之所利見而惟恐不遇者也。陰陽之道，自其爭勝者言，則陰爲陽害而不可姤；自其配合者言，則陽爲陰倡而不可不姤。惟陽爲倡而姤陰，故陰不能爲害而姤陽。此姤之時義不可不知也。

象曰：天下有風，姤，后以施命誥四方。

程傳：「風行天下，无所不周，爲君后者觀其周徧之象，以施其命令，周誥四方也。風行地上，與天下有風，皆爲周徧庶物之象。而行於地上、徧觸萬物則爲觀，經歷觀省之象也；行於天下、周徧四方則爲姤，施發命令之象也。」

謹按：巽爲申命，姤大巽也，大號涣而風行草偃，即傳所謂「剛遇中正」而天下行也。○又按：姤爲五月之卦，月令夏至之日，施命誥四方，宣布以防微陰也；復象「先王以至日閉關」，安静以養微陽也。

初六，繫于金柅，貞吉。有攸往，見凶，羸豕孚蹢躅。○象曰：「繫于金柅」，柔道牽也。

本義：「柅所以止車，以金爲之，其剛可知。一陰始生，静正則吉，往進則凶，故以二義戒小人，使不害於君子，則有吉而无凶。然其勢不可止也，故以羸豕蹢躅曉君子，使深爲之備云。」

謹按：一陰始生，其勢漸長，制之當于其微而未盛之時。初制于二，猶豕之繫于金柅。柅，木之堅者，其色黄，故謂金。九二陽剛，柅象；得中，金象。繫之者，禁其往也。守貞而不往則吉，往則凶立見矣。豕性陰躁，雖羸弱未及强盛，而志在消陽，繫之雖固，而不能禁其蹢躅。蹢躅，謂前後踶跌。孚，信也。其志固然，制之不可不力也。象曰「柔道牽」，謂不可不牽制之。

九二，包有魚，无咎，不利賓。○象曰：「包有魚」，義不及賓也。

謹按：九二以剛居柔得中，制陰有道，初雖跳躑，不能出其範圍，故曰「包有魚」，謂能包而有之也，以義制之，使專一也。

九三，臀无膚，其行次且，厲，无大咎。○象曰：「其行次且」，行未牽也。

謹按：九三過剛不中，欲下而就陰，危矣。幸而其行不前，不致爲陰柔所牽，可以无咎也。

九四，包无魚，起凶。○象曰：无魚之凶，遠民也。

謹按：四不中正，雖與初應，不能包而有之，是魚其所本有，以不能包而亡之也。自六言之，爲魚；自初言之，爲民。无魚是无民也，故曰「起凶」，謂凶從此起也。

九五，以杞包瓜，含章，有隕自天。○象曰：九五含章，中正也。「有隕自天」，志不舍命也。

林希元曰：「含章不是全无所事，是用意周密，不動聲色，而自有以消患于方萌也。」

謹按：二之包，制之也；五之包，覆之也，如杞木高大，枝葉繁盛，瓜生其下，亦覆於其下已耳。「含章，有隕自天」，申言以杞包瓜之義。九五居高臨下，垂裳端拱，不動聲色，而德輝所被，陰邪自消，蓋福自天降，非慶賞刑威之所致也。坤卦「含章」，含其章也；此言「含章」，含而章也，即傳所云「品物咸章」也。「有隕自天」，所謂「天下大行」也。象曰「志不舍命」，謂念念不違天命，命亦自我造也。

上九，姤其角，吝，无咎。○象曰：「姤其角」，上窮吝也。

本義：「角，剛乎上者也。上九以剛居上而无位，不得其遇，故其象占與九三類。」

謹按：上與陰遠，不能制陰，然非其事任，故无咎。象曰「上窮吝也」，謂所處之窮，身在事外，律以君子濟世之義，爲可吝也。

萃䷬ 坤下兑上

萃，亨，王假有廟，利見大人，亨，利貞。用大牲吉，利有攸往。〇彖曰：萃，聚也。順以説，剛中而應，故聚也。〇「王假有廟」，致孝享也。「利見大人，亨」，聚以正也。「用大牲，吉，利有攸往」，順天命也。〇觀其所聚，而天地萬物之情可見矣。

謹按：爲卦上兑下坤。兑，説也；坤，順也。説而順附，剛中而應，卦之所以名萃也。「萃，亨」，「亨」字冒下二段。「亨，利貞」緊承「利見大人」。九五陽剛居尊，爲一卦之主，王者之象，亦大人之象也。王者有宗廟，所以妥祖宗之靈，合萬國之歡也。王者至於廟中，得萃天下之道矣。聖人作而萬物覩，大人，天下之所歸往也，人衆必有所歸而後不涣。歸非所歸，則失正而不利不亨。若大人者，所當見而萃之也。至「有廟」且虚説，「用大牲」正所以致孝享也。「利見大人」言其理當如此，「有攸往」纔是往而萃。假有廟而用大牲，王者之萃天下也。大人利見，相率以往，天下之萃于大人也。傳曰「剛中而應」，剛中者，王者所以萃天下；應者，天下之萃于大人也。天命，理也，順即萃也，萃者萃于理而已。天地萬物雖有高下散殊之分，无非一理之所濩布。觀萃之順命，而天地萬物之情可見矣。

象曰：澤上於地，萃，君子以除戎器，戒不虞。

程傳：「澤上於地，爲萃聚之象，君子觀萃象以除治戎器，用戒備于不虞。凡物之萃，則有不虞度之事，故衆聚則有争，物聚則有奪，大率既聚則多故矣，故觀萃象而戒也。除謂簡治也，去弊惡也。除而聚之，所以戒不虞也。」

初六，有孚不終，乃亂乃萃。若號，一握爲笑，勿恤，往无咎。○象曰：「乃亂乃萃」，其志亂也。

謹按：初居最下，不能攸往，與二同類相比，其志固然。又與四爲正應，孚于二者，未必不移情于四，二見其孚信之不專，必拒而遠之。二與初之交不終，乃萃不專而亂之故也。然四比于五，終不應初，初之柔弱亦必不能上達，是萃以不專而兩失之矣。爲初計，惟有自悔自艾，痛哭流涕，以求萃于二，庶相逢握手，破愁爲歡，何恤之有？握，謂援手，二爻所謂「引是」也。往者，二引初而往。六二「引吉，无咎」，初六爲二引，亦无咎。

六二，引吉，无咎，孚乃利用禴。○象曰：「引吉，无咎」，中未變也。

謹按：下卦三陰同體，初與三不能自達而比于二，二能引之使萃于五，則吉而无咎矣。孚，誠信也。六二虛中无私，以應九五，孚矣。「孚乃利用禴」，禴，薄祭也，謂澹泊寧靜，謹守臣節，无智名，无勇功，猶夏時禴祭致敬而不備物也。六二陰柔无爲，近于用禴。然爲國得人而有好賢下士之名，即不可謂禴也。用禴必本于孚，不孚而禴，即澹泊寧靜无非矯節，如交神明者不誠不敬，豐嗇皆虛文耳。然不孚固不能禴，而孚者亦未必盡能用禴。人臣體國公忠，而形迹之間偶失檢點，致啓疑釁者不少矣。孚者，二之所自有，聖人恐其形迹之或疏也，故以用禴勉之。象曰「中未變」者，孚之至也，以中爲孚，變則孚而亂矣。

六三，萃如嗟如，无攸利，往无咎，小吝。〇象曰：「往无咎」，上巽也。

謹按：六三陰柔，不中不正，上无應與，欲萃不得而嗟。嗟，猶號也。「无攸利」，謂三之才力不能自達。往，謂下比于二，二引之則可以往而无咎也。三位二上，不能自往而待引于二，是則可吝耳。象曰「上巽也」，謂三在二上，能巽順乎二，三與四、五互巽，故不言順而言巽。

九四，大吉，无咎。〇象曰：「大吉，无咎」，位不當也。

謹按：二爻「引」字爲句，此爻「大」字爲句。陰小，故二爻言「禴」；陽大，故四爻言「大」。卦辭用「大牲」，四之謂也，陽剛之才，五所用以萃天下者也。然四處近君之位，陽居陰爲不正，才大而居之以不正，勢必專主專民，爲君國大患，故必能孚誠恭順以致吉，乃可免于咎也。二、四俱言「吉无咎」，二之「引」近于樹黨，四之「大」近于專權，黨與專皆凶，不黨不專則吉也。

九五，萃有位，无咎，匪孚，元永貞，悔亡。○象曰：「萃有位」，志未光也。

謹按：九五陽剛，居尊有其位矣，當萃之時而有位，位固天下之所萃也。不尊不信，非位无以萃。然萃徒以位，萃匪孚也。暴秦以力服天下，不旋踵而亡，匪孚而悔也。必有「元永貞」之德，而後悔亡。元，乾德；永貞，坤德。德合乾坤，則剛中而應，无思不服矣。象傳「志未光」，謂「匪孚」。

上六，齎咨涕洟，无咎。○象曰：「齎咨涕洟」，未安上也。

謹按：上以陰柔處卦之終，在五之外，不得所萃。孤臣孽子，君門萬里，无由自達，危懼不安于心，而咨嗟涕淚。此初之「號」、三之「嗟」，其怨艾懇切，更有甚焉，故无咎也。

升䷭巽下坤上

升，元亨。用見大人，勿恤。南征吉。〇彖曰：柔以時升。〇巽而順，剛中而應，是以大亨。〇「用見大人，勿恤」，有慶也。「南征吉」，志行也。

謹按：爲卦上坤下巽，木生地中象。木之質柔，巽又木之柔者也。卦除二、三兩陽爻外，餘皆柔爻。初在下，木本象，四、五枝榦象。自初而達于四，升矣，又達于五，升无可升矣。五爻辭曰「升階」，階以漸而高升者，循級而上，級盡而止，故曰「柔以時升」。卦德上順下巽，九而剛得中，而與五應，「巽而順，剛中而應」，大亨之道也。大人即九二。凡卦以柔爲主者，必輔之以剛，非剛則柔不能行。「用見大人」，則有福慶，而進无不吉矣。「南征吉」，申上「元亨」之義，謂用大人之見，可得元亨而進，无不吉也。程傳云：「見大人必遂其升，遂其升則己之福慶，而福慶及物也。……南，人之所向；南征，謂前進。前進則遂其升，而得行其志，是以吉也。」

象曰：地中生木，升，君子以順德，積小以高大。

謹按：木之長而上，其性然也。順之則升，屈抑之則不升矣。君子之修德也，勿忘勿助，順之謂也。

初六，允升，大吉。○象曰：「允升，大吉」，上合志也。

謹按：初居下卦之下，爲巽之主，木之根也。木之升長由于根，然非得陽和之滋，則生意竭矣。初比于二，二以剛中之德上應于君，當升之任者也。初與同體，共有前進之志，兩心相信，信而同升，其吉大矣。

九二，孚乃利用禴，无咎。○象曰：九二之孚，有喜也。

謹按：九二，卦辭所謂大人也，剛中而應，其志孚矣。「孚乃利用禴」，與萃二爻同。以陽剛之才事仁柔之主，必小心寅畏，謹之又謹，約之又約，而後疑謗息，而上下之交益固。孚以行禴，愈禴則愈孚矣。此聖人之勉九二，較萃之六二爲更切焉。不言吉者，免咎即是大吉，故曰「九二之孚，有喜也」。

九三，升虚邑。○象曰：「升虚邑」，无所疑也。

本義：「陽實陰虚，而坤有國邑之象。九三以陽剛當升時而進臨於坤，故其象占如此。」

謹按：九三以陽居陽，勇于進者也。象曰「无所疑」，謂進而无所疑畏也。不言无咎，吉未可知也。

六四，王用亨于岐山，吉，无咎。○象曰：「王用亨于岐山」，順事也。

謹按：六四以柔居柔位，居坤、巽之間，上順君，下順民，順之至矣。「王用亨于岐山」，使之主祭而百神享也。順理而事君，孚而神格，此六四之以時升，升以順也。

六五，貞吉，升階。○象曰：「貞吉，升階」，大得志也。

謹按：他爻之升，以漸而進，卦辭所謂「南征吉」也。五則歷階盡而登于堂矣。九二剛中而應柔順，居尊无所事，升而升者也。六居五位非正，然當升之時，得中即得正矣，故一言六五即斷之曰「貞吉」。象曰「大得志」，即卦辭所謂「有慶」也。自初而五，階象；五居尊位，升象。

上六，冥升，利于不息之貞。○象曰：冥升在上，消不富也。

本義：「以陰居升極，昏冥不已者也。占者遇此，无適而利，但可反其不已於外之心，施之於不息之正而已。」

謹按：升至於上，酒闌客散時矣。上六以陰柔處卦終，知進而不知退，是冥於升也。冥矣，惡乎利？利於貞而已。以貞藥冥，如人邪氣薰灼，狂惑昏迷，一劑清涼散豁然醒矣。貞者，理之正，天之命也，於穆之本體，純一无僞，故流行於天地之間，无一息之間斷。苟有一毫之不正，則息矣，不息即是貞，非貞於不息也。經曰「利於不息之貞」，見得天道人事有盛長即有消息，惟此至正之理无有息時，與其孜孜於利而利日消，何如孜孜於善而善日長乎！傳曰「消不富」也，謂冥升在上，消之時，非富之時也，冥升者可不猛省哉！

困☱☵ 坎下兑上

困，亨，貞，大人吉，无咎。有言不信。○象曰：**困，剛揜也。**○**險以説，困而不失其所亨，其唯君子乎？「貞，大人吉」，以剛中也。「有言不信」，尚口乃窮也。**

本義：「困者，窮而不能自振之義。坎剛爲兑柔所揜，九二爲二陰所揜，四、五爲上六所揜，所以爲困。坎險兑説，處險而説，是身雖困而道則亨也。二、五剛中，又有大人之象，占者處困能亨，則得其正矣，非大人其孰能之？故曰貞。又曰大人者，明不正之小人不能當也。『有言不信』，又戒以當務晦默，不可尚口，益取窮困。」

謹按：「困，亨」，謂困而亨，非由困而亨也。卦德上説下險，險，困也，説則困而亨矣。困而亨有二義：樂天知命，无怨无尤，身困而心常泰也；尊德樂義，窮且益堅，身困而道不屈也。此困之所以亨也。傳曰「困而不失所亨，其唯君子」，君子即大人也。卦爻二、五剛中，大人象，惟大人能守貞，故困而亨，亨則吉无咎矣。困容易有言，憤言尤也，巧言辱也。昌黎三上宰相書，後儒譏之，東坡詩案，禍幾不測，可不戒乎！陸宣公謫所，止輯醫方，庶幾處困之道矣。兑口，言象；坎耳在下，信象；巽疑在互有言，不信象。

象曰：澤无水，困，君子以致命遂志。

謹按：處困而致命，斯遂志而亨矣。

初六，臀困于株木，入于幽谷，三歲不覿。○象曰：「入于幽谷」，幽不明也。

謹按：初在下卦之下，臀象。人之坐以臀，臀困于株木者，木有株无枝葉，不可爲庇，坐困于其下而已。株木謂二，初隔于二，不能上與四應，是坐困也。詩云：「出于幽谷，遷于喬木。」初在坎底，幽谷也，使上與四應，則出谷遷喬矣。今乃坐困于株木之下，不能自遷入于幽谷已耳。「三歲不覿」，覿，應也，初與四隔，二位无由相見也。不言吉凶，視乎自守何如耳。

九二，困于酒食，朱紱方來，利用亨祀，征凶，无咎。○象曰：「困于酒食」，中有慶也。

本義：「『困于酒食』，厭飫苦惱之意。酒食人之所欲，然醉飽過宜，則是反爲所困矣。『朱紱方來』，上應之也。九二有剛中之德，以處困時，雖无凶害，而反困于得其所欲之多，故其象如此。而其占利以亨祀，若征行則非其時，故凶，而於義爲无咎也。」

謹按：九二陽剛得中，上與五應，以此而處困時，乃君子在位不得行其道者也。鼎烹之養，車服之榮，人以爲亨，君子以爲困也。君子得志，澤加于民，不得志獨行其道，窮通一致，何困之有？惟亨高爵厚糈而不得伸其夙志，酒食來素餐之恥，朱紱起維鵜之誚，自顧平生，自命何如。求爲貪賤而不可得，君子至此，困已極矣，爲之奈何？其惟竭誠盡忠，以事神者事君，冀幸君心感悟，而後可以行吾道，而爲所欲爲，否則不可行而行，凶立至矣。然以行道而得凶，亦无咎也。凶以事言，咎以理言。西漢周猛、蕭望之，東漢陳蕃、竇武，皆凶而无咎者。立身无過之地，而予國家以荼毒忠良之名，而卒至于敗亡，君子不爲也。○又按：「利用亨祀」，謂用酒食朱紱以亨神也，不用而去，既有所不忍，用之以征，則又取凶；

用以享祀受福，惟有中德者能之。

六三，困于石，據于蒺藜，入于其宫，不見其妻，凶。○象曰：「據于蒺藜」，乘剛也。「入于其宫，不見其妻」，不祥也。

程傳：「六三以陰柔不中正之質，處險極而用剛，居陽用剛也，不善處困之甚者也。石堅重難勝之物，蒺藜刺不可據之物，三以剛險而上進，則二陽在上，力不能勝，堅不可犯，益自困耳，困于石也。以不善之德居九二剛中之上，其不安猶藉刺據于蒺藜也，進退既皆益困，欲安其所，益不能矣。宫，其居所安也；妻，所安之主也。知進退之不可而欲安其居，則失其所安矣。進退與處皆不可，唯死而已，其凶可知。繫辭曰：『非所困而困焉，名必辱；非所據而據焉，身必危。既辱且危，死期將至，妻其可得見邪？』二陽不可犯也，而犯之以取困，是非所困而困也。名辱，其事惡也。三在二上，固爲據之，然苟能謙柔以下之，則无害矣。乃用剛險以乘之則不安，而取困如據蒺藜也。如是死期將至，所安之主可得而見乎？」

謹按：有家有室而後可以居，「不見其妻」則无家可歸矣。三陽位，非六之所安也，人居是位，即以是位爲主。主對賓，言賓无定，主則有定也。程傳以妻爲所安之主，明三位爲妻，六爲夫也。本義以三爲夫，未當。

九四，來徐徐，困于金車，吝有終。〇象曰：「來徐徐」志在下也，雖不當位，有與也。

本義：「初六，九四之正應，九四處位不當，不能濟物，而初六方困于下，又爲九二所隔，故其象如此。然邪不勝正，故其占雖爲可吝，而必有終也。金車爲九二象，未詳，疑坎有輪象也。」

謹按：「來徐徐」謂四欲來與初應，而徐徐不決也。「金車」，謂二。初阻于二，不得應四，初之困也，四欲與應，亦畏金車之阻而徐徐不決，初之困即四之困也。欲拯人之困，而反自困，其无濟困之才可知，吝之甚矣。然徐徐而來，終必相遇，故曰「有終」。程傳云：「有終者，事之所歸者正也。初、四正應，終必相從也。寒士之妻，弱國之臣，各安其正而已。苟擇勢而從，則惡之大者，不容于世矣。」五中直，故「徐有説」；四不正，非能徐者，勉之如是耳。象傳「有與也」，釋「有終」之義，謂正應相與，故有終也。

九五，劓刖，困于赤紱，乃徐有説，利用祭祀。〇象曰：「劓刖」，志未得也。「乃徐有説」，以中直也。「利用祭祀」，受福也。

謹按：上掩柔，下乘剛，劓刖象。二「朱紱方來」，五則「困于朱紱」矣。然九五剛中説體，能從容以處之，自可出困而愉快也。五、二同病，五位高于二，困猶甚焉。「徐有説」與「征凶」對，征則凶，徐則説也。「利用祭祀」亦與二同。困六爻无君象，九五臣位之至尊者。

上六，困于葛，于鵕鴕，曰動悔，有悔，征吉。○象曰：「困于葛」，未當也。「動悔，有悔，吉」，行也。

程傳：「物極則反，事極則變。困既極矣，理當變矣。葛，纏束之物；鵕鴕，危動之狀。六處困之極，爲困所纏束，而居最高危之地，困于葛與鵕鴕也。動悔，動輒有悔，无所不困也；有悔，咎前之失也。曰，自謂也，若能。曰如是動皆得悔，當變前之所爲有悔也，能悔則往而得吉也。困極而征，則出於困矣，故吉。三以陰在下卦之上而凶，上居一卦之上而无凶，何也？曰：三居剛而處險，困而用剛險，故凶；上以柔居説，唯爲困極耳。困極則有變，困之道也。困與屯之上皆以无應居卦終，屯則『泣血漣如』，困則『有悔，征吉』，屯險極而困説體故也。以説順進，可以離乎困也。」

謹按：「困于葛」，欲行不能，困于鵕鴕，居復不可，乃反而自責曰：「吾動輒滋悔矣。」知悔而悔，豈不征吉，而困可出乎？悔者，悔所行；征者，行所悔也。象辭「行也」二字爲句。田氏曰：「動悔、有悔之所以吉者，以能行而得之也。」「行也」二字是解「征吉」之義。象曰「未當」，謂上與三處相應之位，同屬陰柔而非正應也，非正應則不能相資，而反受其係累矣。

周易傳義合訂卷之八

井 ☴☵ 巽下坎上

井，改邑不改井，无喪无得，往來井井。汔至，亦未繘井，羸其瓶，凶。○彖曰：巽乎水而上水，井。井養而不窮也。○「改邑不改井」，乃以剛中也。「汔至，亦未繘井」，未有功也。「羸其瓶」，是以凶也。

謹按：木上有水，井之義也；六爻陰陽相間，井之象也。彖傳專取「木上有水」之義，然曰「巽乎水而上水」，又見取攜順利、无求不厭之意，故釋卦名而贊之曰「井養而不窮也」。養之不窮，由德之有常。卦才二、五兩爻剛而得中，中，常德也，剛則足以有爲，此所以井不改而養不窮也。「汔至」以下言汲井之事，以井喻政，以汲井之器喻人，人亡則政息，瓶羸而井棄，故凶。六爻取喻，則與卦辭少異。○坤爲邑卦，自泰來，九上居五而坤變爲坎，改邑象；邑改而井見，不改井象；坎、兑，喪象；離、巽，得象；離承坎，兑承巽，无喪无得象；自巽而上，往象；自坎而下，來象；大象左旋右轉，四隅承坎，往來井井象；巽，繩繘象；離腹，瓶象；互離承上，汔至而繘，未出井象；互兑爲毁折，羸其瓶象。

象曰：木上有水，井，君子以勞民勸相。

程傳：「木承水而上之，乃器汲水而出井之象。君子觀井之象，法井之德，以勞徠其民，而勸勉以相助之道也。勞徠其民，法井之用也；勸民使相助，法井之施也。」

謹按：養民，非家賜而户予也，因民之所利而利之耳。

初六，井泥不食，舊井无禽。○象曰：「井泥不食」，下也；「舊井无禽」，時舍也。

謹按：井不改，何以有舊泥汙也？初陰柔在下，上无應援，无上水之象，井之不可食者也。象曰「下也」，謂不能上水也；「時舍」，謂人不食，禽亦不至，爲時所舍也。此喻舊政廢弛，无利於民。二爻則稍稍更張矣，究未有利濟之實功也。

九二，井谷射鮒，甕敝漏。○象曰：「井谷射鮒」，无與也。

本義：「九二剛中，有泉之象。然上无正應，下比初六，功不上行，故其象如此。」

謹按：谷，井底穴隙也。井泥去穴露，雖有泉而下漏于穴，如汲井之甕敝漏而不能上水也。水注于谷，谷内之鮒泝水而上，故曰「射鮒」。象曰「无與」，謂上无應也，无應故下比初。錢氏曰：「五之泉上出，則有上六引之而上；二之泉下漏，則有初六引之而下。君子上達，小人下達，豈不貴有與哉？」初陰，谷象、鮒象；巽矢承坎，弓射象；二乘初，井谷射鮒象；互離，甕象；互兑，敝象；初陰，漏象；離承兑，毁而水注初，甕敝漏象。

毛氏曰：「二猶在井下，而内水不浮，外甓不治，儼溪井之在山谷者，莊子所謂缺甃之崖是也。」

九三，井渫不食，爲我心惻，可用汲，王明並受其福。○象曰：「井渫不食」，行惻也。求王明，受福也。

本義：「渫，不停汙也。井渫不食，而使人心惻，可用汲矣。王明則汲井以及物，而施者、受者並受其福也。九三以陽居陽，在下之上，而未爲時用，故其象占如此。」

蔡虚齋曰：「『爲我心惻』，『我』指旁人，所謂『行惻』也，非謂九三自惻也。『可用汲』以下惻之之辭也。」

謹按：「不食」者其遇，可用者其才。行道之惻，爲蒼生惜也；「王明並受其福」，爲蒼生祝也。此以井泉喻賢人，而惜其不用也。

六四，井甃，无咎。○象曰：「井甃，无咎」，修井也。

本義：「以六居四，雖得其正，然陰柔不泉，則但能修治而无及物之功，故其象爲井甃，而占則无咎。占者能自修治，則雖无及物之功，而亦可以无咎矣。」

來知德曰：「六四陰柔得正，近九五之君，蓋修治其井以瀦蓄九五之寒泉者也。占者能修治臣下之職，則可以因君而成井養之功矣。」

象山曰：「先王之法，一敝不修，必以所養人者害人矣。」

謹按：羅石爲甃謂甃，甃則泉可蓄矣。尚未有泉者，方有事於甃也。此喻修治政事，尚未有及物之功。

九五，井洌，寒泉食。○象曰：寒泉之食，中正也。

本義：「洌，潔也。陽剛中正，功及於物，故爲此象。占者有其德，則契其象也。」

謹按：五、上二爻以井喻政，以汲而食喻民之被澤。傳曰「中正」者，明五爲坎中之陽，坎泉得天一之真氣也。

上六，井收，勿幕，有孚，元吉。○象曰：元吉在上，大成也。

本義：「收，汲取也。晁氏云『收，鹿盧收繘者也』，亦通。幕，蔽覆也。有孚，謂其出有源而不窮也。井以上出爲功，而坎口不揜，故上六雖非陽剛，而其象如此。然占者應之，必有孚乃元吉也。」

謹按：此以上爻終五爻之義。「寒泉食」，井養也；「勿幕」，則養不窮矣。汲井之繘已收，可以幕而勿幕也，求者已往而施者自在，由實有是於中，故其出无窮，井道至此而大成矣。治道如是，而无可復加矣。九五中正有孚也，五不言吉，上之「元吉」即五之吉也。

革 ䷰ 離下兑上

革，已日乃孚，元亨利貞，悔亡。○象曰：革，水火相息。二女同居，其志不相得，曰革。○「已日乃孚」，革而信之。文明以説，大亨以正，革而當，其悔乃亡。○天地革而四時成，湯、武革命，順乎天而應乎人。革之時大矣哉！

本義：「革，變革也。兑澤在上，離火在下，火然則水乾，水決則火滅，中、少二女合爲一卦，而少上中下，志不相得，故其卦爲革也。變革之初，人未之信，故必已日而後信。又以其内有文明之德，而外有和説之氣，故其占爲有所更革，皆大亨而得其正，所革皆當而所革之悔亡也。一有不正，則所革不信不通，而反有悔矣。」

謹按：已日謂已當革之日，文王三分有二，未以革也；武王觀兵商郊，猶未可以革也；至孟津渡河，八百來會，斯已革之日矣。人情安常習，故非其時而言革，則衆心不孚，其誰從我？悔且不免，何亨之有！已日孚，謂當可革之時革之，而人皆信從也。卦德内明外説，明則動合時宜，説則事无勉强，是以大亨利貞，革當而悔亡也。革容易有悔，必元亨利貞乃當可而悔亡。先儒以巳日爲革後，必待革後乃孚，是未革尚不孚也，不孚何以能革乎？「天地」一段極贊革道之大，四時成，天地之孚也；順天應人，湯、武之孚也。

象曰：澤中有火，革，君子以治歷明時。

本義：「四時之變，革之大者。」

謹按：寒暑代謝，四時之革也，財成輔相之道，屬之君子。天道之革，无非君子之革矣。撫五辰順四時，治歷明時之極功也。

初九，鞏用黃牛之革。〇象曰：「鞏用黃牛」，不可以有爲也。

本義：「雖當革時，居初无應，未可有爲，故爲此象。鞏，固也；黃，中色；牛，順物。革所以固物，亦取卦名而義不同也。其占爲當堅確固守，而不可以有爲。聖人之於變革，其謹如此。」

謹按：初之時，當堅守以待，未可有爲。初九過剛不中，必上比六二，用其中順之道，乃能固守而不妄動。革，亦取變革之義。鳥獸皮毛逐時更變，故謂之革，堯典所謂「希革」是也。五「虎變」，上「豹變」，虎文炳，豹文蔚。六二未能爲虎豹，爲炳蔚，黃牛焉耳。牛，順也；黃，中也。初九以剛居陽而不中，能比二而用其中順之道，則其不中不順者革，而所守固矣，故曰「鞏用黃牛之革」。鞏物莫如革，故「鞏」字從革。

六二，已日乃革之征，吉，无咎。〇象曰：「已日革之」，行有嘉也。

謹按：二柔順中正，上應九五，有革之才，當革之任者也。至於已日，不患其不革矣。「乃」字不承已日，承六二，謂當革之時，如六二之才，乃可革之也。二非已日，征非往革，經畫全在革前。象曰「行有嘉」，謂只管行去，自有嘉美。嘉即吉，謂有孚而革也。伊尹謂「朕載自亳」，其六二之謂歟？

九三，征凶，貞厲。革言三就，有孚。○象曰：「革言三就」，又何之矣！

本義：「過剛不中，居離之極，躁動於革者也，故其占有『征凶，貞厲』之戒。然其時則當革，故至於『革言三就』，則亦有孚而可革也。」

謹按：三无任革之才，而當可革之時，故重戒之。「革言三就」，謂言革者已有成説，即已日之謂。初曰已可革矣，未足信也；再曰已可矣，猶未足信也；三曰已可，則真可矣。已日乃孚，此其時乎？象曰「又何之」，謂此時不革，何待而往乎？以九三之才，征則凶，征于九三之時則貞，貞矣不可不征也。冒凶以往，危矣哉！知危不危，凶可免矣。

九四，悔亡。有孚改命，吉。○象曰：改命之吉，信志也。

謹按：「悔亡」與卦辭同，必吉而後，悔乃亡也。革言改命者，革而當，命自改耳，于革者无與焉。命，猶令也。號令之發，所以示人更新，若仍舊貫，則无庸命矣。凡言命，皆革也，而言革又必歸之命。无定者數，有定者理，理與數合，人事既有可據，天道豈曰難知？卦曰「已日乃孚」，謂孚乃已日也。以孚占日，非以日驗孚也。易書言命，必於四爻，四，革爻也。乾四爻「或躍在淵」，文言釋之曰「乾道乃革」；訟四爻曰「復即命」，又曰「渝安貞」，渝即革也；否四曰「有命」。四爲否泰之轉關，君命即天命也。

九五，大人虎變，未占有孚。○象曰：「大人虎變」，其文炳也。

程傳：「九五以陽剛之才，中正之德，居尊位，大人也。以大人之道，革天下之事，无不當也，无不時也。所過變化，事理炳著，如虎之文采，故云虎變。龍虎，大人之象也。變者，事物之變，曰『虎』何也？曰：大人變之，乃大人之變也，以大人中正之道變革之，炳然昭著，不待占決，知其至當而天下必信也；天下蒙大人之革，不待占決，知其至當而信之也。」

謹按：「未占有孚」，謂天下之孚信乎大人者，无事於占而決也。聖人作而萬物覩，不言而信也。

上六，君子豹變，小人革面，征凶，居貞吉。○象曰：「君子豹變」，其文蔚也。「小人革面」，順以從君也。

程傳：「革之終，革道之成也。君子謂善人，良善則已從革而變，其著見若豹之彬蔚也。小人昏愚難遷者，雖未能心化，亦革其面以從上之教令也。龍虎，大人之象，故大人云虎，君子云豹也。人性本善，皆可以變化，然有下愚，雖聖人不能移者。以堯、舜爲君，以聖繼聖，百有餘年，天下被化，可謂深且久矣。而有苗、有象，其來格烝乂，蓋亦革面而已。小人既革其外，革道可以爲成也。苟更從而深治之，則爲已甚，已甚非道也，故至革之終，而又征則凶也，當貞固以自守。革至於極而不守以貞，則所革隨復變矣。天下之事，始則患乎難革，已革則患乎不能守也，故革之終，戒以居貞則吉也。居貞，非爲六戒乎？曰：爲革終言也，莫不在其中矣。人性本善，有不可革者，何也？曰：語其性則皆善也，語其才則有下愚之不移。所謂下愚有二焉：自暴也，自棄也。人苟以善自治，則无不可移者，雖昏愚之至，皆可漸摩而進也，唯自暴者拒之以不信，自棄者絶之以不爲，雖聖人與居，不能化而入也，仲尼之所謂下愚也。然天下自棄自暴者，非必皆昏愚也，往往强戾而才力有過人者，商辛是也。聖人以其自絶於善，謂之下愚，然考其歸，則誠愚也。既曰下愚，其能革面，何也？曰：心雖絶於善道，其畏威而寡罪則與人同也，唯其有與人同，所以知其非性之罪也。」

謹按：虎文疏朗，豹文細密。革道已成，撫辰順時，萬物蕃育，五之虎文炳也；制禮作樂，潤色鴻猷上之，豹文蔚也。虎、豹之變，在治、化上説。被化者小人也，革面即虎變、豹變之象。最易革者民之心，豈有虎豹炳蔚之時而民猶匿其情乎？民匿其情，可謂文炳、文蔚乎？革曰面者，黎民於變只在氣象間見之。象曰「順以從君」，猶云「順帝之則」。革面者，不識、不知之象也。虎豹之變，亦就皮毛上説，若以革面而非革心，將謂文炳、文蔚者，亦皆塗飾耳目邪？若程子所謂下愚不移，則如共、驩之惡，面亦不可得而革也，況言心乎？至有苗、有象，既經感悔，則亦内外如一矣。

鼎䷱ 巽下離上

鼎，元吉，亨。○彖曰：鼎，象也。以木巽火，亨飪也。聖人亨以享上帝，而大亨以養聖賢。○巽而耳目聰明，柔進而上行，得中而應乎剛，是以元亨。

本義：「鼎，烹飪之器。爲卦下陰爲足，二、三、四陽爲腹，五陰爲耳，上陽爲鉉，有鼎之象。又以巽木入離火而致烹飪，鼎之用也，故其卦爲鼎。下巽，巽也，上離爲目，而五爲耳，有內巽順而外聰明之象。卦自巽來，陰進居五而下應九二之陽，故其占曰元亨。吉，衍文也。」

程傳云：「鼎，大器也，重寶也，故其制作形模，法象尤嚴。鼎之名正也，古人訓方，方實正也。以形言，則耳對植於上，足分峙於下，周圓、內外、高卑、厚薄莫不有法而至正。至正然後成安重之象，故鼎者，法象之器。卦之爲鼎，以其象也。」

謹按：卦名鼎，取爻畫有鼎象。又二體上離下巽，以木入火，亨飪之象也。「聖人亨帝」二句，言亨飪之用，所關者「大」，起下釋「元亨」意。享帝、享賢，均亨之大者。傳文加一「而」字，明卦之取義重在養賢也。卦德巽順而離明，明者必聰，又六五爲鼎耳，故兼耳目言之。卦變自遯，六上居五爲一卦之主，居尊得中，而群剛應之，是以元亨。巽則下賢，明則知人，應剛則得人致治，此中順之君所以常保神器之重也。

象曰：木上有火，鼎，君子以正位凝命。

本義：「鼎，重器也，故有正位凝命之意。凝，猶至道不凝之凝，傳所謂『協于上下，以承天休』者也。」

房氏曰：「鼎者，神器，至大至重，正位凝命，法其重大不可遷移也。」

項氏曰：「存神息氣，人所以凝壽命；中心无爲，以守至正，君所以凝天命。」

初六，鼎顛趾，利出否，得妾以其子，无咎。○象曰：「鼎顛趾」，未悖也。「利出否」，以從貴也。

謹按：初之位在下，趾象；上應四，顛象。初之時，將用而未用。古者祭祀，先一日濯器，將用鼎以亨，必倒之而出其穢。趾在下，倒之則向上矣，是謂「顛趾」。趾而顛，似乎悖矣，然不顛則否不出，顛趾者，利出否也。否出而後實可入，其象爲得妾以其子。得，御也。妾賤，以君御之，顛趾也。然妾之得，以其育子也，以子之故而御妾，猶之出鼎否而納新，不得不顛其趾也。象傳曰「從貴」，貴謂鼎實之美，所以享帝、享賢，貴之至也，從者舍彼而從此也。顛趾亦關尊卑之義，舍而勿論，從鼎實之貴也。以人事言，草茅下士，至微至賤，乃儼然受朝廷之禄養，不知者方以爲悖，而養賢之主謂天下无棄才，但能鼓勵濯磨，雖一才一藝亦足供臂指之使，故樂得而養之也。

九二，鼎有實，我仇有疾，不我能即，吉。○象曰：「鼎有實」，慎所之也。「我仇有疾」，終无尤也。

謹按：以剛居中，鼎之實也。鼎實以上出爲用，九二陽剛得中，上應六五之主，可致凝命之功。然二以中道自守，必五即而就之，如莘野、南陽三顧三聘而後出。无如五有陰柔之疾，下比於四，四又爲覆餗之。大臣不能薦賢爲國，二雖欲見用，豈能枉道求合哉？我仇，謂五。仇，匹也，詩曰「公侯好仇」。我仇，謂我所仇匹也。有疾，如齊王所謂有疾也。即，就也。有疾，故不能下求二，然六五柔順得中，終必悔悟，二能守道而慎所往，終必見用。爻不言者，二、三爻一例，二又勝於三，三言「方雨虧悔」，二可知也。

九三，鼎耳革，其行塞。雉膏不食，方雨虧悔，終吉。○象曰：「鼎耳革」，失其義也。

謹按：九三過則不中，猛於求進，爲六五所疑而不見用，其象爲「鼎耳革」。五爲耳，耳所以舉而行者，革則不可舉而行塞矣。三當風火之交，風嘘火烈，鼎中沸騰，耳亦熾熱而革。革，變也。鼎之爲用，變腥爲熟，火過則不止物變，而鼎腹、鼎趾以至鼎耳其色皆變矣。耳變而不可舉，雖有雉膏之美，无由上出而爲人食。火太熾，必濟之以水，故曰「方雨虧悔」。陰陽和而後雨降，言陽剛得正，苟能自守，五必釋然，方且君臣和洽而悔可亡矣。過剛故有悔，能自守則悔虧。○又按：五爲柔順聰明之主，二、三之不見用，四隔之也。「方雨虧悔」，其在折足覆餗之後乎？故爻於二不言而於三言之，三近於四也。象曰「失義」，謂失亨飪之宜，猶九三昧於進退之義也。

九四，鼎折足，覆公餗，其形渥，凶。○象曰：「覆公餗」，信如何也。

程傳：「四，大臣之位，任天下之事者也。天下之事豈一人所能獨任？必當求天下之賢智，與之協力。得其人則天下之治可不勞而致也，用非其人則敗國家之事，貽天下之患。四下應於初，初陰柔小人，不可用者也，而四用之，其不勝任而敗事，猶鼎之折足也。『鼎折足』，則傾覆公上之餗。餗，鼎實也。居大臣之位，當天下之任，而所用非人，至於覆敗，乃不勝其任，可羞愧之甚也。『其形渥』，謂赧汗也，其凶可知。繫辭曰：『德薄而位尊，知小而謀大，力小而任重，鮮不及矣。』言不勝其任也。蔽於所私，德薄知小也。」

謹按：四之折足，非足折，自折也。器小而盈，又任用所私，无休休有容之量，宜其凶也。○又按：四應初，初，趾也，賤也，顛之則出否，任之則折足，可小知不可大受也。

六五，鼎黄耳，金鉉，利貞。○象曰：「鼎黄耳」，中以爲實也。

王申子云：「黄，中色，謂五；金，剛德，謂上。耳不虚中則有鉉而无所措，耳而无鉉則有實而无所施，故六五虚中以納上九之助，而後一鼎之實得以利及天下，猶鼎黄耳得金鉉也。」

謹按：六五柔順居中，爲離明之主，其象爲黄耳。耳者，鼎之主；黄者，色之中。當九四退位之後，二、三進用，宣猷效力，濟濟盈廷，六五抱中守順，垂裳端拱，爲天下君。上九居賓師不臣之位，提綱挈領，斷斷休休，而天下皆爲之用，想其光華文明之象，巍乎焕乎！无所擬諸，則以爲黄耳已耳、金鉉已耳，大象辭所謂「正位凝命」是也。傳云「中以爲實」，六五本无實，中即其實也，无爲而有爲者也。

上九，鼎玉鉉，大吉，无不利。○象曰：玉鉉在上，剛柔節也。

本義：「上於象爲鉉，而以陽居陰，剛而能温，故有玉鉉之象，而其占爲大吉，无不利。蓋有是德，則如其占也。」

謹按：自五言之，上爲金；自上言之，又爲玉，金堅而玉潤。六五柔，賴上爲金；上九剛，自處以玉也。吉，无不利，上之吉即五之吉，上之利即五之利也。惟上能輔五，亦惟五能用上。鼎取養賢之義，上在五上，猶大有所謂「尚賢」也。象曰「剛柔節」，亦合金鉉、玉鉉爲言。

震䷲ 震下震上

震，亨。震來虩虩，笑言啞啞，震驚百里，不喪匕鬯。○象曰：震，亨。○「震來虩虩」，恐致福也。「笑言啞啞」，後有則也。○「震驚百里」，驚遠而懼邇也，出可以守宗廟社稷，以爲祭主也。

程傳云：「陽生于下而上進，有亨之義。又震爲動，爲恐懼，爲有主。震而奮發，動而進，懼而修，有主而保大，皆可以致亨，故震則有亨。」

謹按：震自人心言，曰「來」者，事來于外，即震來于心也。虩虩，恐懼貌；啞啞，謂言笑自安其常也。君子之心，无時而不戒懼，當震動之來，尤加謹畏。然所謂戒懼者，只是返躬内省，盡其在我而已。傳曰：「笑言啞啞，後有則也。」則，謂事物當然之理，即艮卦傳所云「止其所也」，爲臣止敬，爲子止孝，孝敬者，臣子之則也。吾自盡吾臣子之所當爲，艱危險阻烏得而奪之？周公恐懼流言，東征三年，赤舄几几，得處震之道矣。「震來」二句，申説震而亨之義，謂占者如是則亨也。「震驚百里」二句以象言，而占亦在其中。震爲雷，爲長子，長子主器以奉宗廟社稷之祀，假而有事廟中，而雷聲震赫，主祭者能盡誠敬，何至喪失所執之匕鬯？蓋事无難易，一歸于當然之則，則吾身吾心有所憑藉以自固，不但語默動静不失其常，以之守家守國亦確乎其不可拔矣。驚遠懼邇，邇謂四陽，遠謂初陽。驚懼，即震來虩虩意。象傳「可出而守宗廟社稷」，上不必增「不喪」句。○又按：處震之道，全在「虩虩」二字，惟能懼，故能不懼，懼之心即不懼之心。孔子之迅雷風烈必變，即大舜之烈風雷雨不迷也。震動之來，不以事而以心順逆險易之境，各挾其可憂可喜以嘗，我惟素位而行，兢兢業業，常切臨深履薄之戒，而貧賤不移，富貴不淫，斯无入而不自得矣，故曰「恐致福也」。

象曰：洊雷震，君子以恐懼修省。

程傳：「洊，重襲也，上下皆震，故爲洊雷。雷重仍則威益盛，君子觀洊雷威震之象，以恐懼自修飭循省也。君子畏天之威，則修正其身，思省其過咎而改之。不唯雷震，凡遇驚懼之事，皆當如是。」

胡氏曰：「恐懼作於心，修省見於事，修克治之功，省審察之力。」

謹按：恐懼而修，修而又省，君子之洊雷也。

初九，震來虩虩，後笑言啞啞，吉。〇象曰：「震來虩虩」，恐致福也。「笑言啞啞」，後有則也。

謹按：初爲卦主，故辭與卦同。〇又按：卦辭取象全卦，爻辭取象本爻。位初，震來象；主震，虩虩象；陽剛有爲而得正，笑言啞啞象。

六二，震來厲，億喪貝，躋于九陵，勿逐，七日得。〇象曰：「震來厲」，乘剛也。

謹按：卦變自臨，六來居二，而乘初剛，「震來厲」也；六來則九往，九貝也；二得六而失九，「喪貝」也；二、三、四互艮，四最在上爲艮主，「躋于九陵」也。億，大也；喪貝，所喪者大也。一卦六爻，變至七則本爻復，「七日得」也。處震之道在不喪，二陰柔无才，又逼近初剛，不能不喪矣。然有中順之德，雖失所有，終不求而自獲也。傳曰「乘剛」，乘者剛震來也，震以乘剛，震无害也，如以警惕之心乘踶趹之馬，自然不致失墜。

六三，震蘇蘇，震行无眚。〇象曰：「震蘇蘇」，位不當也。

程傳：「蘇蘇，神氣緩散自失之狀。三以陰居陽不正，處不正於平時且不能安，況處震乎？故其震懼而蘇蘇然。若因震懼而能行，去不正而就正，則可以无過。眚，過也。三行則至四，正也，動以就正爲善，故二勿逐則自得，三能行則无眚。以不正而處震懼，有眚可知。」

謹按：震者，振也，所以振不振也。是以聖賢豪傑之興，多從憂患中來。惟陰柔不正之人，一經挫折，終身不振，終于廢棄而已。然六三之蘇蘇，猶愈于上六之索索。蘇蘇止是頹懦无爲，苟能自强，則不振者振矣。若索索則懵然全无知覺，雖欲行，可得乎？故六三「行无眚」，而上六則「征凶」也。

九四，震遂泥。○象曰：「震遂泥」，未光也。

謹按：九自臨之二上於四，本以成震也，而陷於四陰之中，爲大坎，震而不震矣。曰「遂」者，謂自二往四而不反也。象曰「未光」，震動則光，陷於坎，斯不光矣。

六五，震往來厲，億无喪，有事。○象曰：「震往來厲」，危行也。其事在中，大无喪也。

謹按：「往」謂初，初遠於五；「來」謂四，四近乎五也。初往而四又來，是震无已時也，危矣哉！幾喪所事矣。然五得中，其事亦在中之事也，故「億无喪」。无喪有事，即不喪匕鬯。五爲尊位，故云。○又按：億之爲數最多，言所喪失者无多也。象曰「大无喪」，大亦多也。

上六，震索索，視矍矍，征凶。震不于其躬，于其鄰，无咎，婚媾有言。○象曰：「震索索」，中未得也。雖凶无咎，畏鄰戒也。

程傳：「索索，消索不存之狀，謂其志氣如是。六以陰柔居震動之極，其驚懼之甚，志氣殫索也。矍矍，不安定貌，志氣索索則視瞻徊徨。以陰柔不中正之質，而處震動之極，故征則凶也。震之及身，乃于其躬也，『不于其躬』，謂未及身也。鄰者，近于身者也。能震懼於未及身之前，則不至於極矣，故得无咎。苟未至於極，尚有可改之道，震終當變柔，不固守，故有『畏鄰戒』而能變之義。聖人於震終示人知懼能改之義，爲勸深矣。婚媾，所親也，謂同動者；有言，有怨咎之言也。六居震之上，始爲衆動之首，今乃畏鄰戒而不敢進，與諸處震者異矣，故婚媾有言也。」

謹按：「征凶」以下皆占辭。上居卦之終，震之極，極則震來甚于前，終則欲戒而已晚，故占得此爻者，必戒之于早，則雖凶无咎也。

艮䷳ 艮下艮上

艮其背，不獲其身；行其庭，不見其人，无咎。○彖曰：艮，止也。時止則止，時行則行，動靜不失其時，其道光明。○艮其止，止其所也。上下敵應，不相與也，是以「不獲其身；行其庭，不見

其人，无咎」也。

程傳：「人之所以不能安其止者，動於欲也，欲牽於前而求其止，不可得也。故艮之道，當『艮其背』，所見者在前而背乃背之，是所不見也。止於所不見，則无欲以亂其心，而止乃安。『不獲其身』，不見其身也，謂忘我也，无我則止矣，不能无我，无可止之道。『行其庭，不見其人』，庭除之間，至近也，在背則雖至近不見，謂不交於物也，外物不接，内欲不萌，如是而止，乃得止之道，於止爲无咎也。」

吴氏曰慎曰：「程子『廓然而大公，物來而順應』即其義。蓋廓然大公則忘我，而『不獲其身』；物來順應則忘物，而『不見其人』。動静各止其所，斯能内外兩忘。」

謹按：艮，止也，止於是而不遷，即大象所云「不出其位」也。止固止，行亦止，惟其時耳，時之所在，即位之所在也。傳曰「艮其止，止其所也」，謂艮之爲止，猶背之止其所也。人之所見在前，後則不可見，不可見則身與物俱不相涉，是爲止之所象。背處于身世不相涉之地，故得安其位，而身與物不得而擾之，是爲止其所象。以卦才言，上下兩卦相應之爻，如兩峰對峙，各爲一所也，上不來，下不往，兩不相與，各止其所也。人心未與物接，寂然不動，退藏于密，不事矜持，而五官百骸自然整齊嚴肅，静而止也；及其酬酢萬變，隨物付予，无事安排布置，而物物各得其願，動而止也。人身目視耳聽，有身即有欲，静而止則内欲不出，猶背之背乎身也；萬物之來，各挾其可欲以嘗我，動而止則外欲不入，猶背之背乎人也，故曰「不獲其身，行其庭，不見其人」。經以背象艮，與爻辭「艮腓」、「艮趾」不同，自趾至輔皆當艮，而背則本艮也。「不獲其身」三句緊承「背」説，傳以卦才釋艮背之義，而不獲、不見意已在其中。蓋惟止其所，故所止之外一概不獲不見，亦惟不獲不見，乃可謂止其所也。卦變自觀，觀卦辭「大觀在上」，人觀我也；爻辭「觀我生」，自觀也，三上五下，而人我之觀皆失矣。

象曰：兼山艮，君子以思不出其位。

謹按：有一毫意見之未忘，即是出位。聖人之不出，物來順應也；學者之不出，主一无適也。故學易之功，在主敬窮理，窮理則知止，主敬斯得止矣。

初六，艮其趾，无咎，利永貞。○象曰：「艮其趾」，未失正也。

程傳：「當止而行，非正也。止之於初，故未至失正。事止於始則易，而未至於失也。」

謹按：初六以陰居陽，本不正也，然止於初，猶未失正。貞曰永，即上九之「敦艮」也。初六「利永貞」，慎終于始也。

六二，艮其腓，不拯其隨，其心不快。○象曰：「不拯其隨」，未退聽也。

本義：「三止乎上，亦不肯退而聽乎二也。」

謹按：六二柔順中正，得止之宜者也，何以不能自守而比于三，如腓之隨、限乎？二與三同體，三在上爲艮主，情親而分尊，猶子弟之于父兄，欲不隨不得也。三過剛不中，失止之宜，二不能以其中正之道救之，是以「其心不快」。三能得之于二，二不能得之于三，故爻辭原二之心，而象傳又明其咎之所歸，曰「未退聽也」。

九三，艮其限，列其夤，厲薰心。○象曰：「艮其限」，危薰心也。

謹按：九自觀之五下於三，成艮之主也。過剛不中，執而不變，與大傳「其道光明」相反，故曰「厲薰心」。限，背中脊骨；夤，膂也。艮其脊骨，則膂如列而不能屈伸矣。「厲薰心」，謂艱蹇畏忿，如火薰灼，不安之甚也，與二之「不快」異矣。咸下卦爲艮，咸初言「拇」，拇即趾也；二亦言「腓」，咸主動，故三不言「限」而言「股」，股在腓之上、限之下，凡限以下皆隨限者也，而限又隨心。艮限、列夤者勿求于氣也，至厲薰心，則氣壹動志矣。

六四，艮其身，无咎。○象曰：「艮其身」，止諸躬也。

本義：「以陰居陰，時止而止，故爲艮其身之象，而占得无咎也。」

胡雲峰曰：「咸九四『憧憧往來』，以心之動言。此不言心而言身，兼動静言也，身止則知心得其所止矣。」

謹按：「身」兼全體，言手容恭則手得所止矣，足容重則足得所止矣。六居四爲當位，五官各得其所之象。不言背者，止而未忘也。

六五，艮其輔，言有序，悔亡。○象曰：「艮其輔」，以中正也。

本義：「六五當輔之處，故其象如此，而其占悔亡也。悔，謂以陰居陽。」

鄭亨仲曰：「爻言輔不言口，言身不言腹，言夤不言臍，皆背面而立之象。」

謹按：言者，心之聲也，心正而後言有序。「艮其輔」，非不言也，當言而後言，惟有中德者能之。咸于上言「輔頰舌」，五言「脢」。艮以背爲全卦象，而上九又取「厚終」之義，故于五言「輔」。

上九，敦艮，吉。○象曰：敦艮之吉，以厚終也。

程傳：「天下之事，唯終守之爲難能。敦於止，有終者也。上之吉，以其能厚於終也。」

謹按：爻曰「敦」，象傳曰「厚終」，繫辭所謂「所成終」也。吉則篤實光輝，萬事萬物從此始矣。四、五二爻不言吉者，艮「所成終」也，第曰「艮」耳，未可遽許其吉，至上則艮終而吉矣。

漸䷴ 艮下巽上

漸，女歸吉，利貞。○象曰：漸之進也，「女歸吉」也。○進得位，往有功也。進以正，可以正邦也。○其位剛得中也。○止而巽，動不窮也。

謹按：漸，漸進也。止於下而巽于上，爲不遽進之義，進以漸則无往不吉。女歸，其大焉者也，然又利於貞正。漸而不正，如女歸年不齊、德不符，雖以漸而未必吉也。卦自否來，六上居四，九下居三。象傳曰「進得位」，進謂六四一爻，得位謂中間四爻，一柔進而諸爻之位皆得，故曰「往有功」，往即進也。「得位」釋「貞」，「往有功」釋「利」。「進以正」二句以人事言，「剛得中」謂九五一爻；「止而巽」以卦德言，惟剛乃能有爲，非剛得中。柔雖得位，終不能往而有功，剛得中而非有巽止之德，則又失之太剛，亦不能有功。此二段補足上文，釋「利貞」之義。

象曰：山上有木，漸，君子以居賢德善俗。

本義：「二者皆當以漸而進。」

謹按：勿忘勿助，深造以道，居德也；漸仁摩義，久道化成，善俗也。善俗必先居德，自新以新民也。

初六，鴻漸于干，小子厲，有言无咎。○象曰：小子之厲，義无咎也。

本義：「干，水涯也。始進于下，未得所安，而上復无應，故其象如此。而其占則爲『小子厲』，雖有言，而于義則无咎也。」

程傳：「諸爻皆取鴻象。鴻之爲物，至有時而群有序。不失其時序，乃爲漸也。」

謹按：鴻，水鳥；干，水涯也。水鳥漸于水涯，進猶不進也。艮爲小子，初爻小之小者也，才弱无援，故厲。厲，危懼也。有言，謂小子畏而不進，人或有譏笑之者。然能知畏，則義无咎也。二、三、四互坎，初在二下，干象。

六二，鴻漸于磐，飲食衎衎，吉。○象曰：「飲食衎衎」，不素飽也。

程傳：「二居中得正，上應於五，進之安裕者也，但居漸，故進不速。磐，石之安平者，江河之濱所有。象進之安，自干之磐，又漸進也。二與九五之君，以中正之道相應，其進之安固平易莫加焉，故其飲食和樂，衎衎然，吉可知也。」

謹按：六二中正，進以其漸，故「飲食衎衎」，詩所謂「自公退食，委蛇委蛇」是也。若躁急妄進，雖食不暇咽，亦素餐耳。磐石安而固，六二中正，磐象。

九三，鴻漸于陸，夫征不復，婦孕不育，凶。利禦寇。○象曰：「夫征不復」，離群醜也。「婦孕不育」，失其道也。「利用禦寇」，順相保也。

程傳：「平高曰陸，平原也。三在下卦之上，進至於陸也，陽上進者也。居漸之時，志將漸進而上无應援，當守正以俟時，安處平地則得漸之道。若或不能自守，欲有所牽，志有所就，則失漸之道。四陰在上而密比，陽所説也；三陽在下而相親，陰所從也。二爻相比而无應，相比則相親而易合，无應則无適而相求，故爲之戒。夫，陽也，夫謂三，三若不守正而與四合，是知征而不知復。征，行也；復，反也。不復，謂不反顧義理。婦謂四，若以不正而合，則雖孕而不育，蓋非其道也，如是則凶也。三之所利在於禦寇，非理而至者，寇也。守正以閑邪，所謂禦寇也；

不能禦寇，則自失而凶矣。」

謹按：夫謂三，婦謂四。九自否之四來居三，離其乾之群類而以剛下柔，若不守正而與四合，是知征而不知復，爲可醜也。六自三往居四，以柔乘剛，若以不正而合，則失陰陽倡隨之道，雖孕亦不育也。若此者，皆爲情欲所牽之故，情欲即寇也。九三能以其陽剛斷此情欲，則順乎理而自守不失，即可保四，使无失也。故象傳曰「順相保」。漸陸與夫征，各爲一象，五爻亦然。高、平曰陸。三在下卦之上，高象；九一奇横亙，平象；卦變三、四互易，夫征不復、婦孕不育象。

六四，鴻漸于木，或得其桷，无咎。〇象曰：「或得其桷」，順以巽也。

程傳：「當漸之時，四以陰柔進據剛陽之上，陽剛而上進，豈能安處陰柔之下？故四之處非安地，如鴻之進于木也。木漸高矣，而有不安之象，鴻趾連不能握枝，故不木棲。桷，横平之柯。唯平柯之上乃能安處，謂四之處本危，或能自得安寧之道，則无咎也。如於木本不安，或得平柯而處之，則安也。四居正而巽順，宜无咎者也，必以得失言者，因得失以明其義也。」

謹按：四爲巽主，木象；以陰居陰，位得其正，桷象。或者以此之故，可以无咎也。「或」云者，庶幾之辭。象傳「順以巽」，即是无咎。

九五，鴻漸于陵，婦三歲不孕，終莫之勝，吉。〇象曰：「終莫之勝，吉」，得所願也。

程傳：「陵，高阜也，鴻之所止最高處也。象君之位，雖得尊位，然漸之時，其道之行固亦非遽，與二爲正應，而中正之德同，乃隔於三、四。三比二，四比五，皆隔其交者也，未能即合，故三歲不孕。然中正之道有必亨之理，不正豈能隔害之？故終莫之能勝。但其合有漸耳，終得其吉也。以不正而敵中正，一時之爲耳，久其能勝乎？」

謹按：始離而終合，合以漸也。五爲尊位，陵象。

上九，鴻漸于陸，其羽可用爲儀，吉。〇象曰：「其羽可用爲儀，吉」，不可亂也。

謹按：舊本以「陸」爲「逵」，固未當。或謂既漸於陵，復漸于陸，進而又退，漸之至也，其説亦未足信。愚意六爻「漸」字，只當「進」字。干、磐、木、陸、陵，各就本爻取象，非謂干進於磐、磐進于陸也。三、上俱陽爻，在一卦之上，故同取陸象，陸爲人所往來之處。三過剛而妄進，不免矰繳之傷；上无位，又以陽居陰，忘機之鳥也，故翱翔自如。儀，謂飛翔可觀，在人則亮節清風，頑廉懦立，亦一代之光也。象傳「不可亂」，謂飛翔整暇，泰然自若，不可摇動，雖專釋本爻，然各義俱該。女歸之吉，吉以此也。

歸妹䷵ 兑下震上

歸妹，征凶，无攸利。○彖曰：歸妹，天地之大義也。天地不交而萬物不興，歸妹，人之終始也。○説以動，所歸妹也。○「征凶」，位不當也。「无攸利」，柔乘剛也。

謹按：上震下兑，兑，少女，故曰妹，妹對姊言。歸，往也。彼不來而此往，兑下於震也。歸者妹，歸不以時也，妹歸不以禮也；惟汲汲于歸而不待時，故歸不以禮。兩意一義也。男女，人之大倫，所以繼續終始也。歸妹之「征凶，无攸利」，以位不當，而柔乘剛之故。蓋動於情欲之私，則淫邪无所不至。以説而動，是以男牽而失剛，女褻而失順。動不以正，而夫婦之倫瀆，欲吉而利不可得矣。傳雖逐句注釋，其實意義一串。卦自泰來，三、四互易，爻爻失位，三柔乘二，五柔乘四，上與初雖正，然陰上剛下，亦失上下之序，故曰「乘剛」，曰「位不當」。至六爻繫辭，各就本爻起義，不取上下卦相應，以六爻皆妹象也。下卦已歸之妹，上卦未歸之妹。初之「以娣」，上之「无實」，取在上之義，上則窮極无所歸往，故有昏約而不終。九居二得中，正室也，然以陽居陰，所處之位不稱，賢女不得於狂夫而見棄，谷風、終風之類是也。六三失德，人莫之取，「反歸以娣」，又不如初之恒德相承矣。九自泰之三上於四，家本微賤，高自位置，不輕以身許人，擇而愆期者也，愆期亦取不正之象，求我庶士，卒不相值也，「遲歸有時」，是藉勸勉之辭。六五居亦失位不正，然歸妹之五以不正爲正者也，凡男必先於女，而王姬則女先於男，王姬下降，同姓諸侯主之，以尊降卑，位本不匹也。

象曰：澤上有雷，歸妹，君子以永終知敝。

謹按：事必有始而後有終，无始則敝，敝則不終矣。

初九，歸妹以娣，跛能履，征吉。○象曰：「歸妹以娣」，以恒也。「跛能履」，吉相承也。

謹按：初九居下而上无應，其象爲娣，猶人之跛而不能正行也。然陽剛爲女子之賢德，跛也而能履焉，履亦取在下之象，雖不能行遠，尚能履步。所以然者，以不失恒德，故能順承女君而成内助。

九二，眇能視，利幽人之貞。○象曰：「利幽人之貞」，未變常也。

謹按：九二中矣而未正，所遇不淑，眇之象也。夫婦爲比目魚，婦爲夫所棄則眇矣。猶能視者，陽剛得中，爲能抱道守貞，雖中心是悼，而德音莫違，此「幽人之貞」，不以窮困變其志節者，利何如之！

六三，歸妹以須，反歸以娣。○象曰：「歸妹以須」，未當也。

謹按：六三在下卦之上，本非賤者，以不中不正，爲說之主，而上无正應，乃待歸而人莫之娶者也，當反退于下，求爲娣媵則可也。須，與四爻「愆期」等。四「遲歸有時」，三則終无歸日矣，故教以退處于娣，此傳義解也。又一說：六自泰之四爻下居三，在泰爲坤之下體，女之賤者也，居三不正，又爲說主，在上下二卦之間，傳所謂「說以動」者此也。從坤下體而來，是「歸妹以須」也。須者，女奴之稱，其歸也不在娣姪之列，以須從妹，非歸於夫也。及其既歸，容説取憐，儼然抱衾裯，而在公貴寵，亞於女君，須也而娣矣。然終以陰柔不當其位，不免於反歸。反歸，大歸也。婦人以母家爲歸宗，須往而娣歸往不得，並於緑衣之小星，反不得比於荼苦之棄婦。爻之不善无過於此，不言凶者，凶不足道也。上爻之「承筐，无實」，乃有婚約而不終者；三爻之「反歸」，乃已婚而不終者。上爲上卦之終，三爲下卦之終。傳云「歸妹，人之終始」，終始者，終而復始之謂。三上二爻，終而已矣，无復有始，而上又全卦之終，故爲尤凶。但三之凶自取，上則天實爲之也。此說亦通。

九四，歸妹愆期，遲歸有時。○象曰：愆期之志，有待而行也。

謹按：四過乎中矣。九自泰之三往居四，陽居陰，究不當位，愆期之象也。

六五，帝乙歸妹，其君之袂不如其娣之袂良。月幾望，吉。○象曰：「帝乙歸妹」，「不如其娣之袂良」也，其位在中，以貴行也。

謹按：六五陰柔居尊，又坤體，帝乙妹也。帝妹尊矣，而能柔順謙遜，不務華飾，女德之盛者也。

上六，女承筐，无實。士刲羊，无血，无攸利。○象曰：上六無實，承虚筐也。

謹按：曰「女」、曰「士」，未成夫婦也。卦言歸妹，重在女。「女承筐，无實」，故「士刲羊，无血」。占辭與卦辭同，歸妹之凶，上其最也。

周易傳義合訂卷之九

豐䷶ 離下震上

豐，亨。王假之，勿憂，宜日中。〇彖曰：豐，大也。明以動，故豐。〇「王假之」，尚大也。「勿憂，宜日中」，宜照天下也。〇日中則昃，月盈則食。天地盈虚，與時消息，而况於人乎！况於鬼神乎！

謹按：傳以卦德釋卦名，而亨之義已見。豐，未有不亨者也。然明、動二德善用之，則爲明作有功；不善用之，則爲喜功好大。豐之取義有盈滿意，有障蔽意，惟其盈滿，是以障蔽也。漢高、惠、文、景重熙累洽，至武帝以明斷之資，狹小漢制，震奮有爲，拓土開疆，長駕遠馭，大則大矣，而漢業之衰實由于此。是故豐有亨道，亦有憂道。王者假至于此，如日既中，去昃不遠矣。然而猶未昃也，能持盈保泰，使常如日中，則明无不照而亨可常保，何用憂爲？彖傳「尚大也」三字，釋「王假之」，并起下釋「勿憂，宜日中」，意日中則昃云云，又極言理數之必然以示警。

象曰：雷電皆至，豐，君子以折獄致刑。

謹按：不曰「用刑」而曰「致刑」者，情有重輕，罪分大小，各致于其所而不紊，斯折獄之善道也。

初九，遇其配主，雖旬无咎，往有尚。○象曰：「雖旬无咎」，過旬災也。

謹按：初九陽剛得正，而居離體，光明正大之才也。處豐之初，如日方升，有進无退時也。又四自泰二上爲震主，當其在二，初所比也，故曰「配主」，自往居四，而初失所比矣。然初應四者也，如失而復會，故曰「遇」。以初之才，初之時，遇震動有爲之四，相資爲理，興廢舉墜，振綱肅紀，事事謀其萬全，規模制度必有垂之永久而无弊者矣，故曰「雖旬无咎，往有尚」。旬，十也，十者數之終也，取象六爻，自初歷四，至上而周，又轉而至初則爲七，至四則爲旬。「雖旬无咎」，謂不但有始有終，即時會再更，尚復可延，此往而有爲之，所以可尚也。以時言之，六十年週一甲子，三十年爲一世，兩世猶卦之重也。六十年爲六甲，前三甲與後三甲相應，一甲甲子四甲，甲午、子午對也；二甲甲戌五甲，甲辰、辰戌對也。猶六爻，一應四，二應五，三應上也。故六十年中，前三十年與後三十年有别，前六十年與後六十年又别，盈虚消息之道然也。人定勝天，可使六十年全盛，即更歷一世至於百年，雖不如前此之盛，亦可苟幸无咎，過此以往則不可保矣。○又按：分日爲旬，寅一、卯二、辰三、巳四、午五，正日中也；未六、申七、酉八、戌九，則日八而昏矣。旬无咎，光華復旦之象也。全卦之義于初爻發之，終由于始也。又豐卦初變則爲小過，尚大而不爲小，初陽之功也。

六二，豐其蔀，日中見斗，往得疑疾。有孚發若，吉。○象曰：「有孚發若」，信以發志也。

謹按：編草爲覆曰蔀，蔀豐則日中如夜矣，見斗日无光也。三、四以陽剛之才，居全卦之中，二爲離明之主，居下卦之中，故皆曰「日中」。所以見斗、見沫者，蔽于五與上也。五以其蔀蔀二，五暗而二亦掩其明，由二急于往應，致滋疑疾也。若能積誠以動，五必翻然改悟，疑疾亡而誠信孚見，斗之昏暗，化而爲日中之光華，五爻所謂「來章，有慶譽」，五之吉即二之吉也。

九三，豐其沛，日中見沫，折其右肱，无咎。○象曰：「豐其沛」，不可大事也。「折其右肱」，終不可用也。

謹按：三與二、四同爲五臣，而三位又與上應，上之昏暗甚于五，故三之受蔽甚于二與四，猶蔀内加沛，暗之至也。如此則忠君受國之心，抑而弗伸，卒廢棄以終其身已耳，復何望乎？右肱，人所任以作事者，折則无能爲矣。「折右肱」，與明夷「夷于左股」同。五、上，坤體；坤，夷明者也。二往得疑疾，幾于不免，三過剛不中，不度量而往，宜其折矣。

九四，豐其蔀，日中見斗，遇其夷主，吉。○象曰：「豐其蔀」，位不當也。「日中見斗」，幽不明也。「遇其夷主」，吉行也。

謹按：二應五，四承五，豐蔀一也。而有不同者，二位卑而遠，受蔽由于往應，不往則不蔽矣。四則居高近君，身膺輔弼之任，而陽剛主動，處不當位，不能正身以正君，是自取豐蔽也。必下而求初，而後明動相濟，而四得展其震動有爲之才矣。四以陽剛爲震之主，自用故滋蔽，用賢則有功。衛、霍以戰功耗國，由董、汲之不遇也。傳曰「行也」，與初爻「尚往」對看。

六五，來章，有慶譽，吉。○象曰：六五之吉，有慶也。

謹按：「來章」，來二也，二文明而章美也。「來」與二爻「往」字對，馮氏謂二言往、五言來，往來交合，章明之象。初與三、四皆陽剛有爲之才，二來則群賢彙征矣。「有慶譽」，謂明動相資，功業之盛，如日正中。卦辭「王假之」，正指此爻。○又按：易書言「慶」、言

「譽」，多在五爻。五居尊位，以天下之福慶爲慶也，有慶斯有譽矣。又二多譽，五能用二，二之譽即五之譽也。

上六，豐其屋，蔀其家，闚其户，闃其无人，三歲不覿，凶。○象曰：「豐其屋」，天際翔也。「闚其户，闃其无人」，自藏也。

謹按：上以陰柔處動之極，居豐之終，滿假躁動，自謂高明不世出，而不知昏暗之至也。豐屋、蔀家，不止豐蔀、豐沛已也。「闃其无人」，非无人也，不覿也，不覿至于三年，則長夜矣，不但日中見斗、見沫已也。楊子云：「天收其聲，地藏其熱，高明之家，鬼瞰其室。」此爻確注也。從來滿假驕盈者，其究必淪於幽囚。上以好大喜功導其君，即以窮奢極欲便其私，自顧在九天之上，而不知已入九淵之下。曾幾何時而二、四信用，上之寵以衰而勢以危，至于三歲不覿，則徽纆叢棘，終身不見天日矣。哀哉！○又按：人之明，以目能見也，然日則見，夜則不見，是非目之明，日之明也。日中不見者，有蔽之者也。凡蔽物者，必于其上，二、三、四爻之蔽，上與五蔽之也，而五又蔽于上。導其君以侈肆矜張，二、三往争之，而二得疑，三折肱，疑而折，則明體不伸，而日中如夜矣。九四位高近君，有不容謝之責。然必不自用而用人，而後能正己以正君，否則與二、四同受豐蔽矣。惟初遠于五、上，故不受蔽。

旅䷷ 艮下離上

旅，小亨，旅貞吉。○彖曰："「旅，小亨」，柔得中乎外，而順乎剛，止而麗乎明，是以「小亨，旅貞吉」也。○旅之時義大矣哉！

本義："「旅，羈旅也。山止於下，火炎於上，爲去其所止而不處之象，故爲旅。以六五得中於外，而順乎上下之二陽，艮止而離麗於明，故其占可以小亨，而能守其旅之貞則吉。旅非常居，若可苟者，然道无不在，故自有其正，不可須臾離也。」

謹按：豐反爲旅，豐尚大，旅則小矣。卦自否來，柔自三上居于五，是得中于外卦，而順乎上、四二剛。以柔處旅而順從乎剛，旅之道也。上卦離明，下卦艮止，止于明則得其所止，亦旅之善也。卦有此才，故占者可以小亨。雖在旅中，貞則吉也，貞即順剛麗明也。旅之時有何？大亨、小亨而已。既曰「旅，小亨」，又曰「旅貞吉」，重言「旅」者，以旅之時，人所易忽，不知旅自有道，非苟焉已也。郭泰宿處，灑掃潔治，庶幾「旅貞」之義矣。孔子讀易至旅，有見於道大不可離，體道之君子造次顛沛必于是，因歎曰：「旅之時義大矣哉！」

象曰：山上有火，旅，君子以明慎用刑而不獄。

謹按：明一層，慎一層，不獄一層，明而慎則獄不濫，慎而不留則獄无滯，此如山之重、火之速也。

初六，旅瑣瑣，斯其所，取災。○象曰：「旅瑣瑣」，志窮災也。

謹按：下卦爲艮，爲童僕。初在下卦之下，陰柔不中不正，旅中之隸輿細人也。「瑣瑣」，猥屑貌，詩所謂「瑣尾」是也。毛西河以「斯其所」爲句，取「瑣」、「所」協韻，最當；但以「斯」爲「斧以斯之」之「斯」，尚屬牽强。愚意「斯」承上言，謂斯瑣瑣者，乃此輩之所也。凡旅不過暫止，而隸輿下賤，不克自振，終身于旅而已。

六二，旅即次，懷其資，得童僕貞。○象曰：「得童僕貞」，終无尤也。

謹按：次，舍旅所安也。一宿曰宿，再宿曰信，過信爲次。「即」者，即其所在而次也。三上五下而二不動，故曰「即次」。旅所重者資，所相依者童僕，「懷其資」得「童僕貞」，旅之最吉者也。六二柔順中正，故有此象。「得童僕」謂初比二，中爻互巽爲資。

九三，旅焚其次，喪其童僕貞，厲。○象曰：「旅焚其次」，亦以傷矣。以旅與下，其義喪也。

謹按：九三過剛不中，躁妄而不能自守，往則上无應，來則下无與，上下俱失，故厲。若能安分自守，何厲之有？九自否之五下居三，乾變爲離，「旅焚其次」象。自上而下，與二、初同體。六二中正，不爲所比，初已比二，二之所得，三之所喪，「喪其童僕貞」象。傳云「以旅與下，其義喪也」，「與下」與上爻「在上」，反主僕之分，雖流離瑣尾，不可失也。若如等夷相與，則尊卑无别，不成其爲主僕矣。三性剛躁无常，忽亢忽貶，亢則失人，貶則失己，己失而人亦失矣。本欲與之，而反失之，亦由喪其順德之故也。

九四，旅于處，得其資斧，我心不快。○象曰：「旅于處」，未得位也。「得其資斧」，心未快也。

謹按：五下三上，四介于其間而不動，故曰「旅于處」。詩曰「于時處處，于時廬旅」，同一旅也，久則爲處矣。既云「處」，又云「旅」，以其位不當，終不能久于此也。四居離體下互巽，故曰「得其資斧」。心不快，亦由位不當，雖有資斧，終不甘久居于是也。四離體互巽，資斧象；五、四、三、二爲厚坎，不快象。

六五，射雉，一矢亡，終以譽命。〇象曰：「終以譽命」，上逮也。

本義：「雉，文明之物，離之象也。六五柔順文明，又得中道，爲離之主，故得此爻者，爲射雉之象。雖不无亡失之費，而所喪不多，終有譽命也。」

謹按：六自三往居五，發此至彼，射象；九在乾中，矢象；下于三，一矢亡象；離火文明，雉象。「終以譽命」，占辭。羈旅之臣，有中順文明之德，所至譽滿公卿，雖喪位出疆，終以令譽被賜還之命，不久困旅中也。傳曰「上逮」，謂達而上也。三甘心與下而不上，上不能上而自以爲上，五則不求上而自達于上者也。

上九，鳥焚其巢，旅人先笑，後號咷。喪牛于易，凶。〇象曰：以旅在上，其義焚也。「喪牛于易」，終莫之聞也。

謹按：三「以旅與下」，狎褻之過；上「以旅在上」，驕倨之過。三「焚其次」，次在離中；上「焚其巢」，巢在離上。五爲雉，上爲鳥，雉文而鳥鷙也。上九變六則爲小過，飛鳥象。今一陽踞上，不飛而戢其左翼，鳥之不飛而巢者也。鳥焚巢，則欲止无地，所謂「遶樹三帀，无枝可棲」，旅之窮，至此極矣。然當其未焚，棲遲偃仰，方且儔侶並命，以鳴得意，一炬之慘所不計及也。先笑後咷，惟笑故咷，至咷則悔无及矣。蓋旅以柔順乎剛而亨，上九

「以旅在上」，一念驕倨，遂喪其順德而不自知，焚巢之號，所自取也。離「畜牝牛，吉」，畜牝牛難，喪之則易也。

毛西河曰：「傳曰：『同人，親也。』惟同人爲親，故先號咷而後笑，何則？以親故也。又曰：『親寡，旅也。』惟親寡，故先或笑而後必號咷，何則？以害所親也。離火之聲，笑號莫定，无親之旅，終致哀惻。」

巽䷸ 巽下巽上

巽，小亨，利有攸往，利見大人。〇彖曰：重巽，以申命。〇剛巽乎中正而志行，柔皆順乎剛，是以「小亨，利有攸往，利見大人」。

謹按：巽，入也，其象爲風。風被萬物，温生肅殺，物莫不應入之深也。人君號令天下，如天之風物。巽，命也，重巽，申命也。卦以柔爲主，而九五陽剛中正，志在申命行事，二柔皆順乎剛，雖不能大有爲，亦可以小亨而利有攸往也。剛柔同居巽體，剛巽乎中正之道，而柔又巽乎剛。巽乎中正者，和易近人，「易知有親」之大人也。柔之巽順乎剛，「見大人」也，是以亨而利。漢高、惠、文、景皆巽乎中正之君，雖制禮作樂，謙讓未遑，而才足有爲，是蕭何法律，叔孫綿蕞，得展其小技，定爲一代之制。大凡小人可以小知，然必得君子在上，乃得罄其一得之長，此利有攸往，由于利見大人也。卦以柔爲主，卦辭俱爲二陰言之也。

象曰：隨風，巽，君子以申命行事。

謹按：命之又命，猶巽風之隨也。事行而天下靡然從風，信而勿疑也。

初六，進退，利武人之貞。○象曰：「進退」，志疑也。「利武人之貞」，志治也。

謹按：巽爲進退，初又在下卦之下，進則遇剛，退復无地，猶豫不決，其志疑也。何以治疑？其惟「武人之貞」乎！武人之出師，號令嚴明，進則進，退則退，有一定之律，此師之貞也，如是則利矣。

九二，巽在牀下，用史巫紛若，吉，无咎。○象曰：紛若之吉，得中也。

謹按：九二以陽剛居下卦，上无應與，比于初陰。又卦自遯來，剛自四下于二，巽之至矣，故曰「巽在牀下」。然剛而得中，雖過于巽，非上之窮、初之進退比也。史巫所任者口説，故以諭申命之煩，一事而往反丁寧，不厭重複，猶史巫之祝贊喋喋也。凡任口説者，非諂則瀆，占者必如九二之中，則雖過于煩碎，行之而吉，可无諂瀆之咎矣。巽二陽在一陰之上，牀象；二比初，在牀下象；巽爲倒兑，二、三、四又互兑，兑爲口舌，二陰兑口，巫史象。

九三，頻巽，吝。〇象曰：頻巽之吝，志窮也。

謹按：三在上下之間，過剛而不中，其象爲頻巽。頻巽者，時或不巽，旋而又巽也。上之窮，時窮也；三之窮，志窮也。人惟立定志嚮，則行止得以自主。九三血氣用事，輕率躁妄，反覆无常，南人所謂「人而无恒，不可作巫醫」也，窮由自取，不可羞吝乎？

六四，悔亡，田獲三品。〇象曰：「田獲三品」，有功也。

謹按：初、四二爻皆柔順乎剛，四以柔處柔爲得正，可謂善處巽者，故一言六四即云「悔亡」。陰柔本有悔，所以悔亡者，履正近君，无進退之疑，勇于奉命而有功也。田，田獵也；三品，謂所獲之多。程傳云：「四能巽乎上下之陽，如田之獲三品，一爲乾豆，一供賓與充庖，一頒徒御，遍及上下也。」沈氏曰：「獲三品，令行之效也。」胡氏曰：「田，武事也。初利武人之貞，四之田獲，用武而有功者也。」

九五，貞吉，悔亡，无不利，无初有終。先庚三日，後庚三日，吉。○象曰：九五之吉，位正中也。

謹按：九五，卦辭所謂「大人」，彖傳所謂「巽乎正中」也。爻何以有戒辭？五，君位也，必乾剛獨斷，權不下逮，乃爲君道之正。五當巽時，二柔用事，雖陽剛志行，而謙讓未遑，幾于悔矣，必固守中正之德，乃吉而悔亡，无所往而不利矣。「无初」，悔也；「有終」，悔亡也。先庚、後庚，取重申之義。「初」前命，「終」後命也，更前爲後，故曰「庚」。「先庚三日，後庚三日」，謂不待庚時，先須審慎，已庚之後，尤要整飭。「三日」云者，先之又先，後之又後，與蠱卦「先甲」、「後甲」意同。蠱彖傳曰「終則有始」，兼治亂言，治終則亂始，亂終則治始也；巽五爻曰「无初有終」，有、无俱以治言，此之所謂終，彼之所謂始也。

上九，巽在牀下，喪其資斧，貞凶。○象曰：「巽在牀下」，上窮也。「喪其資斧」，正乎凶也。

謹按：上九居卦終，高而无與，欲下同于三，又无陰陽相與之義。巽極而失其陽剛，一事不能爲，一步不可行，窮而落魄，无以自存，雖正亦凶也。二、上皆「巽在牀下」，二中故吉，上窮故凶。巽者之心計，精防衛密，得喪之關，算之熟矣，而不知患得患失者之終于有失无得也。象曰「正乎凶也」，巽何嘗非正？巽而窮則貞，失其貞而凶矣。巽倍利，互離爲斧，倒巽爲兑，兑爲毁折，喪其資斧象。

兑䷹ 兑下兑上

兑，亨利貞。○象曰：兑，説也。○剛中而柔外，説以利貞，是以順乎天而應乎人。説以先民，民忘其勞；説以犯難，民忘其死。説之大，民勸矣哉！

謹按：兑，説也。我説人，人亦説我，故亨。説必以道，故利貞。兑以陰爲主，一耦在二奇之上，口象也。凡説必形于言笑，故以外柔爲主。然中不實則爲巧言、爲諂笑，小人之説也。卦才剛中柔外，是以剛爲體，柔爲用，如是以爲説則貞而利，而所説者大矣。楊誠齋謂民知聖人勞我以佚我，死我以生我也，是以説而自勸。夫勸民與民自勸，相去遠矣，故聖人大之。

象曰：麗澤，兑，君子以朋友講習。

謹按：習以習所講，講以講所習。兑口相對，講也。講之明則相悦以解，自不能已于習矣。

初九，和兑，吉。〇象曰：和兑之吉，行未疑也。

謹按：六爻取義，俱合上下兩卦並看，大象所謂「麗」是也。初與四爲麗，四亦初也；二與五爲麗，二、五皆中也；三與上爲麗，三亦上也。辭意亦各相因，初之和，調和也；四之商，商量也；四待商初，所以費調也。初在下无乘，又不近陰，意之所向惟四耳，四則下比于三，三陰也，陰陽相説，未免少有繫戀，故「未寧」。然不過微瑕小隙，一經籌度，便已決然，故曰喜。若初則无一毫介繫，故傳曰「行未疑」也。

九二，孚兑，吉，悔亡。〇象曰：孚兑之吉，信志也。

謹按：二、五俱云「孚」者，説之本剛中而貞，所説者大，卦辭云「亨」，亨以此也。蓋兩心相契，出于中之誠然，中孚所謂「攣如」是也。以剛居柔本有悔，以中而悔亡也。

六三，來兑，凶。〇象曰：來兑之凶，位不當也。

謹按：三與上麗，三之「來」，來上也；上之「引」，引三也。來，來之也。從下招上爲來，從上導下爲引。淫朋昵狎以爲悦，悦不以道者也。三不中不正，以陰柔爲兑主，故有此象。

九四，商兑未寧，介疾有喜。〇象曰：九四之喜，有慶也。

謹按：傳云：「憂悔吝者，存乎介。」介，謂介乎兩者之間也。一念未能決絶，便是病痛，商而去之，勿藥有喜矣。

九五，孚于剥，有厲。〇象曰：「孚于剥」，位正當也。

謹按：「孚于剥」，謂當受剥之地，毅然不爲所繫，獨以至誠下應九二也。陰害陽爲剥，五當兑時，與上爲比，能絶上應二，非得中且正，安能如是？曰「有厲」，戒之也。或云二亦比三，何以无戒？曰：三乘、承皆剛，不能勝剛，上則高踞五上，且以柔居柔，爲得正。小人貌爲君子，陰柔之至性尤難測，此五之所以難于二也。

上六，引兑。〇象曰：上六「引兑」，未光也。

謹按：「引」與「來」義同，而引又工于來。來者鼓舞而致之，引則巧計以誘之也，其心暗昧而不可告人，凶不足道也。

涣䷺ 坎下巽上

涣，亨。王假有廟，利涉大川，利貞。○彖曰：「涣，亨」，剛來而不窮，柔得位乎外而上同。○「王假有廟」，王乃在中也。○「利涉大川」，乘木有功也。

謹按：風行水上，離披紛散，涣之象也，涣而能聚，則亨矣。「王假有廟」者，以子孫之精神會祖考之精神，亦以一人之誠意合萬國之歡心，如此而涣者可聚，雖艱難險阻如大川之涉，亦无不利。蓋胡越同舟，協力共濟，聚而有功也。「利貞」謂聚必以正，不正則爲黨、爲比，雖聚亦涣也。卦變自否九來居二，得中而不窮。坎爲險陷，入險不窮，謂與五應也，六往居外卦之下而上同，「上同」謂上順乎五也。傳以「剛來」、「柔往」釋卦名，以「不窮」、「上同」釋「亨」義。「王假有廟」，取九五居中之義。彖傳「王乃在中」，「在」字釋「假」字，「中」字釋「廟」字。九四下而爲五應，六二上而順乎五，九五乃在中不動，以受二之應、四之順，其象爲王者。假至乎廟中，誠敬齋肅，而神人皆格也。「乃」字對二與四言，二、四往來，五乃在中也。「利涉大川」，取巽在坎上，爲乘木之象。涉陰有具斯，涣可濟而有功矣。

象曰：風行水上，涣，先王以享于帝立廟。

程傳：「風行水上，有涣散之象。先王觀是象，救天下之涣散，至于享帝立廟也。收合人心，无如宗廟祭祀之報出于其心，故享帝立廟，人心之所歸也。係人心，合離散之道，无大於此。」

初六，用拯馬壯，吉。○象曰：初六之吉，順也。

程傳：「初之所以吉者，以其能順從剛中之才也。始涣而用拯，能順乎時也。」

謹按：初六陰柔不正，何能拯涣？所恃者上順于二耳。涣而拯其勢最急，風起水汎，拯救稍緩，頃刻之間瀰漫无際矣。馬行疾，馬壯尤疾，陽剛有爲之象也。順，如「順承天」之順。初，坤也；二，乾也。

九二，涣奔其機，悔亡。○象曰：「涣奔其機」，得願也。

謹按：卦所以成涣，以陽下居二也。涣涣否也，所貴乎涣否者，以涣而能聚也。九馬壯也，奔而下于二，涣而能濟者也。機，人之所憑以安者。九二得中，上應五而下比初，得所安矣，象傳所謂「來而不窮」者是也。奔機，涣也，奔而于機即拯也。奔而涣則悔，奔機而涣可拯，故「悔亡」。

六三，渙其躬，无悔。○象曰：「渙其躬」，志在外也。

謹按：六往居四，九來居二，三介于二、四之間，无所爲渙也，亦无所爲拯也，然上比四、下比二，二不窮，三亦不窮，四上同，三亦上同。渙乎，聚乎？惟二與四是從而已，无一毫主持于其間，故曰「渙其躬」。躬渙則人聚，此以渙爲聚者也。傳云「志外」，外謂五，四之上同，同以身；三之上同，同以志也。王氏謂自此以上四爻，皆因渙以拯渙者。謂渙其所當渙，則不當渙者聚矣。愚意二之奔機，亦渙以拯渙者也。

六四，渙其群，元吉。渙有丘，匪夷所思。○象曰：「渙其群，元吉」，光大也。

謹按：六自否之二往居四，初與三本其群類也，今離初與三而往居四，「渙其群」也。居四而上同五，「渙有丘」也何？云：有絶陰而從陽，是散小群爲大群，聚若陵之高也，彼舊日等夷如初與三，始且爲之，抱離群之傷，今見有丘，大出望外矣。渙群，與泰三爻「朋亡」同，故象傳俱云「光大」。○又按：漢、唐、宋之亂皆起于黨援，離大群爲小群，渙也；散小群爲大群，救渙也。

九五，渙汗，其大號渙，王居无咎。○象曰：「王居无咎」，正位也。

謹按：「渙汗」句，「其大號渙」句。渙汗，即卦辭「王假有廟」、象傳「享帝立廟」也。精神積于中，流貫于萬事萬物，猶汗爲人之精液，發而周浹于四體，能如是則號令所至，風行草偃而大號渙矣。大號渙則萬國傾心，爲君者垂裳端拱，坐致雍熙之盛，故曰「王居」，謂王居其所而天下環萃而戴之，即傳所謂「王乃在中」也，如此又何咎之有乎！

上九，渙其血，去逖出，无咎。○象曰：「渙其血」，遠害也。

謹按：上九處渙之極，而能出乎渙者也。渙極則血矣、逖矣，能出乎渙則血去、逖出矣。血、逖，渙也；去之、出之，渙其渙也。或曰：上爻六易九則爲坎，坎陰血也，九在渙上卦，不爲坎而爲渙，是渙去坎之憂傷者上九也。此説亦精。

節☵☱ 兑下坎上

節，亨。苦節，不可貞。○象曰：「節，亨」，剛柔分而剛得中。○「苦節不可貞」，其道窮也。○説以行險，當位以節，中正以通。○天地節而四時成，節以制度，不傷財，不害民。

謹按：有節有文之謂禮，然能節則文不待言。節者，中正不易之則也。先王制禮，本人情之固有，而達之以經曲之儀，大中至正，无過不及，使人範圍於其中，有如是則安，不如是則不安者，有子所謂「和爲貴而小大由之」者是也。六爻如四之「安」，五之「甘」，從容中節者也；二，節而過者；上，斯苦矣；三不及初，勉而及者也。卦變自泰，九上居五，六下居三。傳云「剛柔分」，猶賁傳「分剛文柔」之義。泰卦陰聚于外，陽聚于内；節則分剛于上而剛節矣，分柔于下而柔節矣，此節之所由名也。而所分之剛居五得中，以陽剛有爲之才得中而不過，斯節道之所以不窮而亨也。「苦節」，不中也，不中故「苦」，「苦」故窮，其道然也。節之道本不窮，人若節者，自取窮耳。苦，如卦德之「説以行險」。九五爻之當位中正，則通而不窮矣。何「不可貞」之有「説以行險」二句？孔氏謂更就二體及四、五當位，重釋行節得亨之義，以明「苦節」之窮也。「天地節」一段極言節道之大，天道寒暑有節，故四時序。人君法天行政，理財爲大，量入爲出，匪頒有常，節以制度也。國家經賦止有此數，濫用則傷財，財傷則必多取于民，未有費出不經而不暴征横斂者。王者計十年之通以制用，定十一之法以取民，法天道之中正也。取象水在澤上，不流不泛，節象；五至二互大離，火在其上，炎上作苦，苦節象；坎，險窮象；坎爲冬，大離爲夏，互震爲春，兑爲秋，四時象；倒巽，財象；坎有裁制，不傷財象；初在下爲民位，三、二爲半坎，得初而不成坎，不害民象。

人者。

象曰：澤上有水，節，君子以制數度，議德行。

謹按：德行者，一身之度數，所謂制節謹度是也。議道自己，未有己不節而能節

初九，不出户庭，无咎。○象曰：「不出户庭」，知通塞也。

謹按：初陽剛居正而在民位，抱道守貞之君子也。傳曰「知通塞」，時未通而守塞，雖塞，无異中正之通。初變則爲重坎，以一陽塞水口而爲節，以塞爲通者也。

九二，不出門庭，凶。○象曰：「不出門庭，凶」，失時極也。

謹按：二當有爲之時，以中而不正，不能助九五以成節功，懷寶迷邦，務光之流也。聖人直斷之曰「凶」，悲天憫人之意可見矣。取象三、四、五互艮，艮爲門，二陽鍵關，不出門庭象。初在下爲澤底，澤漏則涸，故不出无咎；二在澤中，滿則溢，故不出凶。

六三，不節若，則嗟若，无咎。○象曰：不節之嗟，又誰咎也！

謹按：六自泰之五下居三，卦之所以爲節，三爲之也。節自我成，而陰柔不中不正，卒

不能節，此其所以嗟也。能嗟則必勉爲節，誰復咎之哉！二「若」字，想像之辭，謂六三不能節而求節，其意若有然者。取象兑口不正而互震動，坎水瀉矣，不節象；兑口出聲而承坎險，其心憂矣象。

六四，安節，亨。○象曰：安節之亨，承上道也。

謹按：五下三上，四處其中，安然不動，无所作爲也，惟順承九五之中而已。文王化行南國，在位之臣，羔羊素絲，退食委蛇，何其節而暇也。卦辭曰「亨」，以九五中正以通也。爻辭于四曰「亨」，四之亨即五之亨也。

九五，甘節，吉，往有尚。○象曰：甘節之吉，居位中也。

謹按：傳云「中正以通」，謂九五也。會通典禮以節天下，在己則爲安行，在物則爲悦從，節之甘者也。裁成輔相以節天地，則四時成；樽節愛養以節萬物，則无傷无害。位育之功大矣！故曰「往有尚」。九自泰之三而上居五，抑過就中，得所願矣，故曰「甘」。甘對苦言。

上六，苦節，貞凶，悔亡。○象曰：「苦節，貞凶」，其道窮也。

謹按：以重卦言，上居節之極；以外卦言，居險之極。極故窮，窮乃苦也，故曰「貞凶」。然于律身之道无虧，悔何有哉！檀弓所云「不食嗟來」，節也。曾子曰：「其嗟也可去，其謝也可食。」卒不食而死，節而苦矣，然身死而節完，雖凶无悔。先儒講「節」字，只在財用豐儉上説，似乎未盡節義。○又按：上變則爲中孚，「窮則變，變則通」，節後繼以中孚卦，有濟節之義。

中孚䷼ 兑下巽上

中孚，豚魚吉，利涉大川，利貞。○象曰：中孚，柔在内而剛得中，説而巽，孚乃化邦也。○「豚魚吉」，信及豚魚也。「利涉大川」，乘木舟虚也。○中孚以利貞，乃應乎天也。

謹按：有全卦之中，有二體之中，全卦之中虚，二體之中實，實則純乎天理，虚則无一毫人欲之私，以此動物，物莫不獻其誠，故曰孚。「孚」字從爪從子，從乳旁，從稃旁，有滋生字孕、胚胎乳育之象，如天地生物，一氣流形在萬物者，一如其在天地也。我誠而物有不誠，不可謂孚；物誠一如我之誠，然後可謂孚。象傳言「信及豚魚」，謂豚魚亦化爲信也。

豚魚信，故不獨感豚魚者吉，豚魚亦吉也。如此則艱難險阻无非坦途，雖涉大川，何不利之有？孚信之道，利于貞，惟貞乃可言孚。孚而不正是小忠小信，論語所云「好信不好學，其蔽也賊」，謂之有孚，可乎？天道元始貞終，中孚以利貞，法天道也。彖傳釋卦名雖兼卦德，然説而巽者孚之達，未有中實中虚而不説而巽者矣。又以卦體、卦象釋「利涉」，巽在兑上，爲乘木，中空外實爲舟虚，舟虚則无沈溺之患，故利人。惟中有物，故溺于客感之私，中虚則感物而不役于物矣。

象曰：澤上有風，中孚，君子以議獄緩死。

謹按：以至誠惻怛之心議獄，求其生而不得，然後殺之，猶不遽殺也，從而緩之，中孚之意行于法律之外矣。

初九，虞吉，有他不燕。○象曰：初九「虞吉」，志未變也。

謹按：虞，安也，安其所不安也。喪禮：既葬，立主祭以安之，謂之虞祭。人心依據乎理而後安，猶死者神氣依主而後安也。初九陽剛得正，居下卦之初，其心赤子之心也。赤子純一无僞，意之所向，期于必得，拂之則泣，順之則喜。慈母誠求，雖不中不遠，一誠之所通也。初之爲初，主一无適，有如是則安，不如是而不安者，故曰虞，虞則无不通矣。「有他」，謂應四。初九之安，安于初也，若應四則不安矣，此申言「虞」之義也。傳以「志未變」釋虞，尤爲直截。爻取初義，不取應義。

九二，鳴鶴在陰，其子和之。我有好爵，吾與爾靡之。○象曰：「其子和之」，中心願也。

謹按：鳴鶴謂五，其子謂二，子母一氣感通，孚之至也。鶴鳴而子和之，鳴者曰：「我有懿美之德，不可失也。」和者曰：「我與爾靡之也。」「我」猶云我們，謂共有好爵。吾，子自謂；爾，謂母。靡者，誠篤固守之謂。二以九處中，與五同德相應，故有此象。爻辭兼二、五言之，故五爻不言如何孚，但云「有孚攣如」。象傳曰「中心願」，願出于中心，孚之至矣。子之願，願母之願也。兑，鳥象；色白，鶴象；兑口承巽風，鳴和象。

六三，得敵，或鼓或罷，或泣或歌。○象曰：「或鼓或罷」，位不當也。

謹按：六三不中不正，上比六四，是其同類，故曰「得敵」，敵猶匹也。然情態无常，時而鼓舞歡洽，時而謝絶怨望，不能成孚。鼓故歌，罷故泣，下句申上句。○又按：三、四以柔居卦中，所謂中虚而孚者。鼓罷、歌泣，亦見誠意懇切，但以居位不當，心无所主，唯所信是從耳。三、四相承，敵象；巽風，鼓象；在艮，罷象；兑澤，泣象；互震，歌象。

六四，月幾望，馬匹亡，无咎。○象曰：「馬匹亡」，絶類上也。

謹按：月陰也，以柔居柔，其德无虧，故云「幾望」。上比九五，恭順專一，下絶六三，不與黨援，猶泰卦所謂「朋亡」也。乘馬驂、服各兩兩，必力稱色均，故謂之匹。三、四俱陰，四棄三而比五，故云「馬匹亡」。傳云「絶類」，絶三也，上比五也。

九五，有孚攣如，无咎。○象曰：「有孚攣如」，位正當也。

謹按：五以陽剛居尊位，得中且正，孚之至也。「有孚攣如」，謂孚之至，无可復加也。攣者，固結而不解之意。二爻鶴鳴子和、好爵與靡，已盡二、五相孚之義，本爻第以「攣如」二字贊之。

上九，翰音登于天，貞凶。○象曰：「翰音登于天」，何可長也！

謹按：感人莫如音，誠積于中，必以聲音達之。禽鳥因時而鳴，發于天籟，又誠之至者也，故二曰「鶴鳴」，上曰「翰音」。翰，謂飛鳥，先儒引禮記指爲雞，未當。鶴鳴幽陰，誠不可掩也，若登于天，則遼遠甚矣。上九居卦之上，孚之極而過者也。孚本无過，過則非孚矣。如與人約信，久而踐言，孚也。然或時異事殊，前言已不可復，不得不爲變通，變通正所以爲信。若執定而不變，則非理之正，反不得謂之信矣。此卦辭所云「利貞」也。正无定，在有時如是而正，有時如是而不正。正者，經也。經濟以權，權即是經。若執定一途以爲正，則正而不正矣。彼上九不知執一之非孚非正也，而硜硜不變，自以爲孚，自以爲正，此孚而正之所以凶也。貞凶，如節卦「苦節，不可貞」意。初傳「志未變」，上傳曰「何可長」，初欲其不變，上欲其變也。「何可長」，謂長守此信，斷乎不可也。

小過䷽ 艮下震上

小過，亨利貞。可小事，不可大事。飛鳥遺之音，不宜上，宜下，大吉。○彖曰：小過，小者過而亨也。○過以利貞，與時行也。柔得中，是以「小事吉」也。○剛失位而不中，是以「不可大事」也。○有飛鳥之象焉，「飛鳥遺之音」。「不宜上，宜下，大吉」，上逆而下順也。

謹按：陽大陰小，四陰囚二陽于中，陽衰陰盛，故名小過。小過者，小者過也。過非正也，而有時以過爲正者，如國奢示儉之類。與時偕行，斯過而貞、亨而利矣。是惟小事則然，若大事則有一定之則，不得隨時高下，故曰「可小事，不可大事」。人情于小事每多忽略，過者周詳審慎，是以「過而亨」也。象傳「小者過」三字釋卦名，而亨釋所以亨之義。又以卦爻釋卦辭，二、五柔得中，故「小事吉」；二陽失位，故「不可大事」。全卦中二陽象鳥身，上下四陰象鳥翼之舒。「遺之音」，鳥相命也；「不宜上，宜下」，即相命之辭。鳥上飛則逆，隨勢而下則順，順謂合乎理之正即貞也。「上」、「下」，謂過之大小。小事固可過，然須在情理之中，不得矯强至于太甚。小過、過小，自是兩層。然惟小事過，故所過亦小也。六爻，初飛上，過上也，故凶；二「過其祖」，上也，遇其臣則下矣；三、四「弗過」、「遇之」，過則上，遇則下矣；五「不雨，已上也」，「取彼在穴」則下矣。

象曰：山上有雷，小過，君子以行過乎恭，喪過乎哀，用過乎儉。

謹按：恭、哀、儉三者，易于不及，小有過焉，非過也，庶不至不及也。若大過則恭而勞、儉而固、哀而滅性矣，烏乎可？

初六，飛鳥以凶。〇象曰：「飛鳥以凶」，不可如何也。

程傳：「其過之疾，如飛鳥之迅，豈容救止也，凶其宜矣。『不可如何』，无所用其力也。」

謹按：鳥冀鋭，在未逞其鋭，而高翔遠舉，欲止之而不可得，故曰「不可如何也」。

六二，過其祖，遇其妣。不及其君，遇其臣，无咎。〇象曰：「不及其君」，臣不可過也。

謹按：二與五爲應，而隔于三、四，三、四在二之上，五又在三、四之上，二往應五則必越三、四而上之矣。六二柔順中正，不肯躁于進，故寧比三而不應五。所以然者，二在三、四、五之下。以陰陽言，六二婦也，六五爲妣，三、四二陽爲祖，二上越三、四而應五，是「遇其妣」而「過其祖」矣。然以位言，五君也，四、三近君大臣，二小臣也，小臣不可過乎大臣，分也。臣不可過，則君不可及矣，爲之奈何？亦惟遇其臣，以通于君而已，不可過。非二陽阻之，二自安分，而知其不可也。漢之晁錯、賈誼，闇于六二之義矣。

九三，弗過，防之，從或戕之，凶。〇象曰：「從或戕之」，凶如何也。

謹按：二陽在四陰之中，以位言不及五、上而過乎二、初。然當小過之時，四在陰下，固不敢過，即三在陰上，亦不得少存過之之見。過不以位，而以情高自位置，盛氣凌人，過也。疾惡大嚴，亦過也。「過」與「從」反，過者高而亢，從者卑而貶，不亢不卑者委曲婉轉以遇之，嚴氣正性以防之也。遯大象曰「君子以遠小人，不惡而嚴」，「弗過防之」之謂歟？四爻不言「防」者，四之所遇者五，君臣之際，既不可以直行己意，惟有恭順誠懇，以圖潛移默化，雖「往厲必戒」，而意外之禍非意計所能彌縫也。三之所遇者二，初陰性叵測，遠之不可，昵之不得，稍不慎重，其禍立至。九三過剛不中，又踞二陰之上，爲下卦之主，聖人恐其自恃剛正，而易而无備也，故以此戒之。六二中正，未必戕陽，但陰性不可測慮，其或然耳。

九四，无咎。弗過，遇之，往厲必戒，勿用永貞。○象曰：「弗過，遇之」，位不當也。「往厲必戒」，終不可長也。

謹按：九四以剛居柔，无咎之道也。然處位不當，故又戒之，當小過之時，居近君之位，必斂藏慎密，不露絲毫鋒鋩，庶可默爲轉移，若往而有爲，其厲必矣。所當謹戒，不可固執，常道也。卦辭曰「利貞」，過而貞則利，貞而過終不可長也。三、四二爻，象傳所謂「剛失位而不中」者。九三以剛處剛，亦云失位者，不中即失位也。不中之病，非亢即貶，故聖人于三、四二爻切戒之。四以剛處柔，較善于三，故曰「无咎」。

六五，密雲不雨，自我西郊，公弋取彼在穴。○象曰：「密雲不雨」，已上也。

謹按：五以陰柔居尊位，不能有爲，如「密雲不雨」，蓋必陰陽和而後雨澤降。凄凄之雲，起自西郊，陰也，而陽不交通，是以不能成雨。向使陰得陽助，何患澤不下究乎？于是爲五進一策，曰「公其弋取彼在穴」。三、四徒擁虚位，不見親信，无異同巖穴之士。全卦爲厚坎；二陽陷于四陰之中，爲在穴象；坎爲弓，互巽，爲繩弋象；艮爲手取象。

上六，弗遇，過之，飛鳥離之，凶，是謂災眚。○象曰：「弗遇，過之」，已亢也。

謹按：上處小過之極，諸爻皆在其下，何所遇哉？已過之矣。如飛鳥之疾，高亢已甚，必罹矰繳，凶何如之！六爻言「過」皆自下而上，然取象飛鳥，横看尤明：二陽爲鳥身，上、五爲左翼，初、二爲右翼。四不能左右，上過之也；三不能右，二、初過之也；二、五猶在初、上之内，初又過二，上又過五，所謂鳥翼之鋭在末也。然上較初，其鋭尤有甚焉。凡鳥之飛，左翼高，右翼下，高猛于下也，故初雖凶，不若上之天災人害交至也。○又按：「弗遇，過之」，與三爻「弗過，防之」，四爻「弗過，遇之」，俱兩字爲句。

既濟䷾　離下坎上

既濟，亨小，利貞。初吉，終亂。○象曰：「既濟，亨」，小者亨也。○利貞，剛柔正而位當也。○

「初吉」，柔得中也。○終止則亂，其道窮也。

謹按：爲卦上坎下離，水火相交，爲既濟。既濟何以不大亨？既濟之時，大事已亨也，大事已亨而不能保其長亨也，故云「亨小」。「利貞」云者，六十四卦惟既濟爻爻得位，戒占者利如是而後亨也。「初吉，終亂」，申明「亨小」之義，亨故吉，亨小故終亂。治亂相循，天道之常，惟聖人愼始持終，爲能通其變于未窮，使不至于極耳。彖傳，既、未濟釋「吉」、「亨」俱云「柔得中」者，既濟「柔得中」于下，未濟柔得中于上也；既濟曰「終止」，未濟曰「不續終」。坎陽非不得中，所以不如離者，既濟坎在上，未濟坎在下也。未濟終濟，吉在上卦；既濟終不濟，吉在下卦。卦言「終亂」，傳言「終止」，則亂止則亂，不止可保其不亂也。「止」，與未濟「未出中」對。坎爲陷，一陽陷于二陰之中，未出者欲出而未能，止者自安于中而不出也。「其道窮」，謂窮由失道，窮則不亨矣。離明得中則治而吉，坎陷因循則不吉而亂，治亂非盡關于天時也。「窮」與「亨」對。張氏曰：「三陰得位，而三陽下之，爲小亨之象。」

象曰：水在火上，既濟，君子以思患而豫防之。

程傳：「水火既交，各得其用，爲既濟。時當既濟，惟慮患害之生，故思而豫防，使不至於患也。自古天下既濟而致禍亂者，蓋不能思患而豫防也。」

初九，曳其輪，濡其尾，无咎。○象曰：「曳其輪」，義无咎也。

謹按：輪所以行，曳之則行而退矣，知退故雖濡尾，无咎。當濟之時，宜可有爲也，而有曳輪、濡尾之戒，方濟之初，不可不慎也。取象二、三、四互坎，坎爲輪，爲狐，初陽在坎下，曳輪象，亦濡尾象。

六二，婦喪其茀，勿逐，七日得。○象曰：「七日得」，以中道也。

謹按：位所以行道，喪茀，失位也。枉道徇人者，逐也。「七日得」，以理數決之，孟子所謂「舍我其誰也」。儀對人曰「何患于喪」，喪茀勿逐也。曰「天將以夫子爲木鐸」，「七日得」也。

九三，高宗伐鬼方，三年克之，小人勿用。○象曰：「三年克之」，憊也。

謹按：九三以剛居剛，剛之至者也。程傳云：「聖人因九三當既濟之時而用剛，故發此義以示人，爲法爲戒。」意深遠也。爻辭以象爲占，謂占得此爻者，利用伐叛，但久而後成功，成功後不可用小人也。火性炎上，三居離體之終爲尤烈，又當二卦之交，水火交會必戰，戰而克則濟矣。「伐鬼方」者，伐，坎也，坎爲盜，居北，鬼方象；五行水克火，然火亦克水，火克水者，克之正以濟之也。竈裏然薪，釜水沸熱，是火烈而水亦烈矣，以克爲濟者，此也。坎爻有三，三年克之象。「小人勿用」，「小」謂陰，坎，陰卦也，克之，斯勿用之矣。未濟四爻即既濟三爻，均之火克水也。但既濟上克，未濟下克。火炎上，上克易，下克艱，故未濟曰「震用」，震有赫怒意，不言「克」者，日蒸水而熱，不若釜水之沸也；「有賞于大國」即「勿用小人」，意小往則大來也。象曰「三年克之，憊也」，用兵時久則困，亦見泰盡否來之意。

六四，繻有衣袽，終日戒。○象曰：「終日戒」，有所疑也。

程傳：「四在濟卦而水體，故取舟爲義。四近君之位，當其任者也。當既濟之時，以防患慮變爲急。『繻』當作『濡』，謂滲漏也。舟有罅漏則塞以衣袽，有衣袽以備濡漏，又終日戒懼不怠，慮患當如是也。不言『吉』，方免於患也。既濟之時，免患則足矣，豈復有加也？」

謹按：四在坎下，濡象；三剛在下，衣袽象；四多懼，戒象。

九五，東鄰殺牛，不如西鄰之禴祭，實受其福。○象曰：「東鄰殺牛」，不如西鄰之時也。「實受其福」，吉大來也。

謹按：先天離東坎西，離坎鄰，坎離鄰也；後天離南坎北，離于時爲夏，坎于時爲冬也。殺牛，冬祭；禴，夏祭也。夏時百物未成，故薄祭；冬則百物皆濟，故蒸用大牢。然持盈保泰之道，莫如節制儉約。「不如西鄰之禴祭」，謂時當既濟，易生驕侈，不如常守初時之儉約，爲可實受其福也。象辭補出「時」字，緊接「實受」句，辭義顯然。「吉大來」，謂不止小亨也。

上六，濡其首，厲。○象曰：「濡其首，厲」，何可久也！

謹按：上居卦終，卦辭所謂「終止」也。象傳「何可久」，謂濟極終亂也。四終日戒，故无覆溺之虞。上之濡首，不知戒懼故也。何玄子曰：「既濟之終，自恃无險難矣，忽心一生，險難立至，如濟水將及岸，而濡其首。『其』，危之辭。」

未濟䷿ 坎下離上

未濟，亨。小狐汔濟，濡其尾，无攸利。○象曰：「未濟，亨」，柔得中也。○「小狐汔濟」，未出中也。「濡其尾，无攸利」，不續終也。雖不當位，剛柔應也。

謹按：火炎上，水潤下，故火上水下爲未濟。未濟何以亨？未濟終濟也。不言「元亨」者，未濟不必其果濟也。濟之道不可以不慎，若不量淺深而一往求濟，如小狐之濟水，汔濟矣，而卒濡其尾，何利之有？卦自否來，六往居五，柔得中而爲離，是以「亨」；九來居二，一陽陷于二陰之間，未能遽出乎險，是以「无攸利」。未濟之終，既濟之始也。數窮理極，无不變之理，但求濟過急，勢必中止，豈能接續以至于終乎？卦爻自初至上，爻爻失位，然承、乘、應皆剛柔相資，而柔皆上比乎剛，爲能進而有爲，故雖不當位，可決其必濟也。二、四、五爻辭俱云「貞吉」，惟不正故戒之以貞，惟剛柔上應故信其能貞即吉。三以失位而「征凶」，上以失位而「濡首」，利涉，「有孚」惟其相應也。初「濡尾」，不貞而吝也。○又按：既未濟彖傳俱不釋卦名，蓋濟即亨也。亨者小，其爲既濟可知矣；未濟之亨，以柔得中也。亨由上卦，其爲未濟可知矣。

象曰：火在水上，未濟，君子以慎辨物居方。

謹按：火在水上，失其所居，未濟之象也。物各有方，居之不當則失其所矣。「辨物」，知之明也；「居方」，處之當也。

初六，濡其尾，吝。○象曰：「濡其尾」，亦不知極也。

謹按：六以陰柔居下，不度其才力而進，終不能濟，可羞之甚也。初在坎下，狐尾象。以全卦言，爲「无攸利」；以一爻言，爲「吝」。既濟初爻亦曰「濡尾」，彼退而濡，此則進而濡也。象曰「亦不知極」，極，終也，終有終之時，以終事爲始事，是不知終也。

九二，曳其輪，貞吉。○象曰：九二貞吉，中以行正也。

謹按：坎爲輪。既濟二、三、四互坎，曳輪者初也，輪已行而曳之也；未濟二爻爲坎主，輪自曳也，自曳者，時不可行而不行也。二以陽剛之才，陷于險中，艱貞自守，待時而動，必有明作之主，虛中下求而後可往應而有功，故曰「貞吉」。象曰「中以行正」，謂以中之道行，雖不正亦正也。

六三，未濟，征凶，利涉大川。○象曰：「未濟，征凶」，位不當也。

謹按：卦名未濟，爻辭亦曰「未濟」，未濟止于三也，至四以上出險入明，雖時尚未濟，而可決其將來之必濟矣。曰「凶」，又曰「利涉大川」，當未濟將濟之時，如涉大川之其難其慎，斯克有濟。若以容易之心處之，則征凶矣。爻曰「未濟，征凶」，傳曰「位不當」，可知六爻皆不當位也。

九四，貞吉，悔亡。震用伐鬼方，三年有賞于大國。○象曰：「貞吉，悔亡」，志行也。

謹按：四已出險，求濟之志得行矣，象曰「志行」，可知下卦三爻之不得行也。

六五，貞吉，无悔。君子之光，有孚，吉。○象曰：「君子之光」，其暉吉也。

謹按：六五中而不正，故以「貞」戒之，不正宜有悔，貞則吉而无悔矣。「君子之光，有孚，吉」，與需卦辭「有孚，光亨」意同。六五文明之主，虛中求賢，下得九二陽剛之助，五孚二，二亦孚五，君臣上下一德泰交，不待經綸草昧，而光華之象已發見于耳目間矣。傳曰「其暉」者，光之散，光所散布之處，无非吉祥之象，光不可見，吉祥之象即君子之光也。

上九，有孚于飲酒，无咎。濡其首，有孚失是。○象曰：飲酒濡首，亦不知節也。

謹按：此以上爻終五爻之義。「有孚于飲酒」，即需卦「需于酒食」意。有孚之朝，君臣和樂，笙簧酒醴，式燕以衎，无咎之道也。蓋時未可爲，而欲速見小，徒滋擾累。「有孚于飲酒」，非不爲也，有待而爲也。若未濟已終，既濟方來，猶復因循觀望，是飲酒而溺于酒，豈不失時之甚乎？凡明作之主，坐失事機，多由于不孚。今飲酒濡首，則反以有孚，失之矣。傳云「不知節」，謂不乘時也，與初「不知極」應。

周易傳義合訂卷之十

繫辭上傳

繫辭本謂文王、周公所作之辭，繫於卦爻之下者，即今經文。此篇乃孔子所述繫辭之傳也，以其通論一經之大體凡例，故无經可附，而自分上下云。

天尊地卑，乾坤定矣。卑高以陳，貴賤位矣。動静有常，剛柔斷矣。方以類聚，物以群分，吉凶生矣。在天成象，在地成形，變化見矣。

本義：「天地者，陰陽形氣之實體；乾坤者，易中純陰、純陽之卦名也。卑高者，天地萬物上下之位；貴賤者，易中卦爻上下之位也。動者，陽之常；静者，陰之常；剛柔者，易中卦爻陰陽之稱也。方，謂事情所向，言事物善惡各以類分，而吉凶者，易中卦爻占決之辭也。象者，日月星辰之屬；形者，山川動植之屬；變化者，易中蓍策卦爻陰變爲陽、陽化爲陰者也。此言聖人作易，因陰陽之實體爲卦爻之法象，莊周所謂『易以道陰陽』，此之謂也。」

蔡氏清曰："此一節是夫子從有易之後，而追論夫未有易之前，以見畫前之有易也。夫易有乾坤，有剛柔，有吉凶，有變化，然此等名物要皆非聖人鑿空所爲，不過皆據六合中所自有者而模寫出耳。"

謹按：天，乾也；地，坤也；言乾、坤，六子可知矣。高，貴也；卑，賤也。動，剛也；静，柔也。吉凶者，萬物之類聚群分也。善則吉，惡則凶，各以氣類相招也。變化者，形象也。蘇氏曰："『在』云者，明其一也。世之所謂變化者，未嘗不出于一而兩於所在也。自兩以往有不可勝計者矣，故『在天成象，在地成形』，變化之始也。"蘇氏此論，即張子一神兩化之謂也。朱子謂"上截説面前道理，下截説易書"，又云："若把下一句説作未畫之易也不妨。"愚按：通章俱言畫前之易，而聖人法天地以畫卦之意自見。

是故剛柔相摩，八卦相盪。

本義："此言易卦之變化也。六十四卦之初，剛柔兩畫而已。兩相摩而爲四，四相摩而爲八，八相盪而爲六十四。"

韓氏伯曰："相切摩，言陰陽之交感；相推盪，言運化之推移。"

謹按：純剛爲太陽，純柔爲太陰，剛中之柔爲少陰，柔中之剛爲少陽，是謂四象太一而已。少則有長、有中、有少，是謂八卦，卦即象也。兩相親就之謂摩，迭相推移之謂盪，剛柔交錯爲八卦，八卦又相推盪，其變化有不可窮極者。此陰陽自然之運用，畫前之卦象也。

鼓之以雷霆，潤之以風雨。日月運行，一寒一暑。

本義：「此變化之成象者。」

孔氏曰：「重明上『變化見矣』及『剛柔上摩，八卦相盪』之事。八卦既相推盪，各有功之所用也。」

吴氏曰：「章首但言乾坤，蓋舉父母以包六子，此先言六子而後總之以乾坤也。震爲雷，離爲電，霆即電也；巽爲風，坎爲雨。義圖左起震，而次以離，『鼓之以雷霆』也；右起巽，而次以坎，『潤之以風雨』也。風而雨，故通言『潤』。離爲日，坎爲月。艮山在西北，嚴凝之方爲寒；兑澤在東南，温熱之方爲暑。左離，次以兑者，日之運行而爲暑也；右坎，次以艮者，月之運行而爲寒也。」

乾道成男，坤道成女。

本義：「此變化之成形者。此兩節又明易之見於實體者，與上文相發明也。」

何氏楷曰：「自『天尊地卑』至『變化見矣』，是因乾坤而推極于變化；自『剛柔相摩』至『坤道成女』，是又因變化而遡原于乾坤。」

乾知大始，坤作成物。

本義：「知，猶主也。乾主始物而坤作成之，承上文男女而言乾坤之理。蓋凡物之屬乎陰陽者，莫不如此。大抵陽先陰後，陽施陰受，陽之輕清未形，而陰之重濁有迹也。」

乾以易知，坤以簡能。

本義：「乾健而動，即其所知便能始物而无所難，故爲以易而知大始；坤順而靜，凡其所能皆從乎陽而不自作，故爲以簡而能成物。」

朱子語類：「問：『如何是易簡？』曰：『他行健，所以易，易是知阻難之謂。人有私意便難簡，只是順從而已。若外更生出一分，如何得簡？今人都是私意，所以不能易簡。』○問：『乾以易知，坤以簡能。若以學者分上言之，則廓然大公者易也，物來順應者簡也。』曰：『然。乾之易，知之事也；坤之簡，行之事也。』」

謹按：首節言對待之陰陽，二節至五節承上「變化」句言流行之陰陽。剛柔摩盪、運行變化而生生不已，爲雷霆，爲風雨，爲日月，爲寒暑；鼓之，潤之，温之，肅之，統歸於乾父坤母之生成。成男、成女，謂陽成氣、陰成形也。六節、七節，申上成男、成女意。

易則易知，簡則易從。易知則有親，易從則有功。有親則可久，有功則可大。可久則賢人之德，可大則賢人之業。

本義：「人之所爲，如乾之易，則其心明白而人易知；如坤之簡，則其事要約而人易從。易知則與之同心者多，故有親；易從則與之協力者衆，故有功。有親則一於内，故可久；有功則兼於外，故可大。德謂得於己者，業謂成於事者。上言乾、坤之德不同，此言人法乾、坤之道至此，則可以爲賢矣。」

易簡而天下之理得矣，天下之理得而成位乎其中矣。

本義：「成位，謂成人之位；其中，謂天地之中。至此則體道之極功，聖人之能事，可以與天地參矣。」

何氏曰：「此章乃孔子首明易始乾、坤之理，至二章設卦觀象方言易。」

右第一章。

本義：「此章以造化之實，明作經之理。又言乾坤之理，分見於天地而人兼體之也。」

聖人設卦觀象，繫辭焉而明吉凶，

本義：「象者，物之似也。此言聖人作易，觀卦爻之象而繫以辭也。」

剛柔相推而生變化。

本義：「言卦爻陰陽迭相推盪，而陰或變陽，陽或化陰。聖人所以觀象而繫辭，衆人所以因蓍而求卦者也。」

張氏曰：「剛柔相推之中，或當位，或失位，而吉、凶、悔、吝之源正起于此。聖人之所觀，觀此也；聖人之所明，明此也。蓋吉、凶、悔、吝雖繫于辭，而其原實起于變。」

是故吉凶者，失得之象也；悔吝者，憂虞之象也；

本義：「吉、凶、悔、吝者，易之辭也；得失、憂虞者，事之變也。得則吉，失則凶，憂虞雖未至凶，然已足以致悔而取羞矣。蓋吉凶相對，而悔吝居其中間。悔自凶而趨吉，吝自吉而向凶也。故聖人觀卦爻之中或有此象，則繫之以此辭也。」

謹按：聖人觀失得憂虞之象，而繫以吉、凶、悔、吝之辭也。

變化者，進退之象也；剛柔者，晝夜之象也。六爻之動，三極之道也。

本義：「柔變而趨於剛者，退極而進也；剛化而趨於柔者，進極而退也。既變而剛，則晝而陽矣；既化而柔，則夜而陰矣。六爻，初、二爲地，三、四爲人，五、上爲天。動，即變化也。極，至也。三極，天、地、人之至理，三才各一太極也。此明剛柔相推以生變化，而變化之極復爲剛柔，流行於一卦六爻之間，而占者得因所值以斷吉凶也。」

謹按：卦設而有象，繫辭之，吉凶因之，故曰「觀象繫辭而明吉凶」。第二節言設卦，第三節言觀象繫辭，第四節申明剛柔變化、吉凶得失之義。蓋吉凶之辭因乎卦象，卦之設又取於陰陽，而總不外于三才太極之道也。變化即剛柔之變化，進退即晝夜之進退。晝夜之進退，並行不悖。並行者，萬物統體一太極；不悖者，一物各具一太極也。六爻之動，變化无定，而其理之一定而不可易者，要皆根柢於太極。三極者，天地人之至理，三才各一太極也。惟有不變之道，故其變无方。學者觀象、觀變，亦惟求合乎三極之道而已。

是故君子所居而安者，易之序也；所樂而玩者，爻之辭也。

本義：「易之序，謂卦爻所著事理當然之次第；玩者，觀之詳。」

謹按：居以位言，樂以心言。居，如「居易俟命」之居，與下節「居」字不同；「居而安者」，素位而行，不願乎外也。玩，如玩心高明之玩，與下節「玩」字不同；「樂而玩者」，尋味不厭，若玩好之物一刻不能去于懷，不必韋編、在目而後爲玩也。安于何？「易之序也」，潛、見、躍、飛，各有當然之理，循理故安也。玩于何？「爻之辭也」，爻也者言乎其變心，契乎變化之妙，故樂而玩也。序即三極之道，爻之辭即剛柔變化也。居而安者，「安土敦仁」之仁；樂而玩之者，「樂天知命」之知也。

是故君子居則觀其象而玩其辭，動則觀其變而玩其占，是以「自天祐之，吉无不利」。

本義：「象、辭、變，已見上。凡單言『變』者，化在其中。占，謂其所值吉凶之決也。」

蔡氏曰：「觀象玩辭，學易也；觀變玩占，用易也。學易則无所不盡其理，用易則唯盡乎一爻之時。居既盡乎天之理，動必合乎天之道，故曰『自天祐之，吉无不利』。」

王氏曰：「平居无事，觀卦爻之象而玩其辭，則可以察吉、凶、悔、吝之故。及動而應事，觀卦之變而玩其占，則可決吉、凶、悔、吝之幾，故動无不吉也。」

謹按：聖人觀造化自然之象而設卦，君子觀卦象而盡造化自然之理。此節申言上節之義，以明學易者之吉而利也。

右第二章。

本義：「此章言聖人作易、君子學易之事。」

彖者，言乎象者也；爻者，言乎變者也。

本義：「彖謂卦辭，文王所作者；爻謂爻辭，周公所作者。象指全體而言，變指一節而言。」

虞氏曰：「八卦以象告，故言乎象也；爻有六畫，九六變化，故言乎變者也。」

吉凶者，言乎其失得也；悔吝者，言乎其小疵也；无咎者，善補過也。

本義：「此卦、爻辭之通例。」

是故列貴賤者存乎位，齊小大者存乎卦，辯吉凶者存乎辭，

本義：「位謂六爻之位，齊猶定也，小謂陰，大謂陽。」

憂悔吝者存乎介，震无咎者存乎悔。

本義：「介謂辯別之端，蓋善惡已動而未形之時也，於此憂之，則不至於悔吝矣。震，動也，知悔則有以動其補過之心，而可以无咎矣。」

吴氏曰：「『列貴賤者存乎位』，覆説『爻者言乎變』；『齊小大者存乎卦』，覆説『象者言乎象』；分辯吉凶存乎彖爻之辭，覆説『言乎其失得也』；悔吝介乎吉凶之間，憂其介則趨於吉，不趨於凶矣，覆説『言乎其小疵也』；震者動心戒懼之謂，有咎而能戒懼，則能改悔，所爲而可以无咎，覆説『善補過也』。」

謹按：爻者交也，六位之周流不居而變生焉，觀位之變，而爻之貴賤可見矣。彖者材也，卦成而體材畢具而象著焉，觀卦之象而彖之大小可定矣。占之吉凶，視乎卦爻之大小貴賤。大與貴，得也；小與賤，失也。失則凶，得則吉也。觀爻、彖所言之得失，而吉凶了然矣。兩者之間謂之介，有吉凶之介，悔吝是也。悔吝已離乎吉，尚未至于凶。有悔吝之介，可悔可吝之事已萌於中，尚未形于事，此所謂小疵也。於此而能憂，則悔吝者不悔吝矣，不悔吝則吉矣。憂之云何？恐懼修省震之謂也。震則悔，悔者悔「悔吝」也，悔「悔吝」之萌於中也，此无咎補過之道也。

是故卦有小大，辭有險易。辭也者，各指其所之。

本義：「小、險、大、易，各隨所向。」

謹按：天地間本有自然之易，而人不悟也，於是爲之畫卦以示象。又慮人之觀象而不悟也，而爲之繫辭，辭繫而學易者乃確乎其有據矣。故此章大意重贊繫辭。前二節言彖、爻辭之通例，中二節教學易者觀象、占以自省，末言辭之險易因乎卦之大小，言卦而爻可知矣。聖人隨卦繫辭，使人知所適從，學易之君子可不樂而玩哉！〇又按：卦之小大隨乎時，如復便是大，剥便是小。卦大故辭易，復之「出入无疾，朋來无咎」是也；卦小故辭危，剥之「不利有攸往」是也。辭險者示人知所避，辭易者示人知所趨也。

右第三章。

本義：「此章釋卦、爻辭之通例。」

易與天地準，故能彌綸天地之道。

本義：「易書卦爻具有天地之道，與之齊準。彌，如彌縫之彌，有終竟聯合之意；綸，有選擇條理之意。」

朱子語類云：「凡天地間之物，无非天地之道，故易能彌綸天地之道。彌，如封彌之彌，糊合使无縫罅；綸，如絲綸之綸，自有條理。言雖是彌得外面无縫罅，而中則事事物物各有條理。彌而非綸，則空疏无物；綸而非彌，則判然不相。于此二字，見得聖人下字甚密也。」

謹按：縫合隙漏之謂彌，剖晰混茫之謂綸，象傳所謂「財成」、「輔相」是也。

仰以觀於天文，俯以察於地理，是故知幽明之故。原始反終，故知死生之說。精氣爲物，游魂爲變，是故知鬼神之情狀。

本義：「此窮理之事。『以』者，聖人以易之書也。易者陰陽而已，幽明、死生、鬼神皆陰陽之變，天地之道也。天文則有晝夜上下，地理則有南北高深。『原』者，推之於前；『反』者，要之於後。陰精陽氣，聚而成物，神之伸也；魂游魄降，散而爲變，鬼之歸也。」

林氏希元曰：「幽明之故，死生之説，鬼神之情狀，其理皆在于易，故聖人用易以窮之也。然亦要見得爲聖人窮理盡性之書耳，非聖人真箇即易而後窮理盡性也。」

謹按：「天文有晝夜上下，地理有南北高深」，晝爲明，夜爲幽；南爲明，北爲幽。幽，陰也；明，陽也。死生、鬼神即幽、明也。人得天之理以生，生理盡而死，故原始而知所以生，即返終而知所以死。「反」者，反乎始以觀之也。精，血也，精血，陰也；呼吸出入之氣，陽也；精與氣合聚而爲物，神之伸也。魂者，氣之運用也；呼吸者氣，能呼能吸者魂也。魄與體俱耳目之聰明是也。耳目，形也；耳之聽而聰，目之視而明者，魄也。魂陽也，魄陰也。人死則魂升而魄降，魄隨形體，形體入地，故魄亦降于地。傳止言「游魂」，省文也，此鬼之歸也。死生物變，即天地貞元之理，此易書所以通于幽明之故也。

與天地相似，故不違。知周乎萬物而道濟天下，故不過。旁行而不流，樂天知命，故不憂。安土敦乎仁，故能愛。

本義：「此聖人盡性之事也。天地之道，知、仁而已。知周萬物者，天也；道濟天下者，地也。知且仁，則知而不過矣。旁行者，行權之知也；不流者，守正之仁也。既樂天理，而又知天命，故能无憂，而其知益深。隨處皆安，而无一息之不仁，故能不忘其濟物之心，而仁益篤。蓋仁者愛之理，愛者仁之用，故其相爲表裏如此。」

謹按：知之所及，仁亦及焉，則知非空虚馳騖之知，故曰「不過」。旁行即周徧，不流即不過也。釋氏空虚无著，過而流者也，知仁云乎哉！安土，謂隨所處而安，素位而行也。欲立立人，欲達達人，一體痌瘝之意，隨在周流，不必澤被生民然後爲仁，此安土敦仁之謂也。不憂者，遯世无悶也；愛人者，吉凶同患也。惟安土敦仁，故悲天憫人，與樂天知命並行而不悖。

範圍天地之化而不過，曲成萬物而不遺，通乎晝夜之道而知，故神无方而易无體。

本義：「此聖人至命之事也。範，如鑄金之有模範；圍，匡郭也。天地之化无窮，而聖人爲之範圍，不使過於中道，所謂裁成者也。通，猶兼也，晝夜即幽明、死生、鬼神之謂。如此然後可見至神之妙。无有方所，易之變化无有形體也。」

蔡氏曰：「『神无方，易无體』，獨係之『至命』一條。至命，從窮理盡性上來，乃窮理盡性之極致。非窮理盡性之外，他有所謂至命也，故獨係之至命，自足以該乎窮理盡性。」

謹按：「曲成萬物」，盡人物之性也；「範圍天地」，贊化育也；通乎晝夜之道而知，則與天地參矣。知，謂心與造化默契，非徒見聞之知也。神之无方者，易之无體也，故聖人體易之道，而窮理盡性以至于命也。

右第四章。

本義：「此章言易道之大，聖人用之如此。」

一陰一陽之謂道。

本義：「陰陽迭運者氣也，其理則所謂道。」

謹按：兩「一」字，即周子「一動一静，互爲其根」之義。

繼之者善也，成之者性也。

本義：「道具於陰而行乎陽，繼言其發也，善謂化育之功，陽之事也；成言其具也，性謂物之所受，言物生則有性，而各具是道也，陰之事也。周子、程子之書言之備矣。」

程子曰：「『止於至善』、『不明乎善』，此言善者，義理之精微，无可得名，且以至善目之。『繼之者善』，此言善却言得輕，但謂繼斯道者莫非善也，不可謂之惡。○『生生之謂易』，是天之所以爲道也。天只是以爲道，繼此生理者即是善也，善便有一箇元底意思。『元者善之長』，萬物皆有春意，便是『繼之者善也，成之者性也』。成却待萬物自成其性須得。」

謹按：一陰一陽者，天之道，有其繼之，而道在人物矣。乾元資始，萬物化生，而陰陽之流行以著，故曰「繼」，猶孟子「繼之以不忍人之政」之繼也。繼之，斯成之矣。「乾道變化，各正性命」，而天地之功用以成也。天所賦予於人物者，純粹以精，本无不善，人物得之而爲性，性麗於氣質，遂有偏剛、偏柔之分，程子所謂「纔説性時，便已不是性」也。蓋理麗於氣，氣麗於形。耳目形也，耳之聽，目之視，氣也；聽、明，理也。聰者，耳之聰；明者，目之明。舍耳目則聰明无由見，耳目之氣不清則聰明失矣。書言「人心惟危，道心惟微」，亦就大賢以下、氣質偏駁者言之也。人心者，食色之性，口之於味，耳之於聲，目之於色，凡知覺從形骸上起者，皆氣爲之也。耳目之官，不思而蔽於物，縱其所之而莫爲之遏，則亦何所不至哉！故曰「危」。道心者，義理之性也，理麗於氣中，理能帥氣，則氣爲理用，孟子所謂「立乎其大，而小者不能奪也」。惟氣質駁雜者，氣强而理弱，運用一由乎氣，朱子云：「如大禮赦文，一時税都赦了，有村知縣硬捉縛要納，更自叫上面不應。又如子不肖，父亦管他不得，便見得氣粗而理微。」人當物感交乘之時，天理何嘗泯滅？然偶一發見，而微茫恍惚，旋而銷歸何有。如飢者甘食，渴者甘飲，未嘗不思飲食之正，衹緣氣濁而爲形役，以故得之則甘，而飲食之正理亦退而聽命矣。蓋道心之發，每爲人心所掩，故晦昧而不能以自著。惟危，故微，微則危者益危矣。聖人氣質清明，纔有甘食悦色之心，而非禮勿視，不義不食之心已在其中。人心无非道心，夫何危微之有？然理、欲之消長，其幾甚微，常存戒慎，則中人亦可漸化其偏駁；一念放縱，雖上哲不能常保其清明。此唐虞授受所以兢兢告誡也。下節「知者」、「仁者」氣清而不能无濁，百姓則濁而不清者也。○又按：善言性者，莫如孟子、程子。孟子言「性善」者，天命之性也；程子言「惡亦不可謂非性」者，氣質之性也。氣質之性即天命之性也。惡者，善之惡也，知善之惡，則知性之无不善矣。何也？仁主愛，姑息狎暱亦愛也；義主斷，鹵莽滅裂亦斷也。以是知人性之无不仁、无不義，特因氣質之偏而任其所向，而流於惡耳，故曰「爲不善，非才之罪也。以爲善之才爲惡，才本无過，用才者過也」。故朱子云：「孟子言才，指本性而言。伊川謂才有善有不善，自其稟於氣質者言之也。」蓋才是性之發用，性有氣質之偏，故才有不善也。

仁者見之謂之仁，知者見之謂之知。百姓日用而不知，故君子之道鮮矣。

本義：「仁陽、知陰，各得是道之一隅，故隨其所見而目爲全體也。日用不知，則莫不飲食，鮮能知味者，又其每下者也，然亦莫不有是道焉。或曰：上章以知屬乎天，仁屬乎地，與此不同，何也？曰：彼以清濁言，此以動静言。」

朱子語類云：「萬物各具是性，但氣稟不同，各以其性之所近者窺之，故仁者只見得他發生流動處，便以爲仁；知者只見得他貞静處，便以爲知。下此一等，百姓日用之間，習矣而不察，所以君子之道鮮矣。」

顯諸仁，藏諸用，鼓萬物而不與聖人同憂，盛德大業至矣哉！

本義：「顯，自内而外也；仁，謂造化之功，德之發也；藏，自外而内也；用，謂機緘之妙，業之本也。程子曰：『天地无心而成化，聖人有心而无爲。』」

謹按：用即无方之神也，體有定而用无方也。俞氏謂：「春夏之發生所以顯秋冬所藏之仁，秋冬之收成所以藏春夏所顯之用。」如此則當云「顯其仁，藏其用」，不當云「顯諸」、「藏諸」也。「顯諸仁」者，顯而爲生成之仁；「藏諸用」者，藏而爲機緘之用也。内外體用，原不分兩時，元始貞終，无非仁也，所以運此仁者，敦化之妙用也。大業謂顯仁，盛德謂藏用。先儒以仁屬德，以用屬業，蓋膠執發生爲顯仁、收成爲藏用故耳。

富有之謂大業，日新之謂盛德。

張子曰：「富有者大而无外，日新者久而无窮。」

謹按：富有而无欠缺，發之于外者，大也；日新而无止息，藏之于內者，盛也。

生生之謂易。

本義：「陰生陽，陽生陰，其變无窮，理與書皆然也。」

成象之謂乾，效法之謂坤。

本義：「效，呈也；法，謂造化之詳密而可見者。」

極數知來之謂占，通變之謂事。

本義：「占，筮也，事之未定者，屬乎陽也；事，行事也，占之已決者，屬乎陰也。極數知來，所以通事之變。張忠定公言公事有陰陽，意蓋如此。」

徐氏曰：「一陰一陽，无時而不生生，是之謂易。成此一陰一陽生生之象，是之謂乾；效此一陰一陽生生之法，是之謂坤。極一陰一陽生生之數而知來，是之謂占；通一陰一陽生生之變，是之謂事。」

陰陽不測之謂神。

本義：「張子曰：『兩在，故不測。』」

蔡氏曰：「合一不測爲神。不合不謂之一，不一不爲兩在，不兩在不爲不測；合者，兩者之合也。神、化非二物也，故曰一物兩體也。」

鄧氏旭章曰：「此句與首句相應，『不測』即首句『兩』字。以主宰言曰道，以變化言曰神，神即道之至妙，非道外别有所謂神也。『易无體』，惟生生故无體；『神无方』，惟生生故无方。不測者，陰陽合一，互爲其根，如陽生子中，陰生午中，便見陰陽互根，便見陰陽不測。」

謹按：前五節言造化之陰陽。中三節承上言此生生不已者，乃易之理也。乾所以成此理之象，坤所以效此理之法；極數、通變，所以發揮此理，以定吉凶而成大業，此易之富有、日新也。末節通結上文，而總贊其神。○又按：象者，髣髴形似，法則儀型昭著矣。蓋乾始而坤終，乾生而坤成也。

右第五章。

本義：「此章言道之體用，不外乎陰陽，而其所以然者，則未嘗倚於陰陽也。」

夫易廣矣大矣！以言乎遠則不禦，以言乎邇則静而正，以言乎天地之間則備矣。

本義：「不禦言无盡，静而正言即物而理存，備言无所不有。」

謹按：未嘗物物而與之，而物莫能外，故曰「静而正」。「正」字與「各正性命」之正同。

夫乾，其静也專，其動也直，是以大生焉；夫坤，其静也翕，其動也闢，是以廣生焉。

本義：「乾坤各有動静，於其四德見之，静體而動用，静别而動交也。乾一而實，故以質言而曰大；坤二而虚，故以量言而曰廣。蓋天之形，雖包於地之外，而其氣常行乎地之中也。易之所以廣大者以此。」

朱子語類云：「天是一箇渾淪底物，雖包乎地之外，而氣則迸出乎地之中。地雖一塊物，在天之中，其中實虚，容得天之氣迸上來。大生，是渾淪無所不包；廣生，是廣濶能容受得。那天之氣專直，則只是一物。直去翕闢，則是兩箇，翕則翕，闢則闢，此奇耦之形也。」

謹按：乾，奇也。如長竿然，以爲表率，取其直也，當其勿用而放倒，塊然一物耳；用而竪之，軒然直上矣，誰得而撓焉？坤，耦也。如大門然，以通出入，取其闢也，當其无事而扃闔，其中莫得而見也；有事而啓之，其出不窮矣，孰得而拒焉？〇又按：乾只是一箇，一箇則无有界限間隔，但見其一片无際，故大屬乾；坤是兩箇，兩箇則有闔合容受，无從測其藴蓄，故廣屬坤。上節言易廣大，此節明所以廣大之由，故曰是以大生、廣生。静專而動直，易也；静翕而動闢，簡也。乾坤有易簡之德，故大且廣。

廣大配天地，變通配四時，陰陽之義配日月，易簡之善配至德。

本義：「易之廣大、變通，與其所言陰陽之説、易簡之德，配之天道、人事則如此。」

謹按：此承上節，極贊易道之大。廣大以所生言，惟德合天地，故廣大與天地配。四時、日月，天地之六子也。

右第六章。

子曰：「易其至矣乎！」夫易，聖人所以崇德而廣業也。知崇、禮卑，崇效天，卑法地。

本義：「十翼皆夫子所作，不應自著『子曰』字，疑皆後人所加也。窮理則知崇如天而德崇，循理則禮卑如地而業廣，此其取類又以清濁言也。」

孔氏曰：「言易道至極，聖人用之以崇德廣業。」

朱子語類云：「知識貴乎高明，踐履貴乎著實。知既高明，須放低著實作去。」○又云：「知崇者，德之所以崇；禮卑者，業之所以廣。蓋禮纔有些不到處，便有所欠缺，業便不廣矣。惟極卑无所欠缺，所以廣。」○又云：「禮卑是卑順之意，卑便廣，地卑便廣，高則狹了。人若只揀取高底作便狹，兩脚踏地作方得。」

謹按：德何以崇？崇其知。業何以廣？卑其禮。知崇至於效天則德崇矣，禮卑至於法地則業廣矣。中庸「致廣大」、「極高明」、「温故」、「敦厚」，知崇也；「盡精微」、「道中庸」、「知新」、「崇禮」，禮卑也。人之所得于天者本无不明，明之以復其初，使此心无一毫之障礙，而知有不崇者乎？卑對高言，禮是纖細瑣碎底，高明者多忽略而疏于節目，動容周旋，實體而踐之，則高而能卑矣。

天地設位，而易行乎其中矣。成性存存，道義之門。

本義：「天地設位而變化行，猶知禮存性而道義出也。成性，本成之性也；存存，謂存而又存，不已之意也。」

朱子語類云：「識見高于上，所行實于下，中間便生生而不窮，故説『易行乎其中，成性存存，道義之門』。」

謹按：此節承上「崇效」、「卑法」而言，謂易道之大，上極乎天，下極乎地，聖人用之以崇德廣業，則萬善皆備，富有、日新，猶易之生生不已也。人自繼善成性以來，萬物皆備，任天下之紛紜蕃變，莫非吾性吾命之所固有，乃氣拘于先，物蔽于後，而道義之門塞矣。存存者，静而涵養，動而省察，戒慎恐懼，存之又存，中致而天下之大本立，和致而天下之達道行，故曰「成性存存，道義之門」。項氏曰：「此章言聖人體易于身也。」知窮萬理之原，則乾之始萬物也；禮循萬理之則，則坤之成萬物也。道者義之體，智之所知也；義者道之用，禮之所行也。

右第七章。

聖人有以見天下之賾，而擬諸其形容，象其物宜，是故謂之象。

本義：「賾，雜亂也。象卦之象，如説卦所列者。」

吴氏曰：「不以象對爻言，而以象對爻言者，文王未繫彖辭之先，重卦之名謂之象。象先于象，言象則彖在其中。」

張氏曰：「擬諸形容者，擬之陰陽也。在未畫卦之先，象其物宜，正畫卦之事。擬是擬其所象，象是象其所擬。物而曰『宜』，不獨肖其形，兼欲盡其理。」

謹按：「擬」者，比也，以一物比方一物也；「形容」者，狀貌也。以一物比一物，其狀貌相似謂之象。陰陽在天地之間，无形容之可見也，聖人畫卦以顯之，于是以事物之繁賾比擬陰陽之狀貌，擬天而得三畫純陽之乾，擬地而得三畫純陰之坤，擬水、火、風、雷、山、澤而得少陰、少陽之坎、離、震、巽、艮、兑，是擬諸其形容也。畫卦成而乾坤象天地，坎、離、震、巽、艮、兑象水、火、風、雷、山、澤，是象其物宜也。重卦六十四，各有所擬以爲象，是故謂之象。

聖人有以見天下之動，而觀其會通，以行其典禮，繫辭焉以斷其吉凶，是故謂之爻。

本義：「會謂理之所聚而不可遺處，通謂理之可行而无所礙處。如庖丁解牛，會則其族，而通則其虚也。」

何氏曰：「會如省會之會，自彼而來者面面可至；通如通都之通，自此而往者方方可達。」

蔡氏曰：「觀會通，行典禮，且就天下之動上説，未著在易。將此理繫之于易，以斷其吉凶，是爻辭之所以爲爻辭者，乃所以效天下之動也，故謂之爻。」

錢氏澄之曰：「事勢盤錯之會，人見爲有礙者，聖人觀之，必有其通，非權宜之行，而典禮之行，蓋確乎其不可易也。」

謹按：一之謂會，萬事萬物之所統歸也；貫之謂通，一理散布于萬事萬物也。必觀乎此而後于經權常變、大中至正之理，確見其所以然而行，而宜之以定萬世不易之典。則合乎此則吉，悖乎此則凶，此聖人繫爻命辭，以效天下之動也。

言天下之至賾而不可惡也，言天下之至動而不可亂也。

本義：「惡，猶厭也。」

潘氏曰：「有至一者存，所以不可惡；有至常者存，所以不可亂。」

謹按：此節分承上二節，「聖人有以見天下之賾，而擬諸形容」，擬議當乎物宜，故繫辭言天下之賾而不可厭；「聖人有以見天下之動，觀其會通」，定爲一定之典禮，故不可亂。

擬之而後言，議之而後動，擬議以成其變化。

本義：「觀象玩辭，觀變玩占，而法行之，此下七爻則其例也。」

朱子語類云：「擬議只是裁度自家言動，使合此理變易以從道之意。」

胡氏曰：「聖人之于象，擬之而後成，學易者如之何不擬之而後言？聖人之于爻，必觀會通，以行典禮，學易者如之何不議之而後動？前言變化，易之變化也；此言成其變化，學易者之變化也。」

謹按：此章極言立象繫辭之妙，學者必擬之議之而後能變化以盡利。又釋數爻，以示人擬言、議動之準則也。

「鳴鶴在陰，其子和之。我有好爵，吾與爾靡之。」子曰：「君子居其室，出其言，善則千里之外應之，況其邇者乎？居其室，出其言，不善則千里之外違之，況其邇者乎？言出乎身，加乎民，行發乎邇，見乎遠。言行，君子之樞機，樞機之發，榮辱之主也。言行，君子之所以動天地也，可不慎乎！」

本義：「釋中孚九二爻義。」

汪氏曰：「居室照在陰看。中孚者，誠積于中。在陰居室，正當慎獨以修言行，而進於誠也。」

謹按：繫辭釋經，每更進一義，蓋象傳之所未詳，特于繫辭發之。

「同人，先號咷而後笑。」子曰：「君子之道，或出或處，或默或語。二人同心，其利斷金；同心之言，其臭如蘭。」

本義：「釋同人九五爻義。言君子之道，初若不同，而後實无間。斷金、如蘭，言物莫能間，而其言有味也。」

謹按：君子之道，「道」字最重。心之同，由其道同也，猶孟子所謂「或遠或近，或去或不去，歸潔其身」也。「其利斷金」釋「先號咷」，所以號咷者，有間之者也，號咷所以斷金而去其間也。「同心」之言，釋「後笑」；曰「如蘭」，形容笑語相得之象。

「初六，藉用白茅，无咎。」子曰：「苟錯諸地而可矣，藉之用茅，何咎之有？慎之至也。夫茅之爲物薄，而用可重也。慎斯術也以往，其无所失矣。」

本義：「釋大過初六爻義。」

謹按：物薄而用可重，用之而後重也。古大臣以一身繫天下之安危，所恃者區區一念之忠誠，而天地可動，鬼神可格，誰謂物薄而用不可重哉！

「勞謙，君子有終，吉。」子曰：「勞而不伐，有功而不德，厚之至也，語以其功下人者也。德言盛，禮言恭，謙也者，致恭以存其位者也。」

本義：「釋謙九三爻義。『德言盛，禮言恭』，言德欲其盛，禮欲其恭也。」

謹按：不自以爲德，故謙而不伐。不德者，德之所以厚也。有功，勞也。勞而謙，以其功下人也。「德言盛，禮言恭」，二「言」字與上「語」字同釋經文。「勞謙」云者，言君子以其功下人也，言君子德盛而禮恭也。末二句亦蒙上「言」字，謂致恭以存其位，君子之所以謙而有終也。

「亢龍有悔。」子曰：「貴而无位，高而无民，賢人在下位而无輔，是以動而有悔也。」

本義：「釋乾上九爻義。當屬文言，此蓋重出。」

「不出户庭，无咎。」子曰：「亂之所生也，則言語以爲階。君不密則失臣，臣不密則失身，幾事不密則害成，是以君子慎密而不出也。」

本義：「釋節初九爻義。」

吴氏曰：「此爻辭所象，慎動之節，而夫子以發言之辭釋之。程子曰：『在人所節，惟言與行，節于言則行可知，言當在先也。』」

謹按：慎，敬也。慎于言者，必先慎于心。爲之難，故言之訒。東漢陳、竇之禍，不慎故也。

子曰：「作易者，其知盜乎？易曰『負且乘，致寇至』。負也者，小人之事也；乘也者，君子之器也。小人而乘君子之器，盜思奪之矣；上慢下暴，盜思伐之矣。慢藏誨盜，冶容誨淫，易曰『負且乘，致寇至』，盜之招也。」

本義：「釋解六三爻義。」

謹按：奪，奪小人；伐，伐國也。爲上者不慎重名器，是上慢也，上慢則下暴，而盜起矣。慢藏之誨盜，猶冶容之誨淫也。

右第八章。

本義：「此章言卦爻之用。」

天一地二，天三地四，天五地六，天七地八，天九地十。

本義：「此簡本在第十章之首，程子曰『宜在此』，今從之。此言天地之數，陽奇陰耦，即所謂河圖者也。其位一、六居下，二、七居上，三、八居左，四、九居右，五、十居中。就此章而言之，則中五爲衍母，次十爲衍子，次一、二、三、四爲四象之位，次六、七、八、九爲四象之數。二老位於西北，二少位於東南。其數則各以其類交錯於外也。」

謹按：自一至十，多寡之數，非先後之序也。

天數五，地數五，五位相得而各有合。天數二十有五，地數三十，凡天地之數五十有五。此所以成變化而行鬼神也。

本義：「此簡本在『大衍』之後，今按宜在此。天數五者，一、三、五、七、九，皆奇也；地數五者，二、四、六、八、十，皆耦也。相得，謂一與二，三與四，五與六，七與八，九與十，各以奇耦爲類而自相得。有合，謂一與六，二與七，三與八，四與九，五與十，皆兩相合。二十有五者，五，奇之積也；三十者，五耦之積也。變化，謂一變生水而六化成之，二化生火而七變成之，三變生木而八化成之，四化生金而九變成之，五變生土而十化成之。鬼神，謂凡奇耦生成之屈伸往來者。」

孔氏曰：「言此陽奇陰耦之數，成就其變化，而宣行鬼神之用。」

程子曰：「數只是氣，變化鬼神亦只是氣。『天地之數五十有五』，變化鬼神皆不越于其間。」

謹按：天數有五，一一也，三二也，五三也，七四也，九五也；地數有五，二一也，四二也，六三也，八四也，十五也。此就天地奇耦之數逐一言之，各有是五者之目也。若夫奇與奇、耦與耦之相得也，奇與耦之各有合也，則二五之積數也。五位，謂河圖四面中夾之位。分奇耦言之曰「相得」，北一與西九相得爲十，南七與東三相得爲十，又得中五爲二十有五，此天之積數也；南二與東八相得爲十，北六與西四相得爲十，又得中十爲三十，此地之積數也。合奇耦言之曰「各有合」，一六合于北爲七，九四合于西爲十三，兩位合而爲二十，二七合于南爲九，三八合于東爲十一，兩位合亦爲二十，又合中位之十五爲五十有五，此天地之積數也。奇耦之生生不窮，惟其積也，積則對待之體，流行之用，互根互藏之妙具焉矣，此變化之所以成，鬼神之所以行也。自无而有曰變，變即神也；自有而無曰化，化即鬼也。變化言其功，鬼神言其用也。河圖四位，西北金水爲一類，東南木火爲一類，相得、有合各從其類也。得曰相，合曰各，互文也。中者四方之統會，五數之主，十數之全，數起于五而成于十也。一得五爲六，二得五爲七，三得五爲八，五合一又合四爲十，五合二又合三亦爲十，十者兩其五也。二十有五者五其五，三十者六其五也，五十有五者十一其五也。鄧氏旭章云：「妙處全在五十之後有五，彼數始于五，極于十五，數各終爲五十，是成數也；極于十，復起于五，五數又各始爲五，是生數也。五十又有五，生成所以不終，非所以成變化而行鬼神乎？此所以三字緊頂『有五』。」

大衍之數五十，其用四十有九。分而爲二，以象兩，掛一以象三。揲之以四，以象四時。歸奇於扐，以象閏，五歲再閏，故再扐而後掛。

本義：「大衍之數五十，蓋以河圖中宮天五乘地十而得之，至用以筮，則又止用四十有九。蓋皆出於理勢之自然，而非人之知力所能損益也。兩，謂天地也；掛，懸其一於左手小指之間也；三，三才也；揲，間而數之也。奇所揲四，數之餘也。扐，勒於左手中三指之兩間也；閏，積月之餘日而成月者也。五歲之間再積日而再成月，故五歲之中凡有再閏，然後別起積分，如一掛之後左右各一揲而一扐，故五者之中，凡有再扐，然後別起一掛也。」

韓氏曰：「王弼云：演天地之數者五十也，其用四十有九，則其一不用也。不用而用，以之通非數而數，以之成斯易之太極也。」

謹按：上文言圖具造化之全，此以下言聖人法圖數立爲筮策之數。

乾之策二百一十有六，坤之策百四十有四，凡三百有六十，當期之日。

本義：「凡此策數生於四象，蓋河圖四面，太陽居一而連九，少陰居二而連八，少陽居三而連七，太陰居四而連六。揲蓍之法，則通計三變之餘，去其初掛之一，凡四爲奇，凡八爲耦，奇圓圍三，耦方圍四，三用其全，四用其半，積而數之則爲六、七、八、九，而第三變揲數、策數亦皆符會。蓋餘三奇則九，而其揲亦九，策亦四九三十六，是爲居一之太陽；餘二奇一耦則八，而其揲亦八策，亦四八三十二，是爲居二之少陰；二耦一奇則七，而其揲亦七，策亦四七二十八，是爲居三之少陽；三耦則六，而其揲亦六，策亦四六二十四，是爲居四之老陰。是其變化往來，進退離合之妙，皆出自然，非人之所能爲也。少陰退而未極乎虚，少陽進而未極乎盈，故此獨以老陽、老陰計乾坤六爻之策數，餘可推而知也。期，周一歲也，凡三百六十五日四分日之一，此特舉成數而概言之耳。」

謹按：過揲之數以四，乾之策奇，三其四爲一變，每爻三變得四九三十六，六爻十有八變，共得二百一十有六策；坤之策耦，兩其四爲一變，每爻三變得四六二十四，六爻十有八變，共得一百四十有四策。此據二太之數言之也，詳見圖義。

二篇之策，萬有一千五百二十，當萬物之數也。

本義：「二篇謂上下經，凡陽爻百九十二，得六千九百一十二策；陰爻百九十二，得四千六百八策，合之得此數。」

是故四營而成易，十有八變而成卦。

本義：「四營，謂分二掛一，揲四歸奇也；易，變易也，謂一變也。三變成爻，十八變則成六爻也。」

八卦而小成。

本義：「謂九變而成三畫得内卦也。」

謹按：既言「成易」、「成卦」，又言「八卦」者，有内而後有外，有小成而後有大成。其序如此，乃補足上文「成卦」意。

引而伸之，觸類而長之，天下之能事畢矣。

本義：「謂已成六爻，而視其爻之變與不變以爲動静，則一卦可變而爲六十四卦以定吉凶。凡四千九十六卦也。」

謹按：此言成卦後變占之法。

顯道神德行，是故可與酬酢，可與祐神矣。

本義：「道因辭顯，行以數神。酬酢謂應對，祐神謂助神化之功。」

項氏曰：「天道雖幽，可闡之以示乎人；人事雖顯，可推之以合乎天。明可以酬酢事物之宜，幽可以贊出鬼神之命。」

子曰：「知變化之道者，其知神之所爲乎？」

本義：「『變化之道』，即上文數法是也，皆非人之所能爲，故夫子歎之，而門人加『子曰』以別上文也。」

右第九章。

本義：「此章言天地大衍之數，揲蓍求卦之法，然亦略矣。意其詳，具于大卜、筮人之官，而今不可考耳，其可者啓蒙備言之。」

易有聖人之道四焉：以言者尚其辭，以動者尚其變，以制器者尚其象，以卜筮者尚其占。

本義：「四者皆變化之道，神之所爲者也。」

何氏曰：「此章與第二章觀象玩辭、觀變玩占相應。」

謹按：「以」者，以易之道也。「以言」者，講論陰陽動静之理；「以動」者，審察進退存亡之宜；「制器」者，裁制合度而利于應用，動之成也；卜筮者，剖斷是非以決其疑，動之始也。變者爻之變動不居，象則爻變已定而成卦，占即吉凶悔吝之辭也。尚占承尚辭，尚象承尚變。

是以君子將有爲也，將有行也，問焉而以言，其受命也如嚮，无有遠近幽深，遂知來物。非天下之至精，其孰能與於此！

本義：「此尚辭、尚占之事，言人以蓍問易，求其卦爻之辭，而以之發言、處事，則易受人之命，而有以告之，如嚮之應聲，以決其未來之吉凶也。『以言』與『以言者尚其辭』之『以言』義同。命則將筮而告蓍之語，冠禮『筮日宰自右贊命』是也。」

參伍以變，錯綜其數，通其變遂成天地之文，極其數遂定天下之象。非天下之至變，其孰能與於此！

本義：「此尚象之事，變則象之未定者也。參者三數之也，伍者五數之也。既參以變，又伍以變，一先一後，更相考覈，以審其多寡之實也。錯者交而互之，一左一右之謂也；綜者總而挈之，一低一昂之謂也。此亦皆謂揲蓍求卦之事。蓋通三揲兩手之策，以成陰陽老少之畫，究七、八、九、六之數以定卦爻動靜之象也。『參伍』、『錯綜』皆古語，而『參伍』尤難曉。按荀子云：『窺敵制變，欲伍以參。』韓非曰：『省同異之言，以知朋黨之分；偶參伍之驗，以責陳言之實。』又曰：『參之以比物，伍之以合參。』史記曰：『必參而伍之。』又曰：『參伍不失。』漢書曰：『參伍其賈，以類相準。』此足以相發明矣。」

朱子語類云：「紀數之法，以三數之，則遇五而齊；以五數之，則遇三而會。所謂『參伍以變』者，前後多寡更相反覆，以不齊而要其齊。」○又云：「參伍所以通之，其治之也簡而疏；錯綜所以極之，其治之也繁而密。」

謹按：攙一于兩爲三，三又加兩爲五。參，三之也；伍，五之也。朱子云「數三遇五而齊，數五遇三而會」者，從三起數，又三而遇五；從五起數，又五而會九。九者，三其三也。左右互易，錯也；上下倒易，綜也。參之伍之，錯之綜之，極其反覆，攙雜以盡數之變也。變非一變，故曰通。文，即象也。卦畫開文字之祖，文成而象乃著。○又按：文者卦之文，象者卦之象。然天下之文莫大於是，天下之象莫外于是矣。

易無思也，无爲也，寂然不動，感而遂通天下之故。非天下之至神，其孰能與於此！

本義：「此四者，易之體所以立，而用所以行者也。易指蓍卦，无思、无爲言其无心也。寂然者，感之體；感通者，寂之用。人心之妙，其動静亦如此。」

邵子曰：「无思、无爲者，神妙致一之地也，所謂一以貫之，聖人以此洗心，退藏於密。」

謹按：此承上二節而極贊之言。易之爲道，非但至精至變也，又極天下之至神。神也者，妙萬物而爲言也。○又按：「寂」不與「感」對，未感固寂，感亦寂也。隨感隨通，寂然不動者自若也。自人心言之，廓然大公者性，物來順應者情，性者心之體，情者心之用也。人得天地之理以爲心，心即理，理即性也。中庸言「天命之謂性」，謂人之有性，乃命之於天，而不假乎人爲者也。程子謂：「今人言天性，柔緩與剛急，皆生來如此，此訓『所稟受』。若性之理，則无不善。曰天者，自然之理也。」程子之意，蓋言性之爲名，本訓所稟受，柔緩、剛急莫非稟受於有生之初，故亦謂之性，但其理則无不善。偏剛偏柔者，稟受乎天之氣；无不善者，稟受乎天之理也。惟得於稟受，故生來如此，而无假於人爲，是之謂性也。先儒云「心者，性情之主」，「主」字與「主一」之「主」同，謂性情俱於是乎在，心外无所謂性情也。豈惟无心外之性情，亦非別有一理納於心中而存之爲性，發之爲情也。此心生來是仁底，生來是義底，生來是惻隱、羞惡底。仁者，心之仁；義者，心之義；惻隱、羞惡者，心之惻隱、羞惡也，故曰：「心如穀種，生之性便是仁。」蓋生理渾含，勃然不可遏者，穀種之性，豈得謂別有一生之理安放穀種中乎？又如附子熱，大黄寒，其性爾也，何以見附子之性之熱、大黄之性之寒？以其能已熱證、祛寒疾而知之也。已熱、祛寒者，附子、大黄之情也。若夫麪煨附子而去其毒，酒蒸大黄而制其猛，則後起之人功，不得以不毒、不猛而謂附子、大黄之性本如是也。寒、熱者，天命之性；毒與猛，氣質之性也。熱過而爲毒，寒過而爲猛，猶之仁流於姑息，義流於武斷也。孟子云：「乃若其情，則可以爲善矣。」乃所謂善也，若夫爲不善，非才之罪也。性只是泛説其能如是，情則實見其如是。情者，性之蹟也。人心未與物接，无所謂惻隱、羞惡也，遇可惻隱之事即惻隱，遇可羞惡之事即羞惡，不待計較謀慮而自能如此，是乃心之才也。力量能爲之謂才，才即性也。彼自謂不能者，枉其性者也；因其所已能以求盡其未能者，復其性者也。堯、舜之无不能，只是性之而已。○或問：見孺子入井而惻隱，可是孺子入而感吾心，非吾心出而應孺子？曰：然。伊川謂非出於外，感於外而發於中也。明道亦言以性爲隨物於外，則當其在外時，何者爲在内？物來順應者，體用一原，内外无間，静亦定，動亦定也。先儒言定性，定即寂然不動之謂也。○又按：聖人物來順應，是心與物兩相湊合，事至吾前，喜其所喜，怒其所怒，一率乎吾性之自然，而於物已无違也。可喜則喜，可怒則怒，一循乎物則之當然，而於吾心適洽也。告子「彼長而我長之」一語，頗得因物付物之意，然以此爲義外，是未知此理原具於吾心也。理具於心而散於物，在心在物原无二理，故聖人隨感而隨通。常人氣拘於初，物蔽於後，而皆備之理失，心與物遂格而不通矣。是以大學教人，以格物爲首務。格物者，格其理也。以心格物，即以物格心。格即是知，非以格求知也。格得一件，即知得一件，至於豁然貫通而後知致而理得矣。知即是明德，致即是明明德，誠意所以實此知也。心正則復還其虚靈之本體，而不滯於物，是致知之極功也。心者，人之神明，氣之精爽，所謂人心有覺是也。惻隱、羞惡、辭讓、是非，无非心之覺，惻隱者仁心之覺，羞惡者義心之覺也。朱子謂：「以仁愛，以義惡，以禮讓，以智知，心也。」又云：「以智言，所以知是非之理則智也、性也；所以知是非而是非之者，情也；具此理而覺其爲是非者，心也。」覺即是知，易言「感而遂通」，通即覺也。情者性之動，意者心之發，情是就現成恁地而言，意是主張要恁地。如見孺子入井而惻隱，情也。第曰惻隱已耳，於孺子无濟也。不成其爲惻隱也，如何救此孺子？而計較經營以成其惻隱者，意也。故曰：意因有是情而後用也。意爲情用，而有一毫不誠，則愛惡皆虛矣。故必如好好色，如惡惡臭，而能滿其發見之分量，而所知爲不誣也。然意爲心用，而心不可爲意用。意不爲心用，則已發之情不實；心爲意用，則未發之性不虛。好善如好色，惡惡如惡臭者，意之誠也。所好而不知其惡，惡而不知其美，則意之所向者偏，而心亦隨之而不正矣。心不正則視而不見，聽而不聞，尚可以言知乎？正心者，无意也，非无意也，意聽於心也。意聽於心，則此心自爲主宰，无事則擴然大公，有感則物來順應，吾心之全體大用，明而知之，能事畢矣。或曰：理備於人心，但克己則理自復，何待格物？曰：事物之是非不明，何由知其爲己而克之？比如權衡以稱物，以有斤兩之則也。斤兩之則失，勢必較量物之重輕，而後其則可得而復。若以意爲斤兩，保无毫釐之謬乎？陽明以「致知」爲「致良知」，其説未嘗不是。有生之初，虚靈不昧之體原不待慮而知，然既曰「致」，則必有恁地推致工夫，雖聖人不能不學。今有善人於此，氣稟至清，物欲无蔽，然使不習一事，不讀一書，能應物而各當乎？凡多聞多見，慎思審問，皆格物之功也。道之大原出於天，而付於人物，器即道，道即器也。舍物而言知，是猶掩耳閉目而求聞見，愚者知其不然矣。

夫易，聖人之所以極深而研幾也。

本義：「研，猶審也；幾，微也。所以極深者，至精也；所以研幾者，至變也。」

謹按：此以下言聖人之道。俞氏曰：「極深，謂以易之至精窮天下之至精；研幾，謂以易之至變察天下之至變。」

唯深也，故能通天下之志；唯幾也，故能成天下之務；唯神也，故不疾而速，不行而至。

本義：「所以通志而成務者，神之所爲也。」

子曰：「易有聖人之道四焉者，此之謂也。」

右第十章。

本義：「此章承上章之意，言易之用有此四者。」

子曰：「夫易，何爲者也？夫易，開物成務，冒天下之道，如斯而已者也。是故聖人以通天下之志，以定天下之業，以斷天下之疑。」

本義：「開物成務，謂使人卜筮，以知吉凶而成事業；冒天下之道，謂卦爻既設，而天下之道皆在其中。」

龔氏曰：「通志以開物言，定業以成務言，斷疑以冒天下之道言。惟其能冒天下之道，所以能斷天下之疑。」

謹按：開物猶言生物，有物即有事，有生即有成，「乾知大始，坤作成物」是也。冒天下之道，言天下萬事萬物總不能出此理之外，中庸所謂「體物而不可遺」也。聖人以易之理治天下，財成輔相，修道之教也。是故示之以吉凶，知明而物開；教之以趨避，處當而事成，凡德禮政刑之用皆是，不獨易書已也。惟冒天下之道，故能開物成務；惟斷天下之疑，故能通志定業。文王序卦，乾坤之後繼以屯蒙，蓋必雜而著，然後見不失其居，而萬物得遂其生成也。

是故蓍之德圓而神，卦之德方以知，六爻之義易以貢。聖人以此洗心，退藏於密，吉凶與民同患。神以知來，知以藏往，其孰能與於此哉？古之聰明睿知，神武而不殺者夫！

本義：「圓神謂變化无方，方知謂事有定理，易以貢謂變易以告人。聖人體具三者之德，而无一塵之累，无事則其心寂然，人莫能窺，有事則神知之用，隨感而應，所謂无卜筮而知吉凶也。神武不殺，得其理而不假其物之謂。」

孔氏曰：「易道深遠，故古之聰明睿知神武之君，用此易道，不用刑殺而威服之也。」

龔氏原曰：「圓者其體動而不窮，神者其用虚而善應。卦者象也，象則示之以定體；爻者變也，變則其義不可爲典要。以此洗心者，所以无思也；以此退藏於密者，所以无爲也；以此吉凶與民同患者，感而遂通天下之故也。」

王氏曰：「聖人以此蓍卦六爻，洗去夫心之累，則是心也，廓然而大公，用能退藏于密，而不窮之用，默存於我焉，此即易之所謂寂然不動也。夫妙用之源，默存於聖人之心，則發而爲用也，酬酢萬物而不窮，樂以天下，憂以天下，故曰『吉凶與民同患』。此即感而遂通天下之故也。」

謹按：「以此」二字貫下四句。蓍卦爻，易也；其德其義，易之理也。聖人之所以者，以其理也。此理賦於天爲命，受於人爲性，性具於心，虚靈不昧，下愚與上哲无異也。自氣拘物蔽，而清者濁，明者昏矣。惟聖人心德渾全，湛然如鑑之空，水之澄，无一毫渣滓塵垢，一似以蓍卦爻之理洗滌其心者然也。故當其退而无事，舉千變萬化之妙用，盡藏於寂然不動之中，而淵深静穆，而不可測。迨夫事至物來，痌瘝一體，欲立立人，欲達達人，不待安排推暨，而至誠惻怛之衷有觸輒動，所謂「感而遂通天下之故也」。程子謂：「易是甚易者，密也。」愚謂密是甚密者，仁也。蓋天理之周流，本无虚假間斷，无虚假間斷，故密。密則此心純乎天理，隨處發見，如混混源泉，川流不息。聖人民胞物與，老安少懷，只是此心天理周流而已。知來藏往，謂聖人洗心藏密，吉凶同患，猶蓍之圓神以知來，卦之方知以藏往也。來，謂事之未來，吉凶之幾未著，而能早見于事前，中庸所謂禍福將至，善不善必先知之，此聖人之神也。藏，猶言存，謂吉凶之理具在，如孔子聞孔悝之亂而歎由之死，漢昭帝辨燕王旦上書之詐，皆事之已然而耳目所未到者。自明者視之，則其理見在而无不可知，此聖人之知也。知者，仁之覺，動之幾也，一念惻隱之萌，不能自已，孟子所謂良知也。仁者萬物一體，故吉凶同患，患即知也。程子以痿痹喻不仁，蓋惟隔於物我之私，故痌瘝漠不相知。仁者欲立立人，欲達達人，不待見而後知，知之所以神也。不言六爻之易者，神知之妙无非易也。〇又按：洗心、藏密，即中庸所云「中也者，天下之大本也」。程子以未發之中爲「在中」之義，與中道之中不同。蓋凡言「在」者，有在有不在也。有在有不在者，道之中，即中節之和也。當喜而喜，則在喜而不在怒矣；當哀而哀，則在哀而不在樂矣；當怒、當樂，則又不在喜、不在哀矣，此所謂中无定體，隨時以處者也。若其未發，則喜怒哀樂之理渾淪充積於不見不聞之地，於此而擬其所在，以爲有乎，无乎？无在而无不在者，在中之謂也；无在者，中之虚；无不在者，中之虚而實也。猶居四方之中，不東不西，不南不北，而東西南北道里適均，故能跨而有之。若偏東則不能有西，偏南則不能有北矣。陳北溪論太極亦云：以其在中，有推極之義。蓋極之爲物，常在物之中，四面到此皆去不得，此可與程子論未發之中參看。蓋未發之中即太極也，人受天地之中以生，此心至虛至靈，本无一毫遺漏欠缺，凡與聖原无異也。但爲氣稟所拘，遂有偏剛偏柔之異，偏於此則遺彼，偏於彼則遺此，由是而在中者不中矣。惟聖人氣稟極其清明，方寸之内天理渾然，静深莫測，而天下之大本以立，此所以寂然不動，感而遂通天下之故也。

是以明於天之道，而察於民之故，是興神物以前民用。聖人以此齋戒，以神明其德夫！

本義：「神物謂蓍龜，湛然純一之謂齋，肅然警惕之謂戒。明天道，故知神物之可興；察民故，故知其用之不可不有以開其先。是以作爲卜筮以教人，而於此焉齋戒，以考其占，使其心神明不測，如鬼神之能知來也。」

邱氏曰：「心即神明之舍，人能洗之而无一點之累，則此心静，與神明一。於揲蓍求卦之時，能以齋戒存之，則此心動與神明通，心在則神在矣。」

謹按：上節洗心退藏於密，聖人之齋戒也。聖人无時无事而不敬，雖燕居狎處，常如抱策灼龜，論語所謂「參前倚衡」是也。吉凶同患，知來藏往，聖人之神明也。惟敬止，故緝熙，此乾乾惕若之君子，即聰明睿知之聖人也。常人所得於天者，皆有虛靈不昧之德，惟梏亡於物感之私，方寸之内，勞攘膠葛，遂使神蕩而不守，志勞而日昏。然當如夢如醉之時，偶有警惕，未嘗不肅然整頓。今人入神廟中，見塑像森嚴，不覺起畏，試看此時心地還有他物得入來否？又如行船遇風，静坐聞霹靂猛烈，此時還有妄想萌動否？可知本來良心到底未滅，但能齋肅戒畏，則天心旋復，自然如夢之醒，醒之解矣。聖人之作筮龜，蓋神道設教，使人於此齋戒，以復其神明之德也。「齋戒」二字，孔子示人入德之門，作聖之基。禮云三日齋，七日戒，如見所爲齋者。使人心常能如此，有不爲大聖者乎？

是故闔户謂之坤，闢户謂之乾。一闔一闢謂之變，往來不窮謂之通。見乃謂之象，形乃謂之器，制而用之謂之法。利用出入，民咸用之，謂之神。

本義：「闔闢，動静之機也。先言坤者，由静而動也。乾坤變通者，化育之功也；見象形器者，生物之序也。法者，聖人修道之所爲；而神者，百姓自然之日用也。」

虞氏曰：「闔，閉翕也，坤象夜，故以閉户也；闢，開也，乾象晝，故以開户也。陽變闔陰，陰變闢陽，剛柔相推而生變化也。」

朱子語類云：「闔闢乾坤，理與事皆如此，書亦如此。這箇只説理底意思多。○問：『闔户謂之坤』一段，只是這一箇物，以其闔謂之坤，以其闢謂之乾，以其闔闢謂之變，以其不窮謂之通，以其發見而未成形謂之象，以其成形則謂之器，聖人修明以立教則謂之法，百姓日用則謂之神。曰：是如此。又曰：『利用出入』者，便是人生日用都離他不得。」
謹按：變通而成象、成器者，即太極之生生不已也。制而用之，出入咸宜，所謂定吉凶，成大業也。

是故易有大極，是生兩儀，兩儀生四象，四象生八卦。

本義：「一每生二，自然之理也。易者，陰陽之變。太極者，其理也。兩儀者，始爲一畫，以分陰陽；四象者，次爲二畫，以分太、少；八卦者，次爲三畫，而三才之象始備。此數言者，實聖人作易自然之次第，有不假絲毫智力而成者。畫卦、揲蓍，其序皆然，詳見序例、啓蒙。」

八卦定吉凶，吉凶生大業。

本義：「有吉有凶，是生大業。」

謹按：易之爲道，言乎其用則變化无方，神妙莫測，聖人以之通志、定業、斷疑，以之洗心、藏密、知來藏往、興神物以利民用，制之爲一定之法，用之爲不可知之神。蓋彌綸充塞於天地之間，大莫能載，小莫能破，而遡厥本原，則无方體，无朕兆，所謂「无極而太極」也。「易有太極」句，與首節「夫易何爲也」相應；由一而兩，而四而八，以至百千萬億，莫可紀極，首節所謂「冒天下之道」也；定吉凶，成大業，即開物成務也。○又按：「易有太極」，「易」字止説易理。一陰一陽之謂道，道即太極也。餘干胡氏謂：「太極理也，道理最大，无以復加，故曰太極。凡事到理上便是極了，再改移不得。太是尊大之義，極是至當无以加也。」此論最直截。大學言「止于至善」，至善者，至當而不可易之善也；中庸言「大德敦化」，大德者，萬化之原也。易言太極，兼此二義，極即至善之謂，太即大德之大也。凡繫傳所言廣大、神化，莫非太極，於此特明指之。兩儀、四象、八卦，俱就陰陽上說。周子云：「太極動而生陽，動極而静，静而生陰，静極復動，一動一静，互爲其根，而兩儀立焉。」周子所謂兩儀，蓋兼四象而言也；動生陽，静生陰，一陰一陽即是兩儀。至動静互根，則陰中有陽，陽中有陰。陰主退，陰中之陽退極而進也，是謂少陽；陽主進，陽中之陰進極而退也，是謂少陰。有進極而退、退極而進之少陰、少陽，因目其極而未進未退者，爲太陰、太陽。二太、二少合而爲四太，一而已。而少則有長、中、少之别，陰陽各三，合二太爲八，八即四，四即兩也。有兩而後有四，有四而後有八，此陰陽生生之序也。若聖人畫卦以象陰陽，必乾坤六子具而後四象、兩儀見。乾坤者，太陰、太陽之卦；六子者，少陰、少陽之卦。二與六爲八也，并六爲二。則震、坎、艮皆少陽，巽、離、兑皆少陰，合二太爲四象，太陽、少陽皆陽也，太陰、少陰皆陰也，并八爲兩。乾、震、坎、艮，陽儀也；坤、巽、離、兑，陰儀也。自邵子以此節爲生卦之序，因有加一倍畫法之説，予終未之敢信。周子太極圖説乃此傳確注，所云分陰分陽而兩儀立者，原只説陰陽之理如此。儀者形也，象者狀也，卦者卦也，豎竿而掛物其上以示人，較儀象爲尤著。陰陽自然之運，發見於天地之間者，亦有儀有象有卦，此未畫之易也。知未畫之儀、象、卦，而易書之義以著矣。故下二節遂言筮龜之用，與聖人所以作易之由。○又按：陽變陰合而生生不已，此吉凶所由定，大業所由生也。自天地言，五氣順四時行則吉，稍有愆伏則凶；以人事言，修之則吉，悖之則凶，總不離乎陰陽消長、剛柔進退之道焉。

是故法象莫大乎天地；變通莫大乎四時；縣象著明莫大乎日月；崇高莫大乎富貴；備物致用，立成器以爲天下利，莫大乎聖人；探賾索隱，鉤深致遠，以定天下之吉凶，成天下之亹亹者，莫大乎蓍龜。

本義：「富貴，謂有天下，履帝位。『立』下疑有闕文。亹亹，猶勉勉也，疑則怠，決故勉。」

謹按：天地、四時、日月、富貴、聖人，天下之至大也；蓍龜之用，直參造化，與富貴同其尊、聖人同其德也。○又按：前八句申言第四節，以起下文「成象之謂乾，效法之謂坤」，故曰「法象莫大乎天地」。變通者，法象之變通；四時者，天地之四時；日月與四時同，而縣象尤爲著明。備物致用，必待修道之聖人。聖人者，德、位、時兼全者也，故并言富貴。

是故天生神物，聖人則之；天地變化，聖人效之；天垂象，見吉凶，聖人象之；河出圖，洛出書，聖人則之。

本義：「此四者，聖人作易之所由也。河圖、洛書，詳見啓蒙。」

謹按：兩「聖人則之」，上謂聖人用之以爲則，下謂聖人則之以畫卦垂象。「見吉凶」，如日月安其常度則吉，日食月食則凶之類，非數家災祥之謂。

易有四象，所以示也；繫辭焉，所以告也；定之以吉凶，所以斷也。

本義：「四象謂陰陽老少，示謂示人以所值之卦爻。」

游氏曰：「四象謂陰陽老少，示謂示人以變化之道，即上文『以通天下之志』者也；繫辭焉以盡其言，故曰告，即上文『以定天下之業』者也；定之以吉凶，則趨避之機決矣，故曰斷，即上文『以斷天下之疑』者也。此結上數節之意。」

謹按：此節言聖人作易畫卦，以著陰陽老少之象，又繫辭以定吉凶之占，而後開物成務，冒天下之道，在易書者，猶其在造化也。

右第十一章。

易曰：「自天祐之，吉无不利。」子曰：「祐者助也，天之所助者順也，人之所助者信也。履信思乎順，又以尚賢也。是以『自天祐之，吉无不利』也。」

本義：「釋大有上九爻義。然在此无所屬，或恐是錯簡，宜在第八章之末。」

子曰：「書不盡言，言不盡意，然則聖人之意其不可見乎？」子曰：「聖人立象以盡意，設卦以盡情僞，繫辭焉以盡其言，變而通之以盡利，鼓之舞之以盡神。」

本義：「言之所傳者淺，象之所示者深。觀奇耦二畫，包含變化无有窮盡，則可見矣。變通、鼓舞，以事而言。兩『子曰』字，疑衍其一，蓋『子曰』字皆後人所加，故有此誤。如近世通書乃周子所自作，亦爲後人每章加以『周子曰』字，其設問答處正如此也。」

謹按：聖人之意，欲明陰陽之消長，使人知人事之進退也。八卦之象立，而消長、進退之義著矣。又設爲六十四卦、三百八十四爻，而後邪正得失之分途，了然可見矣。象立卦設，所謂形而下也，而盡意、盡情僞，則道在其中矣，此變通、鼓舞之所以利而神也。變通即下節所云化裁、推行。變之通之則无往而不利，行而利則鼓舞而不能自已。易之神妙，惟聖者能盡之也。〇又按：變通雖以事言，然易之爲道，本變化无窮，故學易者能化裁、推行，自无往而不利也。

乾坤，其易之緼邪！乾坤成列，而易立乎其中矣。乾坤毁，則无以見易。易不可見，則乾坤或幾乎息矣。

本義：「緼，所包蓄者，猶衣之著也。易之所有，陰陽而已。凡陽皆乾，凡陰皆坤。畫卦定位，則二者成列，而易之體立矣。乾坤毁，謂卦畫不立；乾坤息，謂變化不行。」

謹按：「乾坤成列」，申上節立象、設卦，「易立乎其中」，申上節盡意、盡情僞。舉乾坤以該六十四卦也。易不可見則變化不著，而造物運行之妙幾于息矣。末句「乾坤」二字，謂乾坤之理。乾坤之理自在天地之間，而人不識，聖人作易而卦象成列，然後此理有所憑著，而爲人所共見，故曰「易之緼」。變化者易，變之化之者人也，故易不可見而乾坤之理遂息，此人所以列于三才也。

是故形而上者謂之道，形而下者謂之器，化而裁之謂之變，推而行之謂之通，舉而措之天下之民謂之事業。

本義：「卦爻、陰陽皆形而下者，其理則道也。因其自然之化而裁制之，變之義也。『變』『通』二字，上章以天言，此章以人言。」

謹按：有儀有象之謂形，形成而適于用之謂器。陰陽，形也；陽生陰長，器也。耳目手足，形也；耳目司視聽，手足司持行，器也。陰陽所以生長，耳目所以視聽者，道也。總此一形也，自其上者言之爲道，自其下者言之爲器。上下者，微顯精粗之謂也。朱子語類：「問：形而上下，如何以形言？曰：此言最的當，若以有形、无形言之，便是物與理相間斷了。蓋器亦道，道亦器也，天地間莫非器，即莫非道，此道之所以不可離也。遺器求道者，賢知之過；離道言器者，愚不肖之不及也。」〇又按：此節申言變通、鼓舞。

是故夫象，聖人有以見天下之賾，而擬諸其形容，象其物宜，是故謂之象。聖人有以見天下之動，而觀其會通，以行其典禮，繫辭焉以斷其吉凶，是故謂之爻。

本義：「重出，以起下文。」

謹按：此節申言立象、繫辭。

極天下之賾者存乎卦，鼓天下之動者存乎辭。

本義：「卦即象也，辭即爻也。」

化而裁之存乎變，推而行之存乎通，神而明之存乎其人，默而成之，不言而信，存乎德行。

本義：「卦爻所以變通者在人，人之所以能『神而明之』者在德。」

張氏曰：「謂之變，謂之通，變通因化裁、推行而有也；存乎變，存乎通，化裁、推行因變通而施也。」

謹按：末二節分承三、四兩節。變通在聖人，故能化而裁，推而行。至神而明之，則化裁、推行之迹亡矣。「存乎其人」者，存乎人之德行也。默而成，不言而信，正是神而明之。

右第十二章。

周易傳義合訂卷之十一

繫辭下傳

八卦成列，象在其中矣；因而重之，爻在其中矣。

本義：「成列，謂乾一，兑二，離三，震四，巽五，坎六，艮七，坤八之類。象，謂卦之形體也。因而重之，謂各因一卦而以八卦次第加之爲六十四也。爻，六爻也。既重而後卦有六爻也。」

謹按：「八卦成列」而有天地風雷等象，「因而重之」而有上下相應之六爻。「因而」云者，八卦已成，因之以爲六十四卦，只是兩卦相疊而已。

剛柔相推，變在其中矣；繫辭焉而命之，動在其中矣。

本義：「剛柔相推，而卦爻之變，往來交錯，无不可見。聖人因其如此，而皆繫之辭，以命其吉凶，則占者所值當動之爻象，亦不出乎此矣。」

謹按：凡筮卦者，視其爻之動以爲占，有動而吉，有動而凶，聖人因而命之，是動在繫辭吉凶中也。

吉、凶、悔、吝者，生乎動者也。

本義：「吉、凶、悔、吝，皆辭之所命也，然必因卦爻之動而後見。」

謹按：此承上節，謂動在繫辭中者。辭有吉、凶、悔、吝，原生於動者也。

剛柔者，立本者也；變通者，趣時者也。

本義：「一剛一柔，各有定位，自此而彼，變以從時。」

謹按：剛柔者，一定之體；變通者，隨時之用。此亦承上節，謂變在剛柔之中者，以用之流行，即體之對待也。

吉凶者，貞勝者也。

本義：「貞，正也，常也，物以其所正爲常者也。天下之事，非吉則凶，非凶則吉，常相勝而不已也。」

謹按：爲善未必得福，爲惡未必得禍，此言乎其變也；「惠迪吉，從逆凶」，此言乎其正也。變者，其偶；正者，其常也。顔之夭，跖之壽，未定之天也。從其後而論之，將以爲顔凶乎，跖吉乎？君子砥行立名，盡其在我，善未必福，而善必不可不爲；惡未必禍，而惡必不可爲。殀壽不貳，修身以俟之，天自我定，命自我立，非徒達人之知己也。本義云「非吉則凶，非凶則吉，常相勝而不已」，蓋吉勝凶者，雖凶事亦吉，无慮其或不吉；凶勝吉者，雖吉事亦凶，无望其或不凶。非吉勝凶，即凶勝吉，更无吉凶並存之道。此事理之必然，而无可疑者，故曰「貞」。貞者，正也，常也。應該如是之謂正，惟應如是，故能常如是也。○又按：本義以所正爲常，即下節「貞于一」意。一者，至正之理也。「貞勝」只宜作常勝，若歸重在「正」字上，則下文不用申説矣。

天地之道，貞觀者也；日月之道，貞明者也；天下之動，貞夫一者也。

本義：「觀，示也。天下之動，其變无窮，然順理則吉，逆理則凶，則其所正而常者，亦一理而已矣。」

高氏曰：「天常示人以易，地常示人以簡，雖陰不能以不愆，陽不能以不伏，而貞觀之理常自若也；日明乎晝，月明乎夜，雖中不能以不昃，盈不能以不食，而貞明之理常自若也。天下之動，進退存亡，不可以一例測然，而順理則裕，從欲則危，同一揆也。惠迪之吉，從逆之凶，无二致也，是則造化人事之正常，即吉凶之貞勝，豈可以二而求之哉！」

謹按：天地貞於觀，日月貞於明，天下之動貞於一。一者何？曰理也。天地間只有一箇至當不易之理，更无兩箇。書曰「德惟一，動罔不吉」，動必以理。聖人教人，只有這一道，更无別説。比干之死，微子之去，各完得他一箇「是」字。是便吉，不是便凶，有是无不是，便是趨吉避凶。伯夷、叔齊求仁得仁，求仁，趨吉也；得仁，則得所求而吉矣。吾儒立身，計是非，不計禍福。然禍福之來，與是非相因，間有不然者，未定之天，終歸於有定，變不勝常也。易言吉凶，言乎其貞也。知吉凶之有貞，倖得苟免者可以息矣。

夫乾，確然示人易矣；夫坤，隤然示人簡矣。

本義：「確然，健貌；隤然，順貌，所謂『貞觀者也』。」

謹按：示人易、簡，觀也；確然、隤然者，貞也。天地之貞觀，亦貞於一者也。

爻也者，效此者也；象也者，像此者也。

本義：「此謂上文乾坤所示之理。爻之奇耦，卦之消息，所以效而像之。」

爻象動乎内，吉凶見乎外，功業見乎變，聖人之情見乎辭。

本義：「内謂蓍卦之中，外謂蓍卦之外，變即動乎内之變，辭即見乎外之辭。」

吴氏曰：「聖人與民同患之情，皆於易而著見。聖人之道，而獨歸重於辭，蓋此篇爲繫辭之傳故也。」

謹按：陰陽動於卦，而吉凶見於事。趨吉避凶之功業，由卦爻之變動以興，變即動也。此章大意，謂剛柔有一定之體，而變動即在其中。動而吉，動而凶，亦有一定不易之理。故曰：「易者，變易也，不易也。」

天地之大德曰生，聖人之大寶曰位。何以守位？曰仁。何以聚人？曰財。理財正辭，禁民爲非

曰義。

本義：「『曰人』之『人』，今本作『仁』。呂氏從古，蓋所謂『非衆罔與守邦』。」

王氏曰：「聖人所以配天地而王天下者，亦有仁義而已矣。仁，德之用也；義，所以輔仁也。理財，如所謂作罔罟以佃漁，作耒耜以耕耨，致民聚貨以交易之類是也；正辭，如所謂易結繩以書契，百官以治，萬民以察是也；禁民爲非，如所謂重門擊柝以待暴客，剡矢弦弧以威天下是也。」

朱子語類云：「正辭便只是分別是非。」又曰：「教化便在正辭裏面。」

謹按：財者，人情之所爭趨。非正辭、禁非，財不可得而理矣。先儒俱以此節屬下章，似屬可從。

右第一章。

本義：「此章言卦爻吉凶造化功業。」

古者包犧氏之王天下也，仰則觀象於天，俯則觀法於地，觀鳥獸之文，與地之宜，近取諸身，遠取諸物，於是始作八卦，以通神明之德，以類萬物之情。

王昭素曰：「『與』、『地』之間，諸本多有『天』字。俯仰、遠近，所取不一，然不過以驗陰陽消息兩端而已。神明之德，如健順動止之性；萬物之情，如雷風山澤之象。」

朱氏曰：「自此以下，明『備物致用，立成器以爲天下利』者，无非有取于易，皆仁也。曰『王天下』者，明守位也。」

謹按：德，性也。人物得天之理以爲性，雖偏全不同，莫不有自然之知覺，故曰神明。情者，性之發，聖人治天下，治其情而已，經之、綸之，而人之情類矣。樽節愛養，制器尚象，所以各得其所，各適其用，而物之情類矣。惟通德乃能類情。後十三節隨舉以見凡例也。

作結繩而爲罔罟，以佃以漁，蓋取諸離。

本義：「兩目相承而物麗焉。」

包犧氏没，神農氏作，斲木爲耜，揉木爲耒，耒耨之利，以教天下，蓋取諸益。

本義：「二體皆木，上入下動，天下之益，莫大於此。」

日中爲市，致天下之民，聚天下之貨，交易而退，各得其所，蓋取諸噬嗑。

本義：「日中爲市，上明而下動。又借噬爲市，嗑爲合也。」

神農氏没，黄帝、堯、舜氏作，通其變，使民不倦，神而化之，使民宜之。易窮則變，變則通，通則久，是以「自天祐之，吉无不利」。黄帝、堯、舜垂衣裳而天下治，蓋取諸乾坤。

本義：「乾坤變化而无爲。」

蘇氏曰：「言通變、神化而獨詳於黄帝、堯、舜，言黄帝、堯、舜而獨取諸乾坤。乾坤，諸卦之宗也。黄帝、堯、舜，千古人文之始。中天之運，至此而開；洪荒之俗，至此而變。此所以爲善發羲皇之精藴也。」

謹按：通其變則有爲矣，而曰「垂衣裳而治」者，取諸乾坤之易簡，有爲而无爲也。蓋風氣以漸而開，變洪荒爲文明，自然之運也。聖人因自然之運，以通其變，民之所以樂而不倦者，存神過化，莫之爲而爲之也。窮而變者，時之所在，即易之所在也。

刳木爲舟，剡木爲楫，舟楫之利以濟不通，致遠以利天下，蓋取諸涣。

本義：「木在水上也。『致遠以利天下』，疑衍。」

服牛乘馬，引重致遠，以利天下，蓋取諸隨。

本義：「下動上説。」

重門擊柝，以待暴客，蓋取諸豫。

本義：「豫備之意。」

斷木爲杵，掘地爲臼，臼杵之利，萬民以濟，蓋取諸小過。

本義：「下止上動。」

弦木爲弧，剡木爲矢，弧矢之利，以威天下，蓋取諸睽。

本義：「睽，乖然後威以服之。」

上古穴居而野處，後世聖人易之以宮室，上棟下宇，以待風雨，蓋取諸大壯。

本義：「壯固之意。」

古之葬者，厚衣之以薪，葬之中野，不封不樹，喪期无數，後世聖人易之以棺椁，蓋取諸大過。

本義：「送死大事，而過於厚。」

上古結繩而治，後世聖人易之以書契，百官以治，萬民以察，蓋取諸夬。

本義：「明决之意。」

右第二章。

本義：「此章言聖人制器尚象之事。」

是故易者，象也。象也者，像也。

本義：「易卦之形，理之似也。」

吴氏、崔氏俱以此爲上章結句。

象者，材也。

本義：「彖言一卦之材。」

謹按：卦德、卦體、卦象變，皆材也。材有善不善，故辭有險有易。彖者，所以發揮卦才也。

爻也者，效天下之動者也。

本義：「效，放也。」

胡氏曰：「爻有變動，位有得失，變而合於道者爲得，動而乖於理者爲失。人事之情僞，物理之是非，皆在六爻之中，所以象天下之動也。」

是故吉凶生而悔吝著也。

本義：「悔吝本微，因此而著。」

保氏曰：「彖者，言一卦之材，所以斷一卦之吉凶；悔吝爻者，言一爻之動，所以斷一爻之吉凶悔吝。」

謹按：彖之吉凶悔吝，視乎材；爻之吉凶悔吝，視乎動。

右第三章。

陽卦多陰，陰卦多陽。

本義：「震、坎、艮爲陽卦，皆一陽二陰；巽、離、兑爲陰卦，皆一陰二陽。」

其故何也？陽卦奇，陰卦耦。

本義：「凡陽卦皆五畫，陰卦皆四畫。」

謹按：「陽卦奇」，故奇爻少；「陰卦耦」，故耦爻少。

其德行何也？陽，一君而二民，君子之道也；陰，二君而一民，小人之道也。

本義：「君謂陽，民謂陰。」

謹按：陽，君也，尊也；陰，民也，賤也。國有常尊，則乾綱獨攬，陽所以爲君子之道也。權不歸一，則政令下逮，陰所以爲小人之道也。

右第四章。

易曰：「憧憧往來，朋從爾思。」子曰：「天下何思何慮？天下同歸而殊塗，一致而百慮，天下何思何慮？」

本義：「此引咸九四爻辭而釋之。言理本无二，而殊塗百慮，莫非自然，何以思慮爲哉！必思而從，則所從者亦狹矣。」

謹按：蘇季明自謂：「思慮不定，一事未了，一事如麻又生。」程子曰：「此不誠之本，須是習。」繫傳「同歸一致，何思何慮」，即程子所云誠也。思誠之功，在於主敬。敬者，主一无適之謂,惟主一,故无適。事至吾前,兢兢業業,慎始慮終,做一事,精神全注於此一事,他事何由得入?即百務紛乘,從頭做去一件,還他一件,做此事不知有彼事,做彼事不知有此事,事紛而心自一,何由得有攪擾?至无事時,只是整齊嚴肅,使此心惺惺,不昧外物,安得而累之?或謂:做事時,心一於事,他念固自退聽;若静時,此心既无著落,如何作得主定?曰:主一則心无他適,欲主一,亦只須持守此心,不使他適耳。所謂持守者,非把捉拘束之謂也,只消唤醒此心,使常惺惺,則自爲主宰,不求一而自一矣。否則,雖使百念俱退,而精神昏惰,如何作得主定?朱子謂:敬是「自心自省,當體便是」。若以「敬」字别作一物,而又以一心守之,則苦於矜持,而非敬矣。周子云:「聖人主静而立人極。」主静者,聖人自然之敬;主敬者,學人勉然之静也。禪家亦言主静,其異於聖人者,静中无爲耳。静中何所爲?只是唤醒此心,使自爲主耳。人心不能自爲主,縱使思慮不擾,而志怠氣昏,白日冥冥,嗒然若喪矣,孔子之責宰予晝寢以此。或問:夜寐時,聖人之心與凡人有異否?曰:朱子常言之矣,寤陽而寐陰,寤有主而寐无主。所謂无主者,心之官息,而充體之氣斂也,氣衰者其斂不固,故老人常少睡,此聖凡所同也。然氣清則寐寧,故夢魂无擾,无主而主自在也。禪家亦知唤醒此心,但空空唤醒在此,全不照管事,當下便不成主宰。學者於此辨得分明,則不爲禪惑矣。

日往則月來，月往則日來，日月相推而明生焉。寒往則暑來，暑往則寒來，寒暑相推而歲成焉。往者屈也，來者信也，屈信相感而利生焉。

本義：「言往來、屈信，皆感應自然之常理。加「憧憧」焉，則入於私矣，所以必思而後有從也。」

謹按：屈信、往來，任其自然而利生焉。日月相推而明生，寒暑相推而歲成，造化之利也；擴然大公，物來順應，聖人之利也；循理而行，攸往咸宜，學者之利也。

尺蠖之屈，以求信也。龍蛇之蟄，以存身也。精義入神，以致用也。利用安身，以崇德也。

本義：「因言屈信、往來之理，而又推以言學亦有自然之機也。精研其義，至於入神，屈之至也。然乃所以爲出而致用之本，利其施用，无適不安，信之極也；然乃所以爲入而崇德之資，内外交相養，互相發也。」

過此以往，未之或知也。窮神知化，德之盛也。

本義：「下學之事，盡力於精義、利用，而交養互發之機自不能已。自是以上，則亦无所用其力矣。至於『窮神知化』，乃德盛、仁熟而自致耳。然不知者，往而屈也；自致者，來而信也，是亦感應自然之理而已。」

張子曰：「氣有陰陽，推行有漸爲化，合一不測爲神。此上四節，皆以釋咸九四爻義。」

謹按：同歸一致，一理渾然也；殊塗百慮，泛應曲當也，此聖道之一以貫萬也。學者忠以行恕，任事物之紛紜，揆之以一定之理，隨所處而各當，何用思慮爲哉？彼日月寒暑之往，非有心於往，氣機之屈也；來非有心於來，氣機之信也。有屈而後有信，一若感而輒應者，此造化自然之理也。以物理言，蠖之屈所以信也，龍之蟄所以奮也。聖學由淺入深，先難後獲，亦猶是耳。窮理則研之精而入於神，以此泛應事物，而用致矣；盡性而利用咸宜，素位而行，隨所處而安，而德崇矣。過此以往，則德盛仁熟，與天爲徒，窮理盡性以至於命，非人力之所能致也。精義以入神，精義入神以致用。利用以安身，利用安身以崇德致用。崇德以漸至於窮神、知化，盛德之至。一層進一層，皆有自然之節候，无所容其計慮也。○又按：咸四爻傳曰：「『貞吉，悔亡』，未感害也；『憧憧往來』，未光大也。」蓋人得天地之心以爲心，本至虛至靈，一汨於客感之私，遂失其光大之體。必如復初之「復」、豫二之「介」、損三之「致一」、解上之「藏器」、否五之「不忘危亡」，而後能精義入神，利用安身，以漸至於窮神達化之域。否則，非所困而困，非所據而據，窮不能善其身，不免發「屨校」之懲、「何校」之凶，達不能兼善天下，而「覆餗」負公，民莫之與，擊之者至矣，是皆思慮朋從，汨没戕賊之所致也。繫辭此章既反覆推明「何思何慮」之義，又釋各爻以示人去私存理、盡性至命之功，非如「鳴鶴」章各爲一義也。

易曰：「困于石，據于蒺蔾，入于其宫，不見其妻，凶。」子曰：「非所困而困焉，名必辱；非所據而據焉，身必危。既辱且危，死期將至，妻其可得見邪？」

本義：「釋困六三爻義。」

謹按：君子知命，故處困而亨。非所困而困者，昧于屈信往來之道也。

易曰：「公用射隼于高墉之上，獲之，无不利。」子曰：「隼者，禽也；弓矢者，器也；射之者，人也。君子藏器於身，待時而動，何不利之有？動而不括，是以出而有獲，語成器而動者也。」

本義：「括，結礙也。此釋解上六爻義。」

謹按：動而利，出而有獲，器之成也；藏以待時，所以成此器也。張良之椎，荆軻之匕首，輕試罔功，是自棄其器也。

子曰：「小人不恥不仁，不畏不義，不見利不勸，不威不懲，小懲而大誡，此小人之福也。易曰『屨校滅趾，无咎』，此之謂也。」

本義：「此釋噬嗑初九爻義。」

善不積不足以成名，惡不積不足以滅身。小人以小善爲无益而弗爲也，以小惡爲无傷而弗去也。故惡積而不可掩，罪大而不可解。易曰：「何校滅耳，凶。」

本義：「此釋噬嗑上九爻義。」

子曰：「危者，安其位者也；亡者，保其存者也；亂者，有其治者也。是故君子安而不忘危，存而不忘亡，治而不忘亂，是以身安而國家可保也。易：『其亡其亡，繫于苞桑。』」

本義：「此釋否九五爻義。」

子曰：「德薄而位尊，知小而謀大，力小而任重，鮮不及矣。易曰『鼎折足，覆公餗，其形渥，凶』，言不勝其任也。」

本義：「此釋鼎九四爻義。」

子曰：「知幾其神乎！君子上交不諂，下交不瀆，其知幾乎？幾者，動之微，吉之先見者也。君子見幾而作，不俟終日。易曰：『介于石，不終日，貞吉。』介如石焉，寧用終日，斷可識矣。君子知微知彰，知柔知剛，萬夫之望。」

本義：「此釋豫六二爻義。漢書『吉』、『之』之間有『凶』字。」

謹按：此節以去就言，不可就而就，勢必事上諂，接下瀆。諂瀆者，將以固上下之交也。豈知諂招辱，瀆生怨，其害有不可勝言者乎！穆生曰：「醴酒不設，王之意怠，不去，將鉗我於市。」若穆生者，可謂知幾君子乎？申公、白生以爲王失小禮，宜其及于禍也。「幾者，動之微」，孔氏謂心動事動。愚意事之動，幾也；心之動，知幾也，知幾亦幾也。形迹未著，動于事者，微也；一念初覺，動于心者，微也。動于事者吾知之，動于心者吾知之而斷之，知而斷，則有吉凶矣，故曰「吉之先見者也」。惟知乃斷，知未有不斷者。知而不斷，是自昧其知，知而不知也。故聖人于介石之君子，始贊其知幾，終贊其知微知彰，知柔知剛也。幾，微也；介，剛也。既曰「知微知剛」，又曰「知彰知柔」者，人以幾爲微也，君子則知乎即微即彰見于幾先者，不待事爲，而指示瞭如也；人以介爲剛也，君子則知乎即剛即柔斷于事先者，无事激昂，而進退裕如也。此君子所以爲萬夫之望也。

子曰：「顔氏之子，其殆庶幾乎？有不善未嘗不知，知之未嘗復行也。易曰：『不遠復，无祇悔，元吉。』」

本義：「殆，危也。庶幾，近意，言近道也。此釋復初九爻義。」

朱子語類云：「今人只知『知之未嘗復行』爲難，殊不知『有不善未嘗不知』是難處。」

謹按：纔有一毫私意萌于中，便是不善，所謂三月之違也。顔子志氣清明，臨事又加省察之功，能省察即能克治，所以「知之未嘗復行」也。有不善，幾乎悔矣，旋知而旋改之，所以不祇於悔也。凡欲念之萌，其幾甚微，所以潛滋暗長而不知所底者，皆不知之故也。〇又按：顔子一生得力，只是不遷怒，不貳過。凡人當怒時，心溺于怒，雖有他事至于前，視之而不見，聽之而不聞，牽于情而不能自主，是以怒而遷耳。顔子旋怒而旋忘，无一毫蒂芥於中，蓋心體虚明，非外物所得而牽，是即大學所云正心也。凡人自知有過，非不欲改，而改之不力，改不善以從善。好善不如好好色，惡不善不如惡惡臭，溺于私而不能自斷，是以過而貳耳。顏子旋過旋改，不幾微之憾，蓋健以致決，必慊於心而後已，是即大學所云誠意也。顏子克己復禮，工夫全在不貳過，至不遷怒，則涵養又加熟矣，故曰「欲正其心者，先誠其意」。

天地絪緼，萬物化醇；男女構精，萬物化生。易曰「三人行，則損一人；一人行，則得其友」，言致一也。

本義：「絪緼，交密之狀；醇，謂厚而凝也，言氣化者也；化生，形化者也。此釋損六三爻義。」

子曰：「君子安其身而後動，易其心而後語，定其交而後求，君子修此三者，故全也。危以動，則民不與也；懼以語，則民不應也；无交而求，則民不與也；莫之與，則傷之者至矣。易曰：『莫益之，或擊之，立心勿恒，凶。』」

本義：「此釋益上九爻義。」

謹按：動者，身之行，徇欲則危，循理則安，素位而行，无入而不自得，「安其身」也，如此而動，則行可爲表，而人皆從之矣；言者，心之聲，違理則曲，順理則直，内省不疚，无惡於志，「易其心」也，如此而言，則言可爲坊，而人皆信之矣。此行己之事也，至于接物，必乎之以誠信，交定而求，則求无不應矣。「懼以語」者，言不顧行，返之心而多愧也。

項氏曰：「以『易』對『懼』，其義可見。直者其語易，曲者其語懼。乾之所以易者，以其直也。」

右第五章。

子曰：「乾坤，其易之門邪？」乾，陽物也；坤，陰物也。陰陽合德，而剛柔有體，以體天地之撰，以通神明之德。

本義：「諸卦剛柔之體，皆以乾坤合德而成，故曰『乾坤，易之門』。撰，猶事也。」

謹按：陰陽互根以流行，其德合也；剛柔定位而對待，其體立也。以其體體天地之撰，以其德通神明之德，易道之所以通於造化也。

其稱名也，雜而不越，於稽其類，其衰世之意邪？

本義：「萬物雖多，无不出於陰陽之變。故卦爻之義，雖雜出而不差繆，然非上古淳質之時思慮所及也。故以爲衰世之意，蓋指文王與紂之時也。」

謹按：名謂卦爻中所稱之名，雖瑣碎煩雜，而各有取類，以象陰陽，此乾坤所以爲易之門也。

夫易，彰往而察來，而微顯闡幽。開而當名辨物，正言斷辭則備矣。

本義：「『而微顯』，恐當作『微顯而』。『開而』之『而』亦疑有誤。」

吴氏曰：「彰往即藏往也，謂明於天之道而彰明已往之理；察來即知來也，謂察於民之故而察知未來之事；微顯即神德行也，謂以人事之顯而本之於天道，所以微其顯；闡幽即顯道也，謂以天道之幽而用之於人事，所以闡其幽。」

蔡氏曰：「人事粗迹也，易書有以微之，蓋於至著之中寓至微之理也；天道至幽也，易書有以闡之，蓋以至微之理寓於至著之象也。」

謹按：「名」曰「當」，即上節所云「雜而不越」也。物，即卦爻所名之物也。隨其所稱之名，辨其取類之物，是非得失，昭然可見，故正言亦斷其吉凶而无不備也。

其稱名也小，其取類也大，其旨遠，其辭文，其言曲而中，其事肆而隱。因貳以濟民行，以明失得之報。

本義：「肆，陳也；貳，疑也。」

謹按：此節承上文而贊歎之。「曲而中」，彰往、察來也。肆即闡幽，隱即微顯也。衰世人心疑貳，聖人因而設卦以救濟之，使之明於得失之報，以求有得而无失也。

右第六章。

本義：「此章多闕文疑字，不可盡通，後皆放此。」

易之興也，其於中古乎？作易者，其有憂患乎？

本義：「夏商之末，易道中微，文王拘於羑里而繫彖辭，易道復興。」

谷氏曰：「『憂患』二字，以憂患天下言，乃吉凶同患意。民志未通，務未成，聖人切切然爲天下憂患之，於是作易，故易皆處憂患之道。」

是故履，德之基也；謙，德之柄也；復，德之本也；恒，德之固也；損，德之修也；益，德之裕也；困，德之辨也；井，德之地也；巽，德之制也。

本義：「履，禮也，上天下澤，定分不易，必謹乎此，然後其德有以爲基而立也；謙者，自卑而尊人，又爲禮者之所當執持，而不可失者也。九卦皆反身修德，以處憂患之事也，而有序焉。基所以立，柄所以持，復者心不外而善端存，恒者守不變而常且久。懲忿窒欲以修身，遷善改過以長善。困以自驗其力，井以不變其所。然後能巽順於理，以制事變也。」

陳氏曰：「德之基，就積行上説；德之本，就心裏説，要當有辨。德之固，是得寸守寸，得尺守尺；德之地，則全體不窮矣，亦要有辨。」

盧氏曰：「基與地有别，基小而地大，基是初起，脚跟積累可由此而上；地是凝成全體，施用之妙皆由此而出也。」

履，和而至；謙，尊而光；復，小而辨於物；恒，雜而不厭；損，先難而後易；益，長裕而不設；困，窮而通；井，居其所而遷；巽，稱而隱。

本義：「此如書之九德，禮非强世，然事皆至極。謙，以自卑而尊且光；復，陽微而不亂於群陰；恒，處雜而常德不厭；損，欲先難，習熟則易；益，但充長而不造作；困，身困而道亨；井，不動而及物；巽，稱物之宜而潛隱不露。」

履，以和行；謙，以制禮；復，以自知；恒，以一德；損，以遠害；益，以興利；困，以寡怨；井，以辨義；巽，以行權。

本義：「寡怨，謂少所怨尤；辨義，謂安而能慮。」

朱子語類：「問：『巽以行權』，權是逶迤曲折以順理否？曰：然，巽有入之義，巽爲風，如風之入物，只爲巽便能入，義理之中，无細不入。又問：『巽稱而隱』，隱亦是入物否？曰：隱便是不見處。」〇又云：「見得道理精熟後，於物之精微委曲處，无處不入，所以説『巽以行權』。」

謹按：「履虎尾」，至也；「不咥人」，和也。和而至者，至以和行也，論語「和爲貴，小大由之」是也。天道下濟而光明，地道卑而上行，「尊而光」也。惟卑乃尊，以禮自節者卑也。

一陽復於五陰之下，雖微而不淆於物。人心一念來復，所貴自知而自克也。恒者，恒於正也，任人事之紛紜錯雜，吾守吾正而莫之易，孜孜不厭，由其德之一也。改過者，人所憚；「先難後易」者，懲忿窒欲以遠害也。德，吾所固有，遷善改過，勿忘勿助以養之，自然日進无疆，「裕而不設」也。是能以義爲利，而求所以興也。剛中巽順，困而不失，其亨者盡其在我，不怨不尤也。「改邑不改井」、「往來井井」，居其所而不遷也。惟能於濟物之義知之明，故處之當也。巽傳「剛中正而志行，柔皆順乎剛」，行以中正稱也。柔順，隱也，惟能變通以行權，故攸往咸宜，而无措施之迹也。

項氏曰：「此章亦論彖辭之體，皆先釋卦名，次言兩卦之體，末推卦用，故此章之序亦然，以爲觀彖者之法也。」

右第七章。

本義：「此章三陳九卦，以明處憂患之道。」

易之爲書也不可遠，爲道也屢遷，變動不居，周流六虚，上下无常，剛柔相易，不可爲典要，唯變所適。

本義：「遠，猶忘也。周流六虚，謂陰陽流行於卦之六位。」

蔡氏淵曰：「屢遷，謂爲道變通而不滯乎物。自『易之爲書』至『屢遷』，此總言爲書爲道以起下文之意也；自『變動不居』至『唯變所適』，言易道之屢遷也。不居，猶不止也。六虚，六位也，位未有爻曰虚。卦雖六位，而剛柔爻畫往來如寄，故以『虚』言。或自上而降，或由下而升，『上下无常』也；柔來文剛分，剛上而文柔，『剛柔相易』也。典，常也；要，約也。其屢變无常，不可爲典要，唯變所適而已。」

吴氏曰：「『不可爲典要』，變无方也；既有典常，理有定也，故曰易者，變易也，不易也。」

謹按：「不可遠」句，總冒通章。「不可遠」，猶言「不可須臾離」也。「易之爲道」以下，言易之變无方。中二節言易之理有定，末言學者揆其理，又當盡其變，此所以不可遠也。

其出入以度，外内使知懼。

本義：「句未詳，疑有脱誤。」

蔡氏曰：「卦爻所説者，皆利用出入之事，其出入也，皆必以其法。法者，事理當然之則也。使人入而在内，出而在外，皆知有法而不敢妄爲，是『使知懼』也，知懼必以度。」

謹按：出入，猶言進退，一進一退，各有一定之則。當進而退，當退而進，凶咎立至矣。度，即在爻卦之中。學者觀變觀象，自知戒懼。下節「明於憂患與故」，亦即於卦爻明之。

又明於憂患與故，无有師保，如臨父母。

本義：「雖无師保，而常若父母臨之，戒懼之至。」

蘇氏曰：「憂患之來，苟不明其故，則人有苟免之志而怠。故易明憂患，又明所以致之之故。」

初率其辭而揆其方，既有典常。苟非其人，道不虚行。

本義：「方，道也。始由辭以度其理，則見其有典常矣。然神而明之，則存乎其人也。」

謹按：方即度也。循辭而揆度，其度則既確乎有據矣。然非神而明之，則變遷之道不能虚行。度有典常，道不可爲典要。神而明之者，无方无體，大而化之之聖也。

右第八章。

易之爲書也，原始要終，以爲質也；六爻相雜，唯其時物也。

本義：「質謂卦體。卦必舉其始終而後成體，爻則唯其時物而已。」

吴氏曰：「質謂卦之體質，文王原卦義之始，要卦義之終，以爲卦之體質，各名其卦而繫彖辭也；爻之爲言交也，周公觀六位之交錯，唯其六爻之時，各因其義而繫爻辭也。此章言六爻，而六爻統於彖，故先言彖，乃説六爻也。」

謹按：始謂内卦，終謂外卦，兩卦合而象變，德之體質具矣。六爻自初至上，如乾之潛、見、惕、躍、飛、亢，時也，有時即有物。物，事也。

其初難知，其上易知，本末也。初辭擬之，卒成之終。

本義：「此言初、上二爻。」

謹按：初，卦之本；上，卦之末也。第觀其本，則全象无由得知，末則六爻已具，何難知之有？以是而推聖人當日繫辭於初，則擬之議之，而後命焉；上則卒竟初之所擬，以成一卦之終耳。如乾初九，擬其陽之在下曰「潛龍」，至於上則陽極而爲亢。始乎潛，而躍，而飛，而終乎亢，不待擬議而可知也。

若夫雜物撰德，辨是與非，則非其中爻不備。

本義：「此謂卦中四爻。」

謹按：「物」字與首節「物」字同。一爻有一爻之物，雜而爲六，則全卦之德備列矣。「德」字與首節「質」字同。先儒以此節論中爻互卦，下文二四、三五同功，謂二與四、三與五各相互，畢竟非正解。

噫！亦要存亡吉凶，則居可知矣。知者觀其彖辭，則思過半矣。

本義：「彖統論一卦六爻之體。」

吴氏曰：「章首第一句言象，第二句總言六爻，此一節又總言六爻，而歸重於象。蓋爲結語，與章首起語相終始。」

謹按：「要」者，統而言之謂。合觀全卦六爻之體，而存亡吉凶之義居然可見。「知者」二句，申説上文。又按首節言卦有卦體，爻有爻義，二、三、四節又言卦體合六爻而成，非六爻之外別有卦體也。初爻，卦之本；上爻，卦之末；二、三、四、五，卦之中。有本有末有中，一卦之體備，而是非了然，故曰「觀其彖辭，則思過半矣」。

二與四同功而異位，其善不同，二多譽，四多懼，近也。柔之爲道，不利遠者，其要无咎，其用柔中也。

本義：「此以下論中爻。同功謂皆陰位，異位謂遠近不同。四近君，故多懼。柔不利遠，而二多譽者，以其柔中也。」

吴氏曰：「二與四同是陰位，若皆以柔居之，則六二、六四同是以柔居陰，故曰同功。然其位則有遠近之異。五者一卦之尊位，故遠近皆自五而言，二與五應爲遠，四與五比爲近。以位之遠近有異，而其善亦不同。遠者意氣舒展而多譽，近者勢分逼迫而多懼。多者，謂不盡然，而若此者衆爾。『近也』二字釋『四多懼』，謂四之所以懼，不能如二之多譽者，蓋迫近尊位，不得自安故也。『柔之爲道』以下，釋『二多譽』。柔不能自立，近者有所依倚，遠者宜若不利。二遠於五，而其歸得以无咎者，以其用柔，而居下卦之中也。」

謹按：此以下申言「惟其時物」。同功異位者，惟其時也。一爻有一爻之時，時殊而事亦別矣。不言初、上者，初可以二推，上可以四推也。陽居陽位，陰居陰位，爲得正。得正則可以有爲，而功以著。二、四皆以柔爲功而有譽，與懼之別者，地分遠近也。止言「近」者，緊承「四多懼」而言。下三句釋「二多譽」。柔本不利於遠，所以得无咎者，同一柔而二能用柔以中也。二之賢于四，雖以地之遠，而其要全在用得其中。四能比五，資五之中以爲中，則懼者不懼矣。

三與五同功而異位，三多凶，五多功，貴賤之等也，其柔危，其剛勝邪？

本義：「三、五同陽位，而貴賤不同，然以柔居之則危，唯剛則能勝之。」

吴氏曰：「三與五同是陽位，若皆以剛居之，則九三、九五同是以剛居陽，故曰同功。然其位則有貴賤之異，賤者剛，居剛爲太過而多凶；貴者剛，居剛爲適宜而多功。『二多譽，四多懼』之上有『其善不同』一句，而『三多凶，五多功』之上无之者，譽、懼雖不同，而皆可謂之善，凶則不可謂善矣，故不言也。『貴賤之等也』五字釋『三多凶』，謂三之所以凶，不能如五之功者，蓋貴賤有等，賤者不與貴者同故也。『其柔危』以下釋『五多功』，五爲尊位，以柔居之則不勝其任而危懼，剛居之則能勝其任而有功也。」

謹按：三、五同功，猶之二、四也。而有功與凶之分者，「貴賤之等也」。此句緊承「五多功」，謂五之貴異于三之賤也。下二句釋「三多凶」。「其柔危，其剛勝」與上節「柔之爲道」二句意同，言柔危正見剛之不危也。剛之爲道，本无害於賤者，所以不免於凶者，其剛勝也。以柔居剛則危，以剛居剛則又勝，是必處之以中而後有功而无過。三不中，是以凶也，若能下比乎二，資二之中以爲中，則凶者不凶矣。懼與譽功，與凶俱承「同功」而言。二之譽以功，四之懼亦以功。遠者寄股肱之任，以宣力爲勞；近者託心膂之親，以專擅爲嫌也。五以功爲功，三以功爲凶。貴者得爲而爲，賤者不可爲而爲也。

右第九章。

易之爲書也，廣大悉備，有天道焉，有人道焉，有地道焉。兼三才而兩之，故六。六者，非它也，三才之道也。

本義：「三畫已具三才，重之故六。而以上二爻爲天，中二爻爲人，下二爻爲地。」

道有變動，故曰爻。爻有等，故曰物。物相雜，故曰文。文不當，故吉凶生焉。

本義：「道有變動，謂卦之一體；等，謂遠近、貴賤之差；相雜，謂剛柔之位相間；不當，謂爻不當位。」

李氏曰：「一則无變无動，兼而兩之，於三才之道皆有變動。以其道有變動，故名其畫曰爻。爻者，傚也，言六畫能傚天下之動也。爻有貴賤、上下之等，故曰物。物有九、六雜居剛柔之位，則成文。交錯之際有當不當，吉凶由是生焉。」

吳氏曰：「以時義之得爲當，時義之失爲不當，不以位論。」

謹按：柔居柔，剛居剛，爲當位。然亦有剛宜柔，柔宜剛者。宜即當，當則吉，不當則凶也。

右第十章。

易之興也，其當殷之末世，周之盛德邪？當文王與紂之事邪？是故其辭危。危者使平，易者使傾。其道甚大，百物不廢。懼以終始，其要无咎，此之謂易之道也。

本義：「危、懼故得平安，慢、易則必傾覆，易之道也。」

高氏曰：「一部易，原始要終，只是敬懼无咎而已，故曰『懼以終始』。无咎者，善補過也。易中凡説『有喜』、『有慶』、『吉』、『元吉』，都是及於物處。若本等，只到了无咎便好。」

何氏曰：「使者，天理之自然，若或使之也。」

謹按：易之辭危，知危則化險爲平，否則一念慢易，而傾覆隨之矣。此其爲道甚大，天下萬事萬物莫有出於此道之外者，可不懼乎！

右第十一章。

夫乾，天下之至健也，德行恒易以知險：，夫坤，天下之至順也，德行恒簡以知阻。

本義：「至健則所行无難，故易；至順則所行不繁，故簡。然其於事皆有以知其難，而不敢易以處之也。是以其有憂患，則健者如自高臨下，而知其險；順者如自下趨上，而知其阻。蓋雖易而能知險，則不陷於險矣；既簡而又知阻，則不困於阻矣。所以能危能懼，而无易者之傾也。」

謹按：兩「知」字即「乾以易知」之知。坤亦言知者，以乾之知爲知，知即能也。以易處難，則險者可平；以簡御繁，則阻者可通也。

能説諸心，能研諸侯之慮，定天下之吉凶，成天下之亹亹者。

本義：「『侯之』二字衍。説諸心者，心與理會，乾之事也；研諸慮者，理因慮審，坤之事也。『説諸心』，故有以定吉凶；『研諸慮』，故有以成亹亹。」

朱子語類云：「能説諸心，能研諸慮，方始能定天下之吉凶，成天下之亹亹。凡事見得通透了，自然歡説。既説諸心，是理會得了，於事上更審一審，便是研諸慮。研，是更去研磨。定天下之吉凶，是剖判得這事；成天下之亹亹，是作得這事業。」

謹按：能説、能研，謂乾坤之道能如是也。張子以説心承易簡，研慮承知險、知阻，較勝本義。

是故變化云爲，吉事有祥，象事知器，占事知來。

本義：「變化云爲，故象事可以知器；吉事有祥，故占事可以知來。」

何氏曰：「凡人事之與吉逢者，其先必有祥兆。天人相感，志一之動氣也。聖人作易，正以迪人於吉，故獨以吉事言之，與『吉之先見』同義。」

謹按：聖人體乾坤之德以作易，陰陽有變化，即有云爲。如震之動、巽之入，卦之云爲也；乾之潛、見、惕、躍，爻之云爲也。當動而動，當入而入，當潛、見而潛、見，則行无不宜。故知卦爻變化之象，而利用成器之道在其中矣。卦爻有吉凶之占，人事休咎之徵也。占吉者，必實有吉祥之事；占凶者，必實有凶咎之事。故玩其占，而未來之事可知矣。止言吉祥者，省文也。上二節泛言乾坤之道，此節始言易。乾坤之道能定吉凶，故易書可以知來；乾坤之道能成天下之亹亹，故易書可以知器。

天地設位，聖人成能，人謀鬼謀，百姓與能。

本義：「天地設位，而聖人作易以成其功。於是人謀鬼謀，雖百姓之愚，皆得以與其能。」

謹按：聖人作易以成天地之能，故作事者謀之人，又筮以謀諸鬼神。而天地聖人之能，百姓无不與能矣。此承上節贊聖人作易之功。

八卦以象告，爻、彖以情言。剛柔雜居，而吉凶可見矣。

本義：「象謂卦畫，爻、彖謂卦、爻辭。」

蔡氏曰：「八卦以象告，則剛柔雜居矣。爻、彖以情言，則吉凶可見矣。」

謹按：情即象之情也，象言卦，彖言爻，互見也。此節以下皆發明「變化云爲，吉事有祥」之義。

變動以利言，吉凶以情遷，是故愛惡相攻而吉凶生，遠近相取而悔吝生，情僞相感而利害生。凡易之情，近而不相得則凶，或害之，悔且吝。

本義：「不相得，謂相惡也，凶、害、悔、吝，皆由此生。」

項氏曰：「『愛惡相攻』以下皆言『吉凶以情遷』之事，而以六爻之情與辭明之。吉凶、悔吝、利害之三辭，分出於相攻、相取、相感之三情，而總屬於相近之一情。此四者，爻之情也。命辭之法，必各象其爻之情，故觀其辭可以知其情。利害者，商略其事，有利有不利也；悔吝，則有其迹矣；吉凶，則其成也，故總而名之曰吉凶。相感者，情之始交，故以利害言之；相取則有事矣，故以悔吝言之；相攻則其事極矣，故以吉凶言之。愛惡、遠近、情僞，姑就淺深分之，若錯而綜之，則相攻、相取、相感之。人其居皆有遠近，其行皆有情僞，其情皆有愛惡也，故總以『相近』一條明之。『近而不相得』，則以惡相攻而凶生矣，以僞相感而害生矣，不以近相取而悔吝生矣。是則一『近』之中，備此三條也。凡爻有比，爻有應，爻有一卦之主，爻皆情之當，相得者也。今稱『近』者，止據此爻言之。反以三隅，則遠而爲應、爲主者，亦必備此三條矣。但居之近者，其吉凶尤多，故聖人以近者明之。」

蔡氏曰：「『愛惡相攻』三句平等説，下文却合言之曰：大抵凡易之情，近而相得者爲貴，不相得而遠者亦无害，唯是近而不相得者則凶，又有害而悔且吝矣。」

謹按：變動者，八卦之象，象之告，告人以出入利用也。有象即有情，情遷而不一，故繫辭有吉有凶，言乎其情之遷也。利，宜也。行而不宜，動輒得咎，害也。吉凶者，利害之成，悔吝則已離乎利，尚未至於害也。取，求索也；感，觸傷也。取而不得則感動於中，而攻奪隨之矣。情之遷，始終遠近，有遠近而後有情僞，極而至於愛惡。遠近，以情言，不以地言。如屯六二之「十年乃字」，遠也，而終合；小畜九三之「説輻」、「反目」，近也，而終背。六爻有比有應，應比者不必不遠，不應不比者不必不近也。以人事言之，怨惡攻取之端，多起於親暱。孔子稱晏平仲善與人交，只是久而能敬，敬則不瀆，不瀆則不怨，永无捐棄之患矣。「近而不相得」者，近即不得非近矣，而有得有不得也。不相得，即相取、相感、相攻也，故直斷之曰凶；即不凶，亦或害之，不害亦不免悔且吝也。既曰相攻，又兼言愛惡、吉凶者，泛言情與效也。

將叛者其辭慚，中心疑者其辭枝，吉人之辭寡，躁人之辭多，誣善之人其辭游，失其守者其辭屈。

本義：「卦爻之辭，亦猶是也。」

張氏曰：「此節即人之辭以情遷者，驗易之辭以情遷也。」

右第十二章。

周易傳義合訂卷之十二

說卦傳

昔者聖人之作易也，幽贊於神明而生蓍。

本義：「幽贊神明，猶言贊化育。龜策傳曰：天下和平，王道得，而蓍莖長丈，其叢生，滿百莖。」

謹按：項氏以「生蓍」爲用蓍之法，所以贊神出命，較本義更直截。

參天兩地而倚數。

本義：「天圓地方，圓者一而圍三，三各一奇，故參天而爲三；方者一而圍四，四合二耦，故兩地而爲二。數皆倚此而起，故揲蓍三變之末，其餘三奇，則三三而九。三耦則三二而六，兩二一三則爲七，兩三一二則爲八。」

謹按：參兩之論不一，朱子以徑一圍三、徑一圍四爲參兩，關子明以大衍五五之數爲參兩，謂三合兩爲五也。又有用九、六之説者，謂三三爲九，兩三爲六也。愚意河圖爲數之祖，應從闞説，參以九、六之義，庶幾近之。蓋河圖之數，天位三一、三三五是也，地位兩二四是也。蓍策倚參兩之積數爲九、六，一、三、五積爲九，二、四積爲六也。八者，九之退；七者，六之進。少陰者，陽極而退；少陽者，陰極而進也。

觀變於陰陽而立卦，發揮於剛柔而生爻，和順於道德而理於義，窮理盡性以至於命。

本義：「和順，從容无所乖逆，統言之也；理，謂隨事得其條理，析言之也。窮天下之理，盡人物之性，而合於天道，此聖人作易之極功也。」

朱子語類：「問：『觀變於陰陽而立卦』，是就蓍數上觀否？曰：恐只是就陰陽上觀，未用説到蓍數處。問：既有卦則有爻矣，先言卦而後言爻，何也？曰：方其立卦，只見是卦，及細别之，則有六爻。又問：陰陽、剛柔一也，而别言之，何也？曰：觀變於陰陽，近于造化而言；發揮於剛柔，近于人事而言。且如泰卦，以卦言之，只見得小往大來、陰陽消長之意，爻裏面便有『包荒』之類。又云：『和順於道德』，是默契本原處；『理於義』，是應變合宜處。物物皆有理，須一一推窮。性則是理之極處，故云『盡』；命則性之所自來處，故云『至』。問：『窮理盡性至於命』。曰：此本是就易上説。易上盡具許多道理，直是窮得物理，盡得人性，到得那天命，所以通書説『易者，性命之原』。」

龔氏曰：「上句是自源而流，下句是自末而本。蓋必和順於道德，而後能理於義；必窮理盡性，而後能至於命也。」

謹按：聖人之贊神明而用蓍也，以天地參兩之數爲蓍策之數，數得而卦可立矣，卦立而爻在其中矣。參兩者，天地之數，形而下者也；陽剛、陰柔，變化不測者，天地之道，形而上者也。一陰一陽之道，爲生生不已之本原。德則體，備此道；義，則道德之散見也。義即理，德即性，道即命也。「和順」二句承上文，而極贊聖人作易之功也。

昔者聖人之作易也，將以順性命之理，是以立天之道曰陰與陽，立地之道曰柔與剛，立人之道曰仁與義。兼三才而兩之，故易六畫而成卦；分陰分陽，迭用柔剛，故易六位而成章。

本義：「兼三才而兩之，總言六畫。又細分之，則陰陽之位，閒雜而成文章也。」

邱氏曰：「上言窮理盡性至命，此言順性命，則易中所言之理皆性命也。然所謂性命之理，即陰陽、剛柔、仁義是也。兼三才而兩之，言重卦也。方卦之小成，三畫已具三才之道，至重而六，則天地人之道各兩，所謂六畫成卦也。分陰分陽，以位言，凡卦，初、三、五位爲陽，二、四、上位爲陰。自初至上，陰陽各半，故曰分。迭用柔剛，以爻言，柔謂六，剛謂九也。位之陽者，剛居之，柔亦居之；位之陰者，柔居之，剛亦居之，或柔或剛，更相爲用，故曰迭。分之以示經，迭用之以爲緯。經緯錯綜，粲然有文，所謂六位成章也。」

謹按：「順性命之理」承上節末二句，以下承上節首二句。

天地定位，出澤通氣，雷風相薄，水火不相射，八卦相錯。數往者順，知來者逆，是故易，逆數也。

謹按：此言羲圖八卦對待之體也，而變化之妙即寓于對待之中。所以然者，位相敵而爻相易也。乾南坤北，離東坎西，震東北巽西南，艮西北兑東南，此對待之體也；天地定位而合德，山澤異體而通氣，雷風各動而相薄，水火不相入而相資，此變化之用也。所以定位而合德者，乾坤相錯也；所以異體而通氣者，艮兑相錯也；所以各動而相薄、不相入而相資者，震巽、坎離相錯也。錯者，變換反易之謂，即下文所謂「逆」也。往，謂已畫之卦；來，謂未畫之卦；順逆，猶言正反也。如乾已畫爲往，坤未畫爲來。數已畫之乾爲三奇，即知未畫之坤，逆乾而爲三耦也。巽初耦，二、三奇；震初奇，二、三耦，逆也。兑初、二奇，三耦；艮初、二耦，三奇，逆也。離二剛夾柔，坎二柔陷剛，逆也。推之而倒巽爲兑，倒艮爲震，亦逆也。六十四卦，屯、蒙逆也，屯與鼎亦逆也；雷風恒、風雷益，亦逆也。乾變爲姤，坤變爲復，一爻逆也；臨之于乾，遯之于坤，二爻逆也。逆者，易也，錯綜參伍，變化无窮者。易之爲易，惟其逆而已，故曰「易，逆數也」。

雷以動之，風以散之，雨以潤之，日以烜之，艮以止之，兑以説之，乾以君之，坤以藏之。

本義：「此卦位相對，與上章同。」

朱氏曰：「前説乾坤，以至六子；此説六子，而歸乾坤。終始循環，不見首尾，易之道也。」

謹按：此與上章言先天横圖，上言其體，此言其用也。動、散、潤、烜，物之出機；止説君、藏，物之入機也。雷、風、雨、日，以象言；艮、兑、乾、坤，以卦言。王肅云：「互相備也。」

帝出乎震，齊乎巽，相見乎離，致役乎坤，説言乎兑，戰乎乾，勞乎坎，成言乎艮。

本義：「帝者，天之主宰。邵子曰：『此卦位乃文王所定，所謂後天之學也。』」

萬物出乎震，震，東方也。齊乎巽，巽，東南也，齊也者，言萬物之潔齊也。離也者，明也，萬物皆相見，南方之卦也，聖人南面而聽天下，嚮明而治，蓋取諸此也。坤也者，地也，萬物皆致養焉，

故曰「致役乎坤」。兑，正秋也，萬物之所説也，故曰「説言乎兑」。戰乎乾，乾，西北之卦也，言陰陽相薄也。坎者，水也，正北方之卦也，勞卦也，萬物之所歸也，故曰「勞乎坎」。艮，東北之卦也，萬物之所成，終而所成始也，故曰「成言乎艮」。

本義：「上言帝，此言萬物之隨帝以出入也。」

鄭氏曰：「『萬物出乎震』，雷發聲以生之也。『齊乎巽』，風摇動以齊之也。潔，猶新也。『萬物皆相見』，日照之使光大；『萬物皆致養』，地氣含養使秀實也。『萬物之所説』，草木皆老，猶以澤氣説成之。戰，言陰陽相薄；西北，陰也，而乾以純陽臨之。坎，勞卦也，水性勞而不倦，『萬物之所歸也』。萬物自春出生于地，冬氣閉藏，還皆入地。『萬物之所成，終而所成始』，言萬物陰氣終，陽氣始，皆艮之用事也。」

程子曰：「艮，止也，生也，止則便生，不止則不生，此艮終始萬物。」

郭氏子章曰：「蘇子曰：『「帝出震」一節，古有是説；「萬物出乎震」至「妙萬物而爲言」，是孔子從而釋之也。曰是萬物之盛衰于四時之間者也，皆其自然，莫或使之，而謂之「帝」者，萬物之中有妙于物者焉，此其神也，而謂之「帝」云爾。』愚按：以『帝出乎震』爲古文，以『萬物出乎震』爲釋辭，則于『故曰』字有著落；以八卦爲萬物之盛衰始終，而以神爲妙萬物，則于『帝』字有著落。此蘇子精于易也。後儒以『神也者』二句屬下節，便不妙物。至于成始成終，是宇宙間一大生死也。神妙萬物，則无始无終，不生不死，故曰神。」

謹按：「出」、「齊」、「相見」以至於成者，物也，所以然者，乾元、坤元之資始、資生，而亨而利貞也。下節爲上節注釋无疑矣。但以上節爲古語，下章「神妙萬物」句屬此章之末，亦未見其爲確然也。曰東方、東南、南方，曰地、曰秋、曰西北、正北、東北，或以時言，或以方言，而于坤則質言地。句法參差變換，極行文之妙。潔齊，鮮潔整齊也；致養，即致役，爲之役者，所以養之也。勞，讀去聲。萬物歸藏，勞休息時也。成終，即所以成始，貞下又起元也。

神也者，妙萬物而爲言者也。動萬物者，莫疾乎雷。橈萬物者，莫疾乎風。燥萬物者，莫熯乎火。説萬物者，莫説乎澤。潤萬物者，莫潤乎水。終萬物、始萬物者，莫盛乎艮。故水火相逮，雷風不相悖，山澤通氣，然後能變化，既成萬物也。

本義：「此去乾坤而專言六子，以見神之所爲。然其位序，亦用上章之説，未詳其義。」

胡氏曰：「以上第三章、第四章言先天，第五章言後天，此第六章，則由後天而推先天者也。『去乾坤而專言六子，以見神之所爲』，言神則乾坤在其中矣。雷之所以動，風之所以橈，以至艮之所以終、所以始，後天之所以變化者，實由先天而來。先天水火相逮，以次陰陽之交合；

後天雷動風橈，以次五行之變化。惟其交合之妙如此，然後變化之妙亦如此。」

葉氏曰：「神非乾坤，乃乾坤之運六子而不測者。曰動、曰橈、曰燥、曰説、曰潤、曰終始，此正變化成萬物處。然天地功用惟一，故神非兩不化。先天之六子，各得其耦者，所謂兩也。兩者，體之立也。後天之變化，成萬物者，所謂兩者之化也。兩者之化，用之行也。就此兩化之合一不測處，乃所謂神。」

乾，健也；坤，順也；震，動也；巽，入也；坎，陷也；離，麗也；艮，止也；兑，説也；

本義：「此言八卦之性情。」

孔氏曰：「乾象天，天體運轉不息，故爲健；坤象地，地順承于天，故爲順；震象雷，雷奮動萬物，故爲動；巽象風，風行无所不入，故爲入；坎象水，水處險陷，故爲陷；離象火，火必著于物，故爲麗；艮象山，山體静止，故爲止；兑象澤，澤潤萬物，故爲説。」

謹按：健者，剛之行，剛而毅是也。奇陽也，陽先陰，以易知者也，使有一毫陰柔以雜之，則有間而息矣。今六畫皆陽，易之至，健之至也。順者，柔之行，順而遂也。耦陰也，陰從陽，以簡能者也，使有一毫陽剛以梗之，則迷而不利矣。今六畫皆陰，簡之至，順之至也。健則發奮有爲，艱貞履險，堅固不拔，動也，陷也，止也，皆健之德也。三男得乾之一體，一陽起于二陰之下，動也；一陽溺于二陰之中，陷也；一陽亙于二陰之上，艮也。順則委曲，而至比附勿違，鼓舞不倦，入也，麗也，説也，皆順之德也。三女得坤之一體，一陰伏於二陽之下，入也；一陰附於二陽之間，麗也；一陰透於二陽之上，説也。此以卦畫取義，而知八者之名目爲最精最當。朱子謂極狀得八卦性情盡，蓋兼卦象、卦體而見其然也。

項氏曰：「健者始於動而終於止，順者始于入而終于説。陽之動志於得所止，陰之入志於得所説。」

蔡氏曰：「自震而艮者，陽之由動而静也；自巽而兑者，陰之由静而動也。坎、離在中間，坎則自動而向于静也，離則自静而向于動也。」

乾爲馬，坤爲牛，震爲龍，巽爲雞，坎爲豕，離爲雉，艮爲狗，兑爲羊。

本義：「『遠取諸物』如此。」

孔氏穎達曰：「此一節略明『遠取諸物』也。乾象天，天行健，故爲馬；坤象地，任重而順，故爲牛；震動象龍動物，故爲龍；巽主號令，雞能知時，故爲雞；坎主水瀆，豕處污濕，故爲豕；離爲文明，雉有文章，故爲雉；艮爲静止，狗能善守，禁止外人，故爲狗；兑，説也，王廙云『羊者，順之畜』，故爲羊也。」

乾爲首，坤爲腹，震爲足，巽爲股，坎爲耳，離爲目，艮爲手，兑爲口。

本義：「『近取諸身』如此。」

孔氏穎達曰：「此一節略明『近取諸身』也。乾尊而在上，故爲首；坤能包藏含容，故爲腹；足能動用，故震爲足也；股隨於足則巽順之謂，故巽爲股也；坎，北方之卦，主聽，故爲耳也；離，南方之卦，主視，故爲目也；艮既爲止，手亦能止，持其物，故爲手也；兑主言語，故爲口也。」

乾，天也，故稱乎父；坤，地也，故稱乎母；震一索而得男，故謂之長男；巽一索而得女，故謂之長女；坎再索而得男，故謂之中男；離再索而得女，故謂之中女；艮三索而得男，故謂之少男；兑三索而得女，故謂之少女。

本義：「索，求也，謂揲蓍以求爻也。男女，指卦中一陰一陽之爻而言。」

朱子語類云：「乾求于坤而得震、坎、艮，坤求于乾而得巽、離、兑。一、二、三者，以其畫之次序言也。」

項氏曰：「乾坤六子，初爲氣，末爲形，中爲精。雷、風，氣也；山、澤，形也；水、火，精也。」

吴氏曰：「萬物資始于天，猶子之氣始于父也；資生于地，猶子之形生于母也，故乾稱父，坤稱母。索，求而取之也。坤交于乾，求取乾之初畫、中畫、上畫，而得長、中、少三男；乾交于坤，求取坤之初畫、中畫、上畫，而得長、中、少三女。一索謂初爻，再索謂爻中，三索謂爻上，以索之先後爲長、中、少之次序也。」

胡氏曰：「此章本義乃朱子未改正之筆，當以語録説爲正。若專言揲蓍求卦，則无復此卦序矣。」

謹按：乾以初畫予坤而得震，以中畫予坤而得坎，以三畫予坤而得艮，吴氏説較語類爲穩。

乾爲天，爲圜，爲君，爲父，爲玉，爲金，爲寒，爲冰，爲大赤，爲良馬，爲老馬，爲瘠馬，爲駁馬，爲木果。

本義：「荀九家此下有『爲龍，爲直，爲衣，爲言』。」

孔氏穎達曰：「此一節廣明乾象。乾既爲天，天動運轉，故爲圜。爲君、爲父，取其尊道而爲萬物之始也；爲玉、爲金，取其剛之清明也；爲寒、爲冰，取其西北寒冰之地也；爲大赤，取其盛陽之色也；爲良馬，取其行健之善也；老馬，取其行健之久也；瘠馬，取其行健之甚，瘠馬骨多也；駁馬，有牙如鋸，能食虎豹，取其至健也；爲木果，取其果實著木，有似星之著天也。」

坤爲地，爲母，爲布，爲釜，爲吝嗇，爲均，爲子母牛，爲大輿，爲文，爲衆，爲柄，其於地也爲黑。

本義：「荀九家有『爲牝，爲迷，爲方，爲囊，爲裳，爲黄，爲帛，爲漿』。」

孔氏穎達曰：「此一節廣明坤象。坤既爲地，地受任生育，故爲母也；爲布，取其廣載也；爲釜，取其化生成熟也；爲吝嗇，取其生物不轉移也；爲均，地道平均也；爲子母牛，取其多蕃育而順之也；爲大輿，取其載萬物也；爲文，取其萬物之色雜也；爲衆，取其載萬物也；爲柄，取其生物之本也；爲黑，取其極陰之色也。」

震爲雷，爲龍，爲玄黄，爲旉，爲大塗，爲長子，爲決躁，爲蒼筤竹，爲萑葦；其於馬也爲善鳴，爲馵足，爲作足，爲的顙；其於稼也，爲反生；其究爲健，爲蕃鮮。

本義：「荀九家有『爲玉，爲鵠，爲鼓』。」

孔氏穎達曰：「此一節廣明震象。爲玄黄，取其相雜而成蒼色也；爲旉，取其春時氣至，草木皆吐旉布而生也；爲大塗，取其萬物之所生也；爲長子，震爲長子也；爲決躁，取其剛動也；爲蒼筤竹，竹初生色蒼也；爲萑葦，竹之類也；其於馬也爲善鳴，取雷聲之遠聞也；爲馵足，馬後足白爲馵，取其動而見也；爲作足，取其動而行健也；爲的顙，白額爲的顙，亦取動而見也；其於稼也爲反生，取其始生，戴甲而出也；其究爲健，極於震動則爲健也；爲蕃鮮，取其春時草木蕃育而鮮明。」

巽爲木，爲風，爲長女，爲繩直，爲工，爲白，爲長，爲高，爲進退，爲不果，爲臭，其於人也爲寡髮，爲廣顙，爲多白眼，爲近利，市三倍，其究爲躁卦。

本義：「荀九家有『爲楊，爲鸛』。」

孔氏穎達曰：「此一節廣明巽象。巽爲木，木可以輮曲直，巽順之謂也；爲繩直，取其號令齊物也；爲工，亦取繩直之類；爲白，取其潔也；爲長，取其風行之遠也；爲高，取其木生而上也；爲進退，取其風性前却；爲不果，亦進退之義也；爲臭，取其風所發也；爲寡髮，風落樹之華葉，則在樹者稀疏，如人之少髮；爲廣顙，額濶髮寡少之義；爲多白眼，取躁人之眼，其色多白也；爲近利，取躁人之情多近于利也；市三倍，取其木生蕃盛，於市則三倍之利也；其究爲躁卦，取其風之勢，極於躁急也；」

坎爲水，爲溝瀆，爲隱伏，爲矯輮，爲弓輪。其於人也，爲加憂，爲心病，爲耳痛，爲血卦，爲赤。其於馬也，爲美脊，爲亟心，爲下首，爲薄蹄，爲曳。其於輿也，爲多眚，爲通，爲月，爲盜。其於木也，爲堅多心。

本義：「荀九家有『爲宫，爲律，爲可，爲棟，爲叢刺，爲狐，爲蒺蔾，爲桎梏』。」

孔氏穎達曰：「此一節廣明坎象。坎爲水，取其北方之行也；爲溝瀆，取其水行无所不通也；爲隱伏，取其水藏地中也；爲矯輮，使曲者直爲矯，使直者曲爲輮，水流曲直，故爲矯輮也；爲弓輪，弓者激矢，如水激射也，輪者運行，如水行也。爲加憂，取其憂險難也；爲心病，憂險難，故心病也；爲耳痛，坎爲勞卦，聽勞則耳痛也；爲血卦，人之有血，猶地有水也；爲赤，亦取血之色。其於馬也爲美脊，取其陽在中也；爲亟心，亟，急也，取其中堅内動也；爲下首，取其水流向下也；爲薄蹄，取水流迫地而行也；爲曳，取水磨地而行也。其於輿也爲多眚，取其表裏有陰，力弱不能重載也；爲通，取其行有孔穴也；爲月，月是水之精也；爲盜，取水行潛竊也。其於木也爲堅多心，取剛在内也。」

離爲火，爲日，爲電，爲中女，爲甲胄，爲戈兵。其於人也，爲大腹，爲乾卦，爲鼈，爲蟹，爲蠃，爲蚌，爲龜。其於木也，爲科上槁。

本義：「荀九家有『爲牝牛』。」

孔氏穎達曰：「此一節廣明離象。離爲火，取南方之行也；爲日，日是火精也；爲電，火之類也；爲中女，離爲中女；爲甲胄，取其剛在外也；爲戈兵，取其以剛自捍也。其於人也爲大腹，取其懷陰氣也；爲乾卦，取其日所烜也；爲鼈、爲蟹、爲蠃、爲蚌、爲龜，皆取剛在外也。其於木也爲科上槁，科，空也，陰在内爲空，木既空中，上必枯槁也。」

艮爲山，爲徑路，爲小石，爲門闕，爲果蓏，爲閽寺，爲指，爲狗，爲鼠，爲黔喙之屬。其於木也，爲堅多節。

本義：「荀九家有『爲鼻，爲虎，爲狐』。」

孔氏穎達曰：「此一節廣明艮象。艮爲山，取陰在下爲止，陽在上爲高，故艮象山也；爲徑路，取其山路有潤道也；爲小石，取其艮爲山，又爲陽卦之小者也；爲門闕，取其崇高也；爲果蓏，木實爲果，草實爲蓏，取其出於山谷之中也；爲閽寺，取其禁止人也；爲指，取其執止物也；爲狗、爲鼠，取其皆止人家也；爲黔喙之屬，取其山居之獸也。其於木爲堅多節，取其堅凝，故多節也。」

兑爲澤，爲少女，爲巫，爲口舌，爲毁折，爲附決。其於地也，爲剛鹵，爲妾，爲羊。

本義：「荀九家有『爲常，爲輔頰』。」

孔氏穎達曰：「此一節廣明兑象。兑爲澤，取其陰卦之小，地類卑也；爲少女，兑爲少女也；爲巫，取其口舌之官也；爲口舌，取西方，於五事而言也；爲毁折、爲附決，兑西方之卦，取秋物成熟，稾稈之屬則毁折也，果蓏之屬則附決也。其於地也爲剛鹵，取水澤所停，則鹹鹵也；爲妾，取少女從姊爲娣也。」

謹按：易之取類也大，孔子特隨舉言之，非必八卦之象盡于此也。所取之象有顯而易見者，亦有隱而難明者。先儒注釋甚多，今姑存孔疏，亦未見其盡有合也。」

序卦傳

有天地然後萬物生焉，盈天地之間者唯萬物，故受之以屯。屯者，盈也。

項氏曰：「屯不訓盈也。當屯之時，剛柔始交，天地絪緼，雷雨動盪，見其氣之充塞也，是以謂之盈爾。故謂之盈者，其氣也；謂之物之始生者，其時也；謂之難者，其事也，若屯之訓紛紜盤錯之義云爾。」

屯者，物之始生也，物生必蒙，故受之以蒙。蒙者，蒙也，物之稚也，物稚不可不養也，故受之以需。需者，飲食之道也，飲食必有訟，故受之以訟。

朱氏曰：「飲食必有訟，乾餱以愆，豕酒生禍，有血氣者必有争心，故次之以訟。」

訟必有衆起，故受之以師，師者，衆也。衆必有所比，故受之以比，比者，比也。比必有所畜，故受之以小畜。物畜然後有禮，故受之以履。履而泰，然後安，故受之以泰。

謹按：比而无以畜之，則雜而亂，先王制禮所以齊不齊也。履非禮也，舍禮則身无所措，故以履爲禮。

泰者，通也。物不可以終通，故受之以否。物不可以終否，故受之以同人。與人同者，物必歸焉，故受之以大有。有大者不可以盈，故受之以謙。有大而能謙必豫，故受之以豫。豫必有隨，故受之以隨。以喜隨人者必有事，故受之以蠱，蠱者，事也。有事而後可大，故受之以臨，臨者，大也。

謹按：我隨人，人亦隨我，同心協力，而事可濟矣。

物大然後可觀，故受之以觀。可觀而後有所合，故受之以噬嗑，嗑者，合也。物不可以苟合而

已，故受之以賁，賁者，飾也。致飾然後亨則盡矣，故受之以剥，剥者，剥也。

謹按：百拜以合賓主，六禮以合夫婦，匪是則瀆矣。文飾者，忠信之薄，文過而蔑其質，是以剥也。

物不可以終盡剥，窮上反下，故受之以復。復則不妄矣，故受之以无妄。有无妄然後可畜，故受之以大畜。

謹按：剛健篤實，无妄也。光輝日新，德之畜而盛也。

物畜然後可養，故受之以頤，頤者，養也。不養則不可動，故受之以大過。物不可以終過，故受之以坎，坎者，陷也。陷必有所麗，故受之以離，離者，麗也。

謹按：「畜然後可養」，猶孟子所謂集義以養氣也，匪是則餒矣，故曰「不養則不可動」。

有天地然後有萬物，有萬物然後有男女，有男女然後有夫婦，有夫婦然後有父子，有父子然後有君臣，有君臣然後有上下，有上下然後禮義有所錯。夫婦之道不可以不久也，故受之以恒，恒者，久也。

物不可以久居其所，故受之以遯，遯者，退也。物不可以終遯，故受之以大壯。物不可以終壯，故受之以晉，晉者，進也。進必有所傷，故受之以明夷，夷者，傷也。傷於外者必反其家，故受之以家人。

謹按：遯，退也，遯而壯，退者進矣。「不可以終壯」，謂不徒壯而已。

家道窮必乖，故受之以睽，睽者，乖也。乖必有難，故受之以蹇，蹇者，難也。物不可以終難，故受之以解，解者，緩也。

緩必有所失，故受之以損。損而不已必益，故受之以益。益而不已必決，故受之以夬，夬者，決也。決必有所遇，故受之以姤，姤者，遇也。

謹按：緩取散緩之義，亦取寬緩之義。治蹇如治亂絲，急之則亂者愈亂矣。「緩」云者，艱難委折，不取效于旦夕，冒小害以收大利，忍小忿以圖大功，緩也。必有失也，失即是損，損而後可益也。益不已而決，言多而防潰也。決則散，散則復萃，遇在夬與萃之閒。

物相遇而後聚，故受之以萃，萃者，聚也。聚而上者謂之升，故受之以升。升而不已必困，故受之以困。困乎上者必反下，故受之以井。

井道不可不革，故受之以革。

朱氏震曰：「井，在下者也，井久則穢濁不食，治井之道，革云其害井者而已。」

革物者莫若鼎，故受之以鼎。主器者莫若長子，故受之以震，震者，動也。物不可以終動，止之，故受之以艮，艮者，止也。物不可以終止，故受之以漸，漸者，進也。進必有所歸，故受之以歸妹。得其所歸者必大，故受之以豐，豐者，大也。

窮大者必失其居，故受之以旅。旅而无所容，故受之以巽，巽者，入也。

入而後説之，故受之以兑，兑者，説也。説而後散之，故受之以涣，涣者，離也。

謹按：凡人爲學而厭倦思去者，由其入之不深也。入則極深研幾，久之而得言忘象，得意忘言，有鼓舞不能自已者矣。「散」對「入」言，入者入于内，散者散于外也。孟子「深造以道」，入也；「自得」，説也；「取之左右逢其源」，散也。

物不可以終離，故受之以節。節而信之，故受之以中孚。有其信者必行之，故受之以小過。

謹按：發抒者恐其太過，必有以節之。既已有節，則宜信以守之。信而硜硜，則有過中之患矣。

項氏曰：「有其信，猶書所謂『有其善』，言以此自負而居有之也。自恃其信者，其行必果而過于中。」

有過物者必濟，故受之以既濟。物不可窮也，故受之以未濟終焉。

謹按：過則濟，太過則窮，既、未濟皆自過來。

程子上下篇義曰：「乾、坤，天地之道，陰陽之本，故爲上篇之首。坎、離，陰陽之成質，故爲上篇之終。咸、恒，夫婦之道，生育之本，故爲下篇之首。未濟，坎、離之合；既濟，坎、離之交，合而交則生物，陰陽之成功也，故爲下篇之終。二篇之卦既分，而後推其義以爲之次，序卦是也。卦之分則以陰陽，陽盛者居上，陰盛者居下。所謂盛者，或以卦，或以爻，卦與爻取義有不同。如剥，以卦言，則陰長陽剥也；以爻言，則陽極於上。又一陽爲衆陰主也。如大壯，以卦言，則陽長而壯；以爻言，則陰盛于上，用各於其所，不相害也。乾父也，莫亢焉；坤母也，非乾无與爲敵也。故卦有乾者居上篇，有坤者居下篇。而復陽生，臨陽長，觀陽盛，剥陽極，則雖有坤而居上；姤陰生，遯陰長，大壯陰盛，夬陰極，則雖有乾而居下。其餘有乾者皆在上篇，泰、否、需、訟、小畜、履、同人、大有、无妄、大畜也；有坤而在上篇，皆一陽之卦也。卦五陰而一陽，則一陽爲之主，故一陽之卦皆在上篇，師、謙、豫、比、復、剥也；其餘有坤者皆在下篇，晉、明夷、萃、升也。卦一陰五陽者，皆有乾也，又陽衆而盛也，雖衆陽説於一陰，説之而已，非如一陽爲衆陰主也，王弼云『一陰爲之主』，非也。故一陰之卦皆在上篇，小畜、履、同人、大有也。卦二陽者有坤則居下篇，小過雖无坤，陰過之卦也，亦在下篇。其餘二陽之卦，皆一陽生於下而達於上，又二體皆陽，陽之盛也，皆在上篇，屯、蒙、頤、習坎也。陽生於下，謂震、坎在下，震生於下也，坎始於中也。達於上，謂一陽至上，或得正位。生於下而上達，陽暢之盛也。陽生於下，而不達於上，又陰衆而陽寡，復失正位，陽之弱也，震也，解也。上有陽而下无陽，无本也，艮也，蹇也。震、坎、艮，以卦言，則陽也；以爻言，則皆始變，微也。而震之上、艮之下无陽，坎則陽陷，皆非盛也。惟習坎則陽上達矣，故爲盛卦。二陰者，有乾則陽盛可知，需、訟、大畜、无妄也；无乾而爲盛者，大過也，離也。大過陽盛於中，上下之陰弱矣。陽居上，下則綱紀於陰，頤是也。陰居上，下不能主，制於陽而反弱也，必上下各二陰，中惟兩陽，然後爲勝，小過是也，大過、小過之名可見也。離則二體上下皆陽，陰實麗焉，陽之盛也。其餘二陰之卦，二體俱陰，陰盛也，皆在下篇，家人、睽、革、鼎、巽、兑、中孚也。卦三陰三陽者，敵也，則以義爲勝。陰陽，尊卑之義；男女，長少之序；天地之大經也。陽少於陰而居上則爲勝，蠱少陽居長陰上，賁少男在中女上，皆陽盛也。坎雖陽卦，而陽爲陰所陷溺也，又與陰卦重，陰盛也。故陰陽敵而有坎者，皆在下篇，困、井、涣、節、既濟、未濟也。或曰：一體有坎，尚爲陽陷，二體皆坎，反爲陽盛，何也？曰：一體有坎，陽爲陰所陷，又重於陰也；二體皆坎，陽生於下而達於上，又二體皆陽，可謂盛矣。男在女上，乃理之常，未爲盛也。若失正位，而陰反居尊，則弱也，故恒、損、歸妹、豐皆在下篇；女在男上，陰之勝也，凡女居上者皆在下篇，咸、益、漸、旅、困、涣、未濟也。唯隨與噬嗑則男下女，非女勝男也，故隨之彖曰『剛來而下柔』，噬嗑彖曰『柔得中而上行』。長陽非少陰可敵，以長男下中、少女，故爲下之。若長少敵，勢力侔，則陰在上爲陵，陽在下爲弱，咸、益之類是也。咸亦有下女之象，非以長下少也，乃二少相感以相與，所以致陵也，故有利貞之戒。困雖女少於男，乃陽陷而爲陰揜，无相下之義也。小過二陽居四陰之中，則爲陰盛；中孚二陰居四陽之中，而不爲陽盛，何也？曰：陽體實，中孚中虚也。然則頤中四陰，不爲虚乎？曰：頤二體皆陽卦，而本末皆陽盛之至也；中孚二體皆陰卦，上下各二陽，不成本末之象，以其中虚，故爲中孚，陰盛可知矣。」

孔氏曰：「韓康伯云：『序卦之所明，非易之藴也，蓋因卦之次，託象以明義。』今驗六十四卦，二二相耦，非覆即變覆者，表裏視之，遂成兩卦，屯、蒙、需、訟、師、比之類是也。變者反覆，惟成一卦，則變以對之，乾、坤、坎、離、大過、頤、中孚、小過之類是也。且聖人本定先後，若元用孔子序卦之意，則不應非覆即變。然則康伯所云『因卦之次，託象以明義』，蓋不虚矣。」

謹按：易之義藴深而取類廣，朱子所謂「事事夾雜在裏面」是也。即如六十四卦之序，文王分上下兩篇，先後次第，在文王自有取義，未必盡如孔子所云。在孔子亦第隨舉其一，以見凡例，非謂序卦之義盡於是也。不但序卦，文之繫卦，周公之繫爻，孔子之作十傳，亦各有取義。文自爲文之易，周、孔自爲周、孔之易，三聖人之書不必盡合也。易不必盡于三書，三書之外不必无易也。宋儒之言理，漢儒之言象，以及揚子之法言，焦氏之卦氣，京氏之災異，下逮管輅、郭璞之數，所言醇雜不一，莫非六十四卦之所藴蓄也。

雜卦傳

乾剛，坤柔，比樂，師憂。

朱氏曰：「比得位而衆比之，故樂；師犯難而衆從之，故憂。憂、樂，以天下也。」

臨、觀之義，或與或求。

本義：「以我臨物曰與，物來觀我曰求。或曰二卦互有與、求之義。」

謹按：以臨臨觀，與也；觀來觀臨，求也。觀爲臨觀，予也；臨來臨觀，求也，故曰「或與或求」。

屯見而不失其居，蒙雜而著。

本義：「屯，震遇坎，震動故見，坎險不行也；蒙，坎遇艮，坎幽昧，艮光明也。或曰屯以初言，蒙以二言。」

蘇氏曰：「『君子以經綸』，故曰『見』；『盤桓，利居貞』，故曰『不失其居』。『蒙以養正』，蒙正未分，故曰『雜』；童明，故曰『著』。」

謹按：「見」與「著」對，「不失其居」與「雜」對。屯者守其故，蒙者棄其故也。

震，起也；艮，止也；損、益，盛衰之始也。

俞氏曰：「損、益，蓋未至于盛衰，而盛衰自此始也。」

錢氏曰：「損、益、否、泰，爲盛衰反覆之介，易所最重者也。雜卦于他卦分舉，而損、益、否、泰則合舉之，以明盛衰之无常，反覆之甚速也。周易自乾、坤至否、泰十二卦，自咸、恒至損、益十二卦；此除乾、坤外，自比、師至損、益十卦，自咸、恒至泰、否十卦。」

大畜，時也；无妄，災也。

本義：「止健者時有適然，无妄而災自外至。」

郭氏曰：「君子藏器于身，待時而動。然則『多識前言往行，以畜其德』，亦以待時也。无妄之謂災，其餘自作孽而已，故无妄匪正有眚。」

謹按：无妄自有災，災然後見无妄，詳見无妄卦。「時」與「災」對，得時則亨而无眚也。

萃聚而升不來也，謙輕而豫怠也。

柴氏曰：「謙者視己若甚輕，豫則有滿盈之志而怠矣。」

張氏曰：「萃有聚而尚往之養，升有往而不反之義。」

噬嗑，食也；賁，无色也。

本義：「白受采。」

謹按：噬嗑之食，玄酒太羹之味也，與无色之賁對。

兑見而巽伏也。

本義：「兑陰外見，巽陰内伏。」

隨无故也，蠱則飭也。

謹按：隨所當隨，不必故舊。

俞氏曰：「隨人則忘舊，蠱則飭而新也。」

剥，爛也；復，反也。

項氏曰：「剥爛盡，復反生也。凡果爛而仁生，物爛而蟲生，木葉爛而根生，糞壤爛而苗生，皆剥、復之理也。」

晉，晝也；明夷，誅也。

虞氏曰：「離日在上，故晝也；明入地中，故誅也。」

謹按：晝，明也；誅，傷明也。

井通而困相遇也。

本義：「剛柔相遇，而剛見揜也。」

謹按：窮通有時，井之通，井之時；困之窮，困之時也。君子隨遇而安可耳。

咸，速也；恒，久也。

謹按：咸无心，不期然而然，速也；恒用力，无時不然，久也。

渙，離也；節，止也；解，緩也；蹇，難也；睽，外也；家人，内也；否、泰，反其類也。

虞氏曰：「渙散，故離；節制度數，故止。」

徐氏曰：「外猶言外之也，非内外之外，以情之親疏爲内外也。」

謹按：「緩」與「急」對。難，急也，緩之則解矣。

大壯則止，遯則退也。

本義：「止，謂不進。」

郭氏曰：「壯不知止，小人之壯也。君子之壯，則有止。遯之退，大壯之止，則克己之道。」

大有，衆也；同人，親也；革，去故也；鼎，取新也；小過，過也；中孚，信也；豐多故，親寡旅也。

潘氏曰：「物盛則多故，旅寓則少親。」

謹按：豐盛之時，非親亦親。旅則謂他人昆，亦莫我聞矣。

離上而坎下也。

本義：「火炎上，水潤下。」

小畜寡也，履不處也。

本義：「不處，行進之義。」

謹按：寡，弱也，以小畜大力弱而不能聚也。處，止也。小畜上爻曰「既雨既處」。于小畜曰「寡」，戒之也；于履曰「不處」，勉之也。

需不進也，訟不親也。

謹按：進者，進而就也，不進則相違矣。在需則喜，其不進在訟，則戒其相違也。

大過，顛也；姤，遇也，柔遇剛也；漸，女歸，待男行也；頤，養正也；既濟，定也；歸妹，女之終也；未濟，男之窮也；夬，決也，剛決柔也，君子道長，小人道憂也。

本義：「自大過以下，卦不反對。或疑其錯簡，今以韻協之，又似非誤，未詳何義。」

胡氏曰：「本義謂『自大過以下，或疑其錯簡，以韻協之，又似非誤』。愚竊以爲『雜物撰德』，非其中爻不備，此蓋指中四爻互體而言也。先天圖之左互復、頤、既濟、家人、歸妹、睽、夬、乾八卦，右互姤、大過、未濟、解、漸、蹇、剥、坤八卦。此則于右取姤、大過、未濟、漸四卦，于左取頤、既濟、歸妹、夬四卦，各舉其半，可兼其餘矣。始于乾，終于夬，夬之一陰決盡則爲乾也。」

謹按：「大過顛也」，「頤養正也」；「姤遇也」，「夬決也」；「漸女待男行」始也，「歸妹女之終也」。歸妹女先男，本不能有終，傳曰「女之終」，謂卦意明女歸之貴有終也。既濟定也，未濟窮也。八卦何嘗不反對？但文法參差耳，似可无庸鑿求也。

附録：四庫全書總目提要

周易傳義合訂十二卷江西巡撫採進本

國朝朱軾撰。軾號可亭，高安人，康熙甲戌進士，官至大學士，謚文端。是編因程子易傳、朱子易本義，互有異同，爲參校以歸一是，不復兩可其説，以滋岐貳。惟兩義各有發明，可以並行不悖者，仍俱録焉，而附以諸儒之論，其諸儒之論有實勝傳、義者，則竟舍傳、義以從之，軾所見亦各附於後。其凡例有曰：「遺象言理，自王輔嗣始，然易者象也，有象斯有理，理從象生也，孔子彖、象二傳何嘗非言象？雷、風、山、澤以及乾馬坤牛、震龍巽雞之類皆象也。即卦之剛柔上下、應比承乘，亦何莫非象乎！舍是而言理，不知所謂理者安在矣！易道之取類大小、精麤巨細無所不有，即納甲、飛伏等術數之學，不可謂非易之一端也。況中爻互卦、倒巽倒兑、厚離厚坎之象，皆卦體之顯而易明者乎？」又稱：「卦有對易、反易，反易之義，先儒言之已備，來知德謂之卦綜，繆矣。」又稱：「程子不取卦變，謂凡卦皆自乾、坤來，然合之彖傳，究未盡協，今一遵朱子一陰一陽自姤、復之説。」又稱：「宋元以來，易圖不下數千，於四聖人之精義全無干涉，今一概不録，止縷晰朱子各圖之義而圖仍不載」云云。全書宗旨具見於斯，較之分門别户，尊一先生之言而先儒古義無不曲肆掊擊者，其識量相去遠矣。其書軾存之日未及刊行，乾隆丁巳，兩廣總督鄂爾達始爲校付剞劂，恭呈御覽，蒙皇上篤念舊學，親灑宸翰，弁於編首，稱其「簡而當，博而不支，鈎深探賾而不鑿，蓋玩之熟，故擇言也精，體之深，故析理也密」，天藻表揚，昭垂日月，非惟是書仰託以不朽，即天下萬世伏繹聖謨，亦均能得讀易之津梁，窺畫卦之閫奥，曉然知所向方也，又豈獨軾一人之幸哉！

（據武英殿本四庫全書總目卷六）